Eckhart Nickel

Spitzweg

Eckhart Nickel

Spitzweg

Roman

PIPER

Mehr über unsere Autorinnen, Autoren und Bücher:
www.piper.de/literatur

Von Eckhart Nickel liegen im Piper Verlag vor:
Gebrauchsanweisung für Portugal
Gebrauchsanweisung für Kathmandu und Nepal
(zusammen mit Christian Kracht)
Hysteria
Von unterwegs

Das zweite Motto auf S. 7 stammt aus:
Ghost Town Blues
music & lyrics: Paddy McAloon

sub publisher: EMI Songs Musikverlag GmbH
song no: 2392285

ISBN 978-3-492-07143-7
3. Auflage 2022

Gesetzt aus der der Electra
Satz: Eberl & Koesel Studio GmbH, Altusried-Krugzell
Druck und Bindung: GGP Media GmbH, Pößneck
Printed in Germany

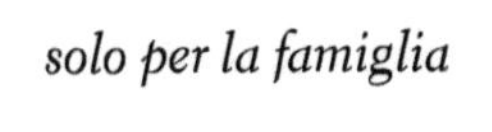
solo per la famiglia

Die Welt der Kunst & Fantasie ist die wahre,
the rest is a nightmare.

Arno Schmidt

Man made the neon/And he learned how to fly/But God made them stars/While he fashioned the sky.

Prefab Sprout

Jede Linie mit Verstand, alles durchdacht, das Uninteressante interessant.

Carl Spitzweg

1

Original und Fälschung

Ich habe mir nie viel aus Kunst gemacht. Die meisten Bilder, die ich zu Gesicht bekam, fand ich entweder unansehnlich oder nichtssagend. Bisweilen auch beides zugleich. Wie kamen Künstler nur auf die Idee, die Welt habe sich dafür zu interessieren, was sie zu Papier bringen? Gemälde an sich, wozu sind sie gut? Bevor ich eine Landschaft an die Wand hänge, blicke ich doch lieber durch ein Fenster auf sie hinaus. Und wenn mir danach sein sollte, einen Menschen zu sehen, bringe ich genau dort einen Spiegel an. Kunst versucht oft, beides zu sein, Fenster wie Spiegel, und kann doch weder das eine noch das andere ersetzen. Gerade, wenn sie versucht, das Leben wirklichkeitsgetreu abzubilden, zeigt sich das Ausmaß ihres Scheiterns besonders deutlich.

Das hat mir eine unerhörte Begebenheit in der Schule vor Augen geführt, und es brauchte die Überzeugungskraft einer einzig und allein aus der Kunst abgeleiteten Existenz, um mich vom Gegenteil zu überzeugen: dem Wunder der Kunst, eine Vision der Wahrheit in ästhetischer Form anschaulich verdichten zu können. So gesehen kann ich den Umstand, dass Carl erst kurz vor dem Tag, da die Geschichte sich ereignete, bei uns aufgetaucht war, kaum als Zufall deuten.

Die Kunstlehrerin gab uns ein Selbstporträt als Aufgabe, und wie stets stellte die Mehrheit, mich eingeschlossen, wieder einmal nur stümperhaft ihre Unfähigkeit unter Beweis.

Während also alle verzweifelt über den Zeichenblock gebeugt versuchten, wenigstens die Umrisse ihrer Gesichter halbwegs ordentlich hinzubekommen, schlich Frau Hügel, wie wir es gewohnt waren, mit hinter dem Rücken verschränkten Händen von Tisch zu Tisch.

Ihr strenges schwarzes Kostüm, von dem sie nur selten abwich, bestand aus einem feinmaschigen Rollkragenpullover zum Faltenrock. Die ölig dunklen Haare waren zur Seite weg gebunden, aber immer fiel eine glänzende Strähne nach vorne, wenn sie sich über die Schulter eines Schülers beugte, um sein Werk genauer zu begutachten. So auch bei Kirsten, dem einzigen Talent unter uns. Sie musterte betont genau die bereits nahezu vollendete Zeichnung, räusperte sich dann gedehnt und sprach schließlich mit tonloser Stimme ihr Urteil: »Ausgesprochen gelungen, Respekt: Mut zur Hässlichkeit!«

Kirsten schluckte in die unmittelbar eingetretene Stille hinein. Nach einer ins Unerträgliche gedehnten Pause, in der alle wie gelähmt auf sie starrten, stand sie auf und rannte mit vor die Augen geschlagenen Händen nach hinten aus dem Kunstraum in das steinerne Treppenhaus. Und obwohl Kirsten ihre zerbrechlich hoch kieksende Stimme nicht erhoben hatte, höre ich den stummen Schrei bis heute, wie er sich über das immer weiter entfernt hallende Klicken ihrer Schuhe im Flur legte.

Frau Hügel starrte wie alle anderen völlig gebannt der verschwundenen Kirsten hinterher. Weil ich als Einziger direkt in der Reihe vor ihr saß, bekam niemand sonst das Unglaubliche mit, was währenddessen geschah: Carl, der in Kunst seinen Platz neben Kirsten hatte, blickte zwar genau wie die anderen Schüler Richtung Tür. Gleichzeitig ließ er aber mit ausgestrecktem Arm nahezu geräuschlos seinen Zeichenblock sehr langsam über das Porträt von Kirsten gleiten, bis dieser es vollends bedeckte. Ich weiß bis heute nicht, warum mich diese seine Bewegung unwillkürlich an den Mondschatten erinnerte, wie er sich bei einer Finsternis vor die Sonne schiebt. Aber ich hielt augenblicklich die Luft an, weil ich befürchtete, mein Ausatmen würde ihn verraten. Obwohl ich dem »Neuen«, wie ihn die meisten nannten, bis zu diesem Zeitpunkt eher skeptisch gegenübergestanden hatte, fühlte ich, wie uns von diesem Moment an so etwas wie eine erzwungene Komplizenschaft verband. Sie wuchs mit jedem Millimeter, den der Zeichenblock, nun mit dem Porträt von Kirsten darunter, wieder in Richtung Carl zurückwanderte, bevor er unmerklich vor ihm zum Halt kam.

Carl war anders, er sprach mit niemandem von uns. Der erste und einzige Satz, den ich von ihm außerhalb des Unterrichts gehört hatte, fiel auf dem Hof, kurz vor Ende der großen Pause am Getränkeautomaten. Er war vor mir an der Reihe und hatte nach dem Einwerfen der Münzen ziemlich unentschlossen und gelangweilt auf die Auswahl gesehen, bevor er schließlich die Rückgabetaste gedrückt und das Kleingeld wieder in seine Hosentasche gesteckt hatte. Dabei musste ich ihn wohl etwas zu unverblümt angestarrt haben, jedenfalls schnipste er mit den Fingern in die Luft, als ob er mich wie ein Zauberer aus der Trance zurückrufen würde. Dazu lächelte er mir gequält ins Gesicht und sagte mit einem entschuldigenden Achselzucken: »Ich frequentiere Milch. Und daran fehlt es hier offensichtlich, wie an vielem anderen mehr.« Womit er mehr als recht hatte.

»So habe ich es ja gar nicht gemeint!«, murmelte Frau Hügel kopfschüttelnd in die beklemmende Ruhe des Saals, aber eher zu sich selbst. Als ich gerade etwas zu Kirstens Verteidigung sagen wollte, streifte mein Blick Carl, der eine Augenbraue hochgezogen hatte und mir direkt in die Augen sah. Sein Daumen zog vor dem Mund einen imaginären Reißverschluss zu, dann fletschte er für den Bruchteil einer Sekunde seine Zähne und nahm sofort wieder seine übliche Pose ein – eine betont teilnahmslose Ernsthaftigkeit.

Nach der stillschweigend besiegelten Übereinkunft des Geheimnisses, das wir teilten, fiel es mir schwer, meine Enttäuschung darüber zu verbergen, dass er tatsächlich in Erwägung gezogen haben könnte, ich würde ihn verraten. Mein Stolz war gekränkt, obwohl wir uns kaum kannten und er daher allen Grund hatte, mir nicht gleich blind zu vertrauen. Dennoch war ich mir sicher, er habe in dem Bewusstsein gehandelt, ich würde ihn bei seiner Tat genauestens beobachten. Ich konnte ja gar nicht anders, als ihm zuzusehen, wie er die Zeichnung geschickt an sich brachte. Er hatte mich gewissermaßen ungefragt dazu gezwungen, ein Augenzeuge seines Coups zu werden und so gleich ordentlich Mitschuld auf mich zu nehmen. Weil das Ganze unmittelbar vor meinen Augen geschah, musste er zudem die allergrößte Genugtuung darüber empfunden haben, während der gesamten Aktion bei jeder kleinsten Bewegung mit meiner absoluten und ungeteilten Aufmerksamkeit rechnen zu können, ohne mich auch nur ein einziges Mal dabei anzusehen.

Was das Wissen darum, einen Betrachter oder Beobachter zu haben, wiederum mit Kunst an sich zu tun hatte, davon hatte ich keinen Begriff. Wie gesagt, bevor ich Carl kennenlernte, konnte ich so gut wie gar nichts mit Malerei anfangen. Alles, was ich an Kenntnis über sie besaß, war der Rubrik in einer Programmzeitschrift meines Elternhauses zu verdanken, die den bezeichnenden Titel *Original und Fälschung* trug. Sie war immer auf der letzten Seite platziert, wo ein und dasselbe Gemälde gleich zweimal untereinander abgedruckt war. Während man die beiden Versionen auf den ersten Blick kaum unterscheiden konnte, waren in einem der beiden Bilder zehn Fehler geschickt versteckt worden, die es als Fälschung auswiesen. Welches von beiden das Original war, wurde erst klar, wenn man nach dem detektivischen Aufspüren der kleinen Unterschiede einen direkten Vergleich anstellen konnte. Da fehlte zum Beispiel an einer antikischen Vase im Hintergrund einer der Henkel oder eine Figur am vorderen Rand des Motivs hatte einen Finger zu viel an der Hand. Wobei oft gar nicht so sicher war, ob die Abweichungen nicht vielmehr auch Teil des künstlerischen Konzepts sein konnten. Letzten Endes half alles nichts. Um der nahezu philosophischen Verwirrung, was nun *Original* und was *Fälschung* sei, Herr zu werden, blieb oft allein die Recherche nach dem Gemälde im Netz oder in einem Lexikon, um herauszufinden, ob dem armen Gärtner im Gras wirklich und vom Künstler gewollt ein Ohr abhandengekommen war oder es sich dabei nur um eine der makabren Kopfgeburten des Erfinders der Rubrik handelte. Vor allem, wenn sich das Sujet von Klassikern wie altniederländischen Tafelstillleben oder gefälligen Landschaften des 19. Jahrhunderts wegbewegte, wurde es kompliziert. Die bisweilen bizarren Physiognomien auf den von drastischer Symbolik überbordenden Wimmelbildern des Hochmittelalters im Stile eines Hieronymus Bosch gestalteten jede Suche nach Unterschieden besonders schwierig. Da sehnte ich mich schon fast nach dem einen Schornstein zu viel in der Schachtelstadt eines Kubisten.

Bald waren die weggelassenen oder hinzugefügten Striche für mich eine reine Gedankenübung wie vergessene oder überflüssig gesetzte Kommata, die ich in einem Aufgabentext aus dem Deutschunterricht aufzufinden hatte. Allein, die einzig bekannte Regel, die dabei zur Anwendung kam, war mein seit frühester Kindheit ausgeprägter Spürsinn. Wie Carl mir später an diesem Nachmittag erklärte, als ich ihm davon erzählte, bildete ich mit dieser Praxis unbeabsichtigt mein Talent zur analytischen Kunstbetrachtung aus. Mit einem großen Vorteil den eigentlichen Fachleuten gegenüber: dass meine Herangehensweise völlig inhaltsfrei war, weil es sich lediglich um eine höchst detaillierte Analyse dessen handelte, was formal zu sehen war. Carl verwendete dafür den Begriff der, wie er es fast im Stakkato seiner Silben aussprach, *Un-be-ein-druck-bar-keit*.

»Du hast einen Blick auf die größten Meisterwerke, der von einer nahezu rebellischen Naivität geprägt ist. Du lässt dich nicht von den Namen blenden, die in den Museen unter dem Rahmen auf dem Schild an der Wand geschrieben stehen. Du schaust einfach nur auf das Bild und entzifferst genau, was es uns zeigt und wie. Dabei erfährst du etwas ganz anderes als das, was die vielen vermeintlich klugen Geister vor dir alles hineingelesen haben. Obwohl sie beim Nachbeten ihrer intellektuellen Hausgötter alle Register zu ziehen pflegen, kamen sie dem schöpferischen Kern nie so nah wie du in deiner trockensten Beschreibungsstunde.«

Und als ob er diese Ehrerbietung noch durch ein gut verstecktes Kompliment steigern wollte, zitierte er die Grabsteininschrift eines seiner Kunsthelden: »Hier ruht der Maler Paul Klee. Diesseitig bin ich gar nicht fassbar. Denn ich wohne grad so gut bei den Toten wie bei den Ungeborenen. Etwas näher dem Herzen der Schöpfung als üblich und noch lange nicht nah genug.«

Ich bin mir nicht sicher, was passiert wäre, wenn ich mich in dem kritischen Moment im Kunstraum einfach über Carls bedeutsame Geste zum Stillschweigen hinweggesetzt und – auch von *ihm* unbeeindruckt – meine Stimme für Kirsten erhoben hätte. Ganz so, wie es mir meine moralische Natur als kaum zu unterdrückenden Impuls anempfohlen hatte. Aber ich werde es nie wissen, ob dann jemand mit mir aufgestanden und ihr hinterhergerannt wäre, um sie aufzuhalten. Ob wir sie noch draußen vor der Schule eingeholt hätten, um sie in einer fast schon filmischen Szene an beiden Armen festzuhalten, sie zu schütteln, ihr direkt in die Augen zu sehen und ihr zuzureden, dass alles nicht so schlimm und nur ein Missverständnis gewesen sei, um sie davon zu überzeugen, mit uns wieder in die Stunde zurückzukommen. Doch wer weiß? Dann hätte sich Carl gewiss gleich von mir abgewendet. Unabwendbar: die Tatsache, dass ein Verlust anzuzeigen war.

2

Blockzeichen

Wie etwas gemeint ist, darüber haben sich auch die klügsten Geister schon immer den Kopf zerbrochen. Jedes Mal, wenn ich einem Streit beiwohne, habe ich den Eindruck, dass alles Übel dieser Welt daher rührt, dass Menschen verschiedener Meinung sind. Aber damit nicht genug. Es kommt erschwerend hinzu, dass sie nicht einmal genau wissen, wie das, was ihr Gegenüber gesagt hat, tatsächlich gemeint war. Wenn ich ehrlich bin, muss ich gestehen, dass ich in den seltensten Fällen bei einem Streit wirklich sagen kann, dass ich verstanden hätte, worum es den Einzelnen geht. Da sie von vornherein zu wissen glauben, wie etwas zu deuten ist, hören sie gar nicht mehr richtig zu, sondern schreien nur noch ihren eigenen Standpunkt in die Welt hinaus, als gewönne er durch Lautstärke an Gewicht.

Weil ich nichts mehr verachte als die stumpfe, gedankenlose Aggression, wie sie mir in solchen Auseinandersetzungen begegnet, hatte ich es mir schon früh zur Angewohnheit gemacht, meine Meinung nicht nur in solchen vergifteten Momenten für mich zu behalten. Im zweiten Schritt fragte ich mich, ob nicht die logische Schlussfolgerung daraus sein müsste, vollends und von vornherein auf die Bildung einer Meinung zu verzichten. Nicht nur, weil damit viel Zeit und Mühsal zu sparen ist. Sondern auch und vor allem wegen der unübersehbaren äußerlichen Folgen: Selbst in der Regel ausgeglichene Gesichter, deren Wesenszug sonst von stoischer Schönheit geprägt war, verzerrten sich durch jene Wortgefechte in schlimmste Fratzen des Entsetzens.

In dieser Hinsicht, und um Frau Hügel dieses fatale Los zu ersparen, war es fast schon von Vorteil, dass niemand ihrer Meinung widersprach respektive danach fragte, wie sie es denn anders als beleidigend gemeint haben könnte. Sie sammelte sich vielmehr, schüttelte den Kopf und ging gemessenen Schrittes, als habe sie sich bereits innerlich damit abgefunden, ausgerechnet die beste Schülerin ihres Kurses nun endgültig verloren zu haben, zur Tür und schloss diese behutsam, fast lautlos.

Ich hielt schon viel zu lange den Atem an, weil ich befürchtete, sie würde sofort wieder zu Kirstens Platz gehen, um das Bild noch einmal in Augenschein zu nehmen. Mit jedem Meter zurück durch den Raum in Richtung Tafel aber wurde klarer, dass sie völlig absichtlich nicht mehr auf die Zeichnung an sich zu sprechen kam, sondern eine ganze Kulturtheorie darüber auszubreiten begann, was sie *eigentlich* gemeint haben wollte, als sie so frei von Kirstens »Mut zur Hässlichkeit« sprach.

»Ihr habt doch bestimmt in Französisch diesen berühmten Satz gehört, der unsere Vorstellungen von dem, was schön ist, sozusagen auf den Kopf gestellt hat und mit dem in meinen Augen die gesamte Moderne begann: *Le beau est toujours bizarre*. Nun war man immer sehr vorsichtig mit der Erklärung dessen, was Charles Baudelaire in seinem grandiosen Stück zur Weltausstellung 1855 in Paris mit dem Wort »bizarre« gemeint haben könnte. Dabei ist es vieles, aber nicht allein *fremd* oder *seltsam* wie die Welt auf einem Album von *Der Plan*. Man muss nicht einmal zur Etymologie greifen, die Abstammung ist so exzentrisch und kurios wie das Wort selbst. Wie in jedem guten Essay sollten Sie wenigstens den Absatz bis zum Ende lesen, da erklärt Baudelaire es nämlich überdeutlich, und zwar in Abgrenzung eines Begriffs, der genau das beschreibt, was ihm am meisten verhasst ist: *das Banale*. Und als Verkörperungen des Bizarren stehen dagegen der Geschmack und die Individualität – kurzum der Stil. Und was ist das Hässliche mehr als das vermeintliche Gegenteil des Schönen, obwohl dieses erst durch jenes entsteht, sogar ein elementarer Bestandteil dessen ist.«

So hatte sie es also gemeint, natürlich ohne es zu sagen. Und auch jetzt vermied sie bewusst, es als Kompliment auszusprechen, selbst im Nachhinein konnte sie anscheinend dieses Eingeständnis nicht machen. So war es also um die vermeintliche Stärke der gefürchteten Frau Hügel bestellt, dass sie gleich im ersten Moment der Unsicherheit, in dem wir sie je erlebten, auswich und vermied, die Dinge beim Namen zu nennen.

Wenn es eine Qualität gibt, durch die sich Lehrer auszeichnen sollten, dann doch gerade die größtmögliche Unmissverständlichkeit: klare Aussagen, deutliche Worte, genaue Beschreibungen darüber, was sicher belegt und verbrieft ist. Sie sollten uns das Gefühl vermitteln, es gäbe ein Wissen, das sich anzueignen wert ist, weil es unverrückbar und felsenfest dasteht und nur darauf wartet, von uns verstanden und auswendig gelernt zu werden. Wie hatte es der Direktor des Gymnasiums in seiner flammenden Ansprache damals eindringlich gesagt? »Wir sind die Tinte, die in euren Füllern fließt, und jeder Tropfen, der sein Ziel auf dem Papier erreicht, wird von euch aufgesaugt, als würdet ihr ganz Löschblatt sein.«

Gerade weil das Bild schief war, behielt ich es in Erinnerung. Wenn man versuchte, es sich vorzustellen, sah man sich vor ein schier unauflösbares Rätsel gestellt. Waren wir nun das Löschblatt, oder führten wir den Füller mit der

Lehrertinte auf dem Papier und zeigten so, was wir aus alldem machen konnten, das uns die Lehrer zur Verfügung stellten? Und nahm nicht jedes Löschblatt normalerweise nur das auf, was zu viel an Tinte auf dem Papier gelandet war und verschmieren würde, falls man es ausnahmsweise einmal nicht benutzte? Ging es am Ende für uns allein darum, das Überflüssige aufzunehmen, weil alles andere nur Illusion war, die darüber nicht hinwegzutäuschen vermochte, dass alles Lernen letztlich umsonst war? Und das Wissen sich darin erschöpfte, eben dies zu erkennen?

Als ich das erste Mal das Wort *Löschblatt* im Schreibwarengeschäft hörte, stellte ich mir darunter ohnehin etwas ganz anderes vor. Ich sah sogleich, wie sich das Geschriebene auf dem Papier durch Auflegen des Löschblattes langsam aufzulösen begann. Nach dem allmählichen Verschwinden der Buchstaben, ein wunderbarer Vorgang, der wie ein rückwärts abgespulter Film aussah, entstand eine ursprüngliche Reinheit, die mir ein Gefühl größter Genugtuung verschaffte, das ich zuvor nur vom Auswendiglernen oder Üben kannte.

Die unerbittlichen Exerzitien, welche ich als Klavierschüler in Form der Fingerübungen absolvierte und die alle anderen am Musikunterricht unerträglich fanden, beruhigten mich dank ihrer Monotonie fast so nachhaltig wie das Memorieren von Vokabeln. Der Zauber lag aber nicht nur in der Wiederholung der Tonfolgen, sondern in der absoluten Sicherheit der Erfüllung einer klar gestellten Aufgabe. Anders als beim Selbstporträt für Frau Hügel verlangte am Klavier niemand von mir, zu improvisieren. Denn das werkgetreue Nachspielen der Noten duldete im Grunde keinerlei Abweichung.

Genau das war es, wonach ich mich wie nichts sonst sehnte, weil Jugend an sich schon Zwielicht genug war, mit seiner Grauzone des Ungefähren, dieser unendlichen Dämmerstunde aus Andeutungen und lebensverachtender Ironie. Wem half es, dass Frau Hügel an dem Tag, als Kirsten verschwand, dank ihres kryptischen Vortrags eigentlich genau so war wie wir: auch nur eine Person mehr, die nicht sagte, was sie meinte oder dachte, unergründlich wie ein Tier?

Tiere haben mir immer Angst eingejagt. Wer tief genug in die Augen eines Tieres sieht, kommt nicht umhin zu erkennen, dass da in der Dunkelheit etwas ist, das wir nie ganz verstehen werden. Es ist das Getriebene ihrer Existenz, das sich besonders in dem Moment zeigt, wenn sie selbst in Panik geraten. Verdrehen sich dann ihre Augäpfel vor Furcht ins Weiße, tritt der Wahnsinn zutage, der sie im Inneren umtreibt. Und alles an Vertrautheit, was sich nach Jahren des Zusammenlebens mit einem Haustier aufgebaut hat, fällt plötzlich zusammen und weicht einer namenlosen Furcht vor dem Unberechenbaren.

Erst bei einem Besuch im Zoo fand ich das eine Tier, das mir entsprechen würde. Ob es an der Ruhe lag, die es ausstrahlte, oder der Langsamkeit seiner Bewegungen, kann ich bis heute nicht genau sagen. Jedenfalls war es mir sogar möglich, die seltsam ausgetrocknet wirkende Haut des Rüssels zu streicheln, ohne vor seinen tastenden Berührungen zurückzuschrecken, mit denen es sich für meine zärtliche Zuwendung bedankte. Wie mir Vater später erklärte, war der Elefant nicht nur das größte unter den Säugetieren an Land, sondern hatte auch keine Feinde in der Tierwelt. Doch darauf setzte er ein raunendes Wort an das Ende seines Satzes: *oder?*

Daran musste ich denken, als ich auf dem Umschlag von Carls Zeichenblock einen afrikanischen Elefanten mit Stoßzähnen und den riesigen, fast wie Flügel abstehenden Ohren entdeckte, worunter nun das Selbstporträt von Kirsten verborgen lag. Am Anfang der Stunde, bevor das Drama seinen Verlauf nahm, hatte ich mich einmal kurz nach ihr umgedreht, um sie nach einem Bleistift zu fragen. Meiner war abgebrochen, und auch die verzweifelten Versuche, seine Spitze durch emsiges Schälen der Holzspäne mit der stumpfen Klinge meiner veralteten Bleistiftmühle wieder zum Vorschein zu bringen, waren gescheitert. Da ich wusste, dass sie in ihrer Federmappe immer ein ganzes Arsenal an Stiften mit sich führte, traute ich mich, sie um Hilfe zu bitten.

»Ja klar, hier, greif zu. Ist noch von allem da. Was brauchst du: HB, B oder H?«

Ich weiß nicht, welcher Idiot aus der letzten Reihe es war, ich verachtete sie alle, aber einer, es war, glaube ich, Klotz, konnte sich die Gelegenheit nicht entgehen lassen und sagte schneller, als ich je hätte antworten können: »Der Typ will dir ja wohl eher an den BH! Hahaha«.

Worauf er und alle Hinterbänkler mit ihm in ein lautes, dreckiges Lachen ausbrachen. Frau Hügel hatte für diese Art von Scherzen zum Glück weder Verständnis noch Geduld, wies Klotz mit einem aggressiven Zischen zurecht und verteilte an die ganze Reihe einen Gruppeneintrag.

Carl sah kurz angewidert nach hinten und wandte sich dann wieder seiner Zeichnung zu. Kirsten war puterrot im Gesicht und reichte mir alle drei Stifte, wobei sie die Augen niederschlug und ihren Kopf traurig senkte.

Ich habe die dunkelgrünen Faber-Castell-Bleistifte mit dem goldglänzenden Schriftzug und den fein ziselierten Zweigen hinter dem Namen nie mehr aus der Hand gegeben und hebe sie an einem besonderen Platz in meiner Schublade auf. Was es genau war, das mich darüber fantasieren hat lassen, ob sie auch auf einer Burg aufgewachsen sein könnte, vermag ich kaum zu sagen. Möglicherweise war es der Stammsitz der Faber-Castells seit 1761 auf der Innenseite des schmalen Metallkästleins, das ich von ihrem Tisch nach Ende der fatalen Kunststunde mitnahm, oder der Umstand, dass es von Kirsten kein einziges altes Foto für das Jahrbuch gab, weil ihre Familie sich allem, was mit der Gegenwart zu tun hatte, verweigerte. Sie besaßen, so ging das Gerücht, kein Auto, und die Reitstunde erreichte Kirsten angeblich von zu Hause aus mit dem Fahrrad.

Habe ich schon von ihrem Porträt gesprochen? Sie hatte sich mit schwarzem Reiterhelm gezeichnet, unter dem ihr skandinavisch geschnittenes Gesicht mit schrägem Blick nach rechts oben aus dem Bild sah.

Als kurz nach den letzten Worten von Frau Hügel die Klingel über die Flure schrill zum Schulende schellte, zuckte nicht nur ich entsetzt zusammen, als handele es sich um einen Probealarm. Alle wirkten schreckhaft und betreten, selbst die Hinterbänkler murmelten sich beim Herausgehen nur im Flüsterton ihre Verabredungen für den Nachmittag zu. Frau Hügel stand seltsam besorgt am Fenster und sah in den Hof hinunter, als hoffe sie, in der Menge irgendwo ihre verlorene Schülerin ausfindig machen zu können.

Nachdem ich meine Tasche gepackt hatte und mich zu Kirstens Platz umdrehte, fiel mir auf, dass sie wohl auch mit Buntstiften gearbeitet haben musste. Auf dem Löschblatt, das unter dem verschwundenen Porträt liegen geblieben war, hatte sie Farbprobenstriche in Gelb, Grün und Weiß wie kleine Blumensträuße verteilt. Weil ich Kirstens sogenannter Fehlpate war, was nichts weiter bedeutete, als dass wir für den anderen bei Abwesenheit Unterrichtsmaterial sammelten und uns gegenseitig die Hausaufgaben mitteilten, nahm ich ungefragt ihren Ranzen neben dem Stuhl und packte den Metallkasten für die Stifte dazu.

Als Carl seinen Zeichenblock zusammenraffte und sorgsam darauf achtete, dass das Blatt darunter nicht seinem Griff entglitt, wandte er sich kurz der Lehrerin zu: »Je nun. Auf Wiedersehen und bis morgen, es bleibt doch bei dem verabredeten Referat, nicht wahr, Frau Hügel?«

Sie drehte sich rasch zur Seite und sah uns entgeistert an. »Ganz genau. Bis morgen, Carl. Ich zähle dann auf Sie. Ah, ich sehe: Schön, dass sich jemand um Kirstens Sachen kümmert. Sie ist ja wohl schon gegangen und wird nach Hause gelangen. In diesem Sinn: bis morgen.«

Ohne dass ich es zuvor bemerkt hatte, waren wir die letzten im Kunstraum, und Carl nickte mit dem Kopf in Richtung der Tür. Es gehörte zu seinen wunderlichen Angewohnheiten, die Schulbücher nicht in einer Tasche zu transportieren, sondern mit einem alten Lederriemen zu umschnüren. Während wir durch das Steintreppenhaus nebeneinander nach unten gingen und das Bücherpäckchen an seiner Hand baumelte, begann er leise seine erste Unterhaltung mit mir.

»Sie ist uns nur vorausgegangen, was? Ich hätte nie vermutet, dass Frau Hügel sich für Mahler interessieren würde. *Oft denk' ich, sie sind nur ausgegangen.* Hast du auch gehört, was sie da gerade gesagt hast, oder habe ich jetzt Stimmen gehört und ins Dunkel gesehen?«

Weil ich nicht genau wusste, was er damit meinte, bejahte ich einfach und nickte ihm vorsichtig zu. »Es klang jedenfalls nicht nach ihrer üblichen Sprache. Irgendwie anders, so poetisch. Und dann wusste sie auch noch, dass Kirsten und ich Fehlpaten sind, obwohl wir bis jetzt immer beide da waren in ihrer Stunde.«

Carl sah mich ungläubig an, als hätte er mir eine Frage gestellt und ich etwas ganz anderes geantwortet. »Ach Fehlpate, wie niedlich. Was ihr alles hier habt. Deswegen trägst du also jetzt Kirsten ihre Sachen hinterher?«

Obwohl es abschätzig klang, war ich mir seltsam sicher, dass er es freundlich meinte, als Anerkennung meiner Fürsorge. »Ja, normalerweise.«

Er lächelte mich mit geschlossenem Mund von der Seite her an. »Und unnormalerweise? Würdest du eventuell in Erwägung ziehen, mir auf meinem Spaziergang nach Hause ein Stück weit Gesellschaft zu leisten?«

Da wir zwei in diesem Moment tatsächlich alles, was Kirsten an diesem Tag zur Schule gebracht und dort gemacht hatte, bei uns trugen, verband uns seit dem geschickten Manöver von Carl ein geheimes Band, das für mich mit jedem Schritt fester wurde. Weil auch das Wetter danach war, ein nahezu spätsommerlicher Frühherbststag, nahm ich die Einladung an und ging mit.

3

Weihrauch und Pfefferminz

Die Allee aus Kastanien führte schattenreich und schnurgerade in Richtung des Parks, der sich wie eine natürliche Begrenzung am östlichen Ende der Stadt entlangzog. Weil mich bald das ungute Gefühl beschlich, eigentlich alles, worüber wir uns hätten unterhalten können, sei schon gesagt, machte ich keinerlei Anstalten, unsere Unterhaltung fortzuführen, auch aus der Angst heraus, etwas Banales zu sagen und ihn damit zu enttäuschen, gleichsam seine Intelligenz zu beleidigen. Carl hatte es mit den wenigen Worten, die ich bis dahin aus seinem Mund gehört hatte, schon ganz zu Beginn in diesem zerbrechlichen Stadium unserer Freundschaft geschafft, mir tiefsten Respekt vor ihm zu verschaffen. Ich hatte den Eindruck, dass ich jegliches Geplänkel, das nicht wenigstens den Austausch von wichtigen Informationen betraf, gleich sein lassen konnte.

Alles, was Carl von sich gab, schien mir präzise in Gedanken vorformuliert zu sein, und jede seiner Sentenzen wirkte, als sei sie gesättigt mit mehreren Schichten an Bedeutung und aufschlussreichen Verweisen. Es verlieh ihm in meinen Augen den Charakter eines umherwandernden Orakels, das unentwegt Sinn in die Welt trug durch die Art, wie es sich äußerte. Aber er war auch dazu in der Lage, einem das Gefühl zu geben, Schweigen sei beredt genug. Es wäre also vollends in Ordnung, auf einem längeren Spaziergang eine

Weile lang gar kein Wort miteinander zu wechseln, wie wir es an diesem Tag auf dem Weg zu ihm nach Hause taten. Es waren ja beileibe genügend Dinge geschehen, über die er genau wie ich, dessen war ich mir sicher, nachzudenken begonnen hatte. Die Stille hatte also nichts Künstliches oder Beklemmendes an sich, im Gegenteil, sie war der vollendete Ausdruck eines unausgesprochenen Einverständnisses.

Das Haus, in dem Carl wohnte, war an einem Platz gelegen, den vormals eine Straßenbahnlinie in der Mitte durchschnitten hatte. Obwohl die Schienen ringsherum schon lange Zeit überteert worden waren und das ganze Viertel zur verkehrsberuhigten Zone gehörte, war der Gleiskörper hier als Relikt einer anderen Zeit in die Architektur eingebunden. Mit einer Tafel gedachte man des Goldenen Zeitalters der Straßenbahn, die den angrenzenden Naherholungspark für die Bürger der Innenstadt problemlos und schnell mit öffentlichen Verkehrsmitteln erreichbar gemacht hatte. Jetzt führten von zwei Seiten des Platzes Eingänge zu einer neuen U-Bahnstation hinunter, und ein altmodischer Zeitungskiosk mit klassizistischer Fassade stand inzwischen unter Denkmalschutz.

Als wir vor dem Haus Nummer sieben auf der Südseite zu stehen kamen, zeigte er zum Obergeschoss hinauf, dessen Fensterfront in der Mitte auf einen glasüberdachten Balkon führte.

»Fällt dir etwas auf?«, fragte er mit einem süffisanten Zug um den Mund.

Ich versuchte, nach Spuren seiner Präsenz in den Fenstern zu suchen, fand aber kaum etwas Bemerkenswertes. Über dem Dachgeschoss ruhte griechisch schlicht der Giebel, und vom Erdgeschoss aus führten zu beiden Seiten des Vorsprungs unter dem Balkon Säulenpfosten mit Kapillaren aufwärts, die durch blassroten Sandstein farblich von dem hellen Putz abgesetzt waren. In sparsam gesetzten Details schien klar die Vorliebe des Architekten für die Schlichtheit des dorischen Stils durch.

»Eigentlich kann man es auf den ersten Blick kaum erkennen. Siehst du den Architrav dort unter dem Balkon? Das Fensterpaar in der Mitte des ersten Stocks liegt deutlich niedriger als bei den Zimmern links und rechts. Ein Wunder, dass der Bauherr das damals so abgenommen hat.«

Ich verstand nicht gleich.

»Der Mezzanin schließt sich in der Regel eher dem Erdgeschoss an, aber zu meinem Glück gehört er hier zum zweiten Stock, in dem wir wohnen. Wenn du magst, zeige ich dir gleich, was ich meine.«

Wir betraten das kühle Steintreppenhaus, das mit seinem Mikroklima sofort eine beruhigende Wirkung auf mich ausübte, und stiegen flankiert von dem blank polierten Eichenholzhandlauf des Eisengeländers hinauf in den zweiten Stock. Doch als wir fast die letzte Biegung passiert hatten, blieb Carl vor einer gerahmten Fassung der »Zeichnenden Hände« von M. C. Escher stehen. Eine Hand zeichnete darauf eine andere Hand, die wiederum die Hand zeichnete, von der sie gezeichnet wurde. Was mich an der Darstellung sogleich störte, war die Gleichgültigkeit des Schöpfers, mit der er über die Ungereimtheiten seines Werks hinweggesehen hatte. Es war der lieblose Übergang von den dreidimensional wirkenden Händen zu den nahezu völlig flachen Manschetten, an denen die beiden Hände zeichneten und die so eher einer mathematischen Figur als einem Hemdsärmel ähnelten. Carl hob das Bild, das auf Augenhöhe hing, vorsichtig an, und eine Art ausklappbarer Türgriff kam zum Vorschein. Erst dadurch fiel mir auf, dass die kassettierte Wand um das Bild herum die Form einer schmalen Tür entstehen ließ, die zu der verborgenen Abseite führte. Carl öffnete sie, duckte sich und bedeutete mit der Hand, ich möge ihm folgen.

»So, da wären wir. *Introite, nam et hic dii sunt!* Willkommen in meinem *Kunstversteck*! Nach dir, ich muss das Bild wieder aufhängen, damit wir auch ungestört bleiben.«

Bevor er mir Platz machte, betätigte er den Lichtschalter im Inneren, und ein mit kunstvoll abgeschliffenem Holz bis hin zur Decke vollends ausgekleideter Raum kam zum Vorschein, der wie eine alpine Miniatur-Blockhütte anmutete. In einer Ecke standen Kopf an Kopf zwei wild ornamentierte abgewetzte Ottomanen, auf dem gesamten Boden lagen mehrere karmesinrote Läufer übereinander, und ein mit giftgrünem Spieltischtuch eingefasster Servierwagen diente als Hausbar. Was mich am meisten beeindruckte, war der unvergleichlich angenehme Geruch des Raums, der offensichtlich keinerlei Fenster besaß. Es war eine Mischung aus Holz und kaltem süßlichen Weihrauch, die nach Honig, Wald, Tabak und Zeder zugleich duftete, mit einer zarten Note Terpentin und Ölfarbe, als habe ein Maler hier sein Atelier. Ich hörte, wie Carl die Tür mit sattem Klang zuzog, als schließe sich ein gut isoliertes Stoffportal.

»Gut, wie du siehst, kann man hier nicht wirklich stehen, aber wozu auch, wenn es sich so vorzüglich liegen lässt! Eines noch, ganz wie in Japan: Schuhe bleiben außen vor.«

Er verstaute sie sogleich im Vorraum, drückte mit der Hand gegen eines der Holzsegmente, und mit einem gedämpften Klicken öffnete es sich ihm entgegen, wodurch ein in die Wand eingelassenes Waschbecken mit indirekter Beleuchtung sichtbar wurde. »Vor dem Essen, nach dem Essen Hände waschen nicht vergessen, hat meine Großmutter immer gesagt. Und weil die Zeit für etwas *Naschisch* gekommen ist, gehe ich mal mit gutem Beispiel voran.«

Sogar gerollte Handtücher lagen wie in einem Hotel an

der Seite bereit, und als er sich die Hände einschäumte, stieg mir sanft das Zitronengras-Aroma der Seife in die Nase. Während ich es ihm gleichtat, öffnete er eine andere Kassette in der Wand, und ein Kühlschrank tat sich auf. Bei einem Blick über die Schulter konnte ich erkennen, dass die drei Fächer darin mit Wasser, Sekt und dunkelgrünen Pralinenschachteln gleichermaßen befüllt waren. Er stellte eine davon, ich erkannte nun auch, dass es sich um *After Eight*-Pfefferminztafeln handelte, auf den Servierwagen und drückte ein weiteres Wandsegment auf, hinter dem sich ein polierter Samowar wie in einem japanischen Schrein verbarg.

»Weißt du, es gibt im gesamten 20. Jahrhundert eigentlich nur einen Künstler, den ich neben Max Beckmann ertragen kann, und das ist Balthus. Nach dem Grand Chalet, seinem letzten Wohnsitz und Malerschloss in Rossinière, habe ich diesen Raum hier gestaltet.«

Carl bemerkte, dass ich mich verwundert umsah.

»Ich weiß, kein Vergleich. Aber ich habe *Kleine Helferlein* zur Hand.«

Er zog ein hellblaues Pappschächtelchen mit Goldrändern und einem Pinsel-Emblem aus der Schublade des Servierwagens, auf dem in Versalien *Atelier de Balthus* geschrieben stand.

»Du hast doch hoffentlich nichts gegen Räucherstäbchen? Hier sind zwar, anders als im Chalet des 17. Jahrhunderts, keine 700 Kubikmeter Schweizer Tannenholz verbaut. Damals errichtete man so das größte Holzhaus in der Schweiz. Was indes den Wänden hier fehlt, ersetzt dieser exquisite Duft. Gleich wirst du riechen, was ich meine.«

Carl entzündete mit dem Streichholz eines der zerbrechlich wirkenden braunen Stäbchen, wartete, bis die Flamme emporloderte, wedelte sie mit der Hand aus und pustete danach so lange das glühende Ende an, bis es als orange leuchtendes Rund gleichmäßig Rauch in die Luft entließ. Der Wohlgeruch, der sich verbreitete, war in der Tat köstlich, auch wenn mir leicht übel davon wurde, als ob das schwere Parfum des öligen Malmittels einem wie das Original des Künstlers in seinem Alpenatelier den Atem verschlug.

Carl sah mich erwartungsvoll an: »Ein erstaunlicher Effekt, nicht? Wer die Augen schließt, sieht förmlich den Malerfürsten in seinem Holzpalast vor sich auferstehen mit allem, was ihn umgab; von der Ölfarbe über den Tabak bis zu den uralten Zitronenbäumen vor seinem Studio. Balthus war der Ansicht, der Künstler müsse als Handwerker ausschließlich der Natur dienen, und daher mit allen Mitteln versuchen, dieser Aufgabe gerecht zu werden, so hat es einer seiner Interpreten einmal geschrieben. Einer Aufgabe, die zur größtmöglichen Demut vor der Natur erzieht, weil sie genuin als Frage der Moral zu begreifen ist. Wer sich in den Dienst des Sichtbaren stellt, kommt nicht umhin, das Naturschauspiel als dem Menschen überlegen zu erachten. Die Unsicherheit einer solchen Weltanbetung hat natürlich etwas von Kunstreligion. Balthus bemerkte in diesem Sinn, der göttliche Ursprung der Schönheit sei in der Schöpfung selbst offenbart, indem der Herr sich an der Natur als seinem Werk erfreue, Rilke würde sagen: *Mir zur Feier*. Eine Tasse Tee gefällig?«

Was Carl auch äußerte war wohlüberlegt und bedeutungsvoll formuliert. Ich war geblendet von der Allgegenwart seiner Gedanken, die nicht nur wie das geschriebene Wort klangen, sondern genug Sinn ergaben, um aus einem schlauen Buch stammen zu können. Weil ich nie zuvor einen Menschen so hatte reden hören, wurde mir allein von dem Versuch, seinen Ausführungen zu folgen, schwindlig. Fast schien es, als verfolge er mit jedem Wort, das er sagte, ein Ziel, auf das alles hinauslief, dessen Umrisse für mich jedoch umso weiter in einem dichter werdenden Nebel verschwanden, je länger ich über sie nachzusinnen imstande war.

Ich musste von der allgemeinen Verwirrung, in der ich mich befand, in einen Zustand derartiger Erschöpfung geraten sein, dass es mir peinlicherweise entgangen war, wie ich den Tee nurmehr schlürfend zu mir nehmen konnte. Aber auch diese unangenehme Situation vermochte Carl diplomatisch durchdacht zu entzerren, indem er mein Missgeschick als Ausdruck von Kennerschaft zu interpretieren vorgab: »Was vermag der Teetester an Gewürzen herauszuschmecken, wenn ich fragen darf?«

Ich war nie zuvor mit der anspruchsvollen Aufgabe betraut worden, Geschmacksnoten zu identifizieren, aber zum Glück erkannte ich wenigstens etwas, das mir bekannt vorkam: »Eine gehörige Portion Vanille, es schmeckt aber auch ein wenig nach Wiese.«

Er hob seine Augenbraue und nickte mir wohlwollend zu. »Gar nicht schlecht für den Anfang, was? Der Kompositeur dieses Grünen Tees hatte in der Tat gemalte Landschaften vor Augen, als er den *Thé des Impressionnistes* kreierte. Vanille, gewiss, aber auch einen Hauch Jasmin, weiße Blütenmeere, in denen Nuancen von Malve und Lavendel wogen. Manche freilich meinen, sogar Marshmallows schmecken zu können und verzichten daher gänzlich auf Zucker und Sahne.«

Als ich auf das schmale weiße Porzellanutensil deutete, in dem das Räucherstäbchen fast abgebrannt war, weil ich voller Sorge sah, wie sich ein schlieriger brauner Rand um den glühenden Stumpf gebildet hatte, winkte Carl ab: »Kein Grund zur Beunruhigung: Diese handgedrehten Kostbarkeiten sind von den Koh-shis auf der japanischen Insel Awaji fabriziert worden, die seit 1850 als Meister des Weihrauchs gelten. Sie hinterlassen auf dem Porzellan nach dem Auswischen der Halterung für die Stäbchen keinerlei Spuren. Hier, nimm doch lieber noch ein After Eight und mache es dir ein wenig bequem. Ich liebe sie eigentlich fast nur für die schwarz glänzenden Tütchen, in denen sie vor sich hinschlummern, bevor wir sie verzehren dürfen.«

Ich legte die Hülle, nachdem ich die Minztafel in meinen Mund hatte gleiten lassen, um sie langsam zum Schmelzen zu bringen, neben die Teetasse auf den Servierwagen und strich sie glatt, worauf Carl sanft protestierte: »Halt, es geht um das herrlich knisternde Geräusch: Hör mal hin!«.

Er zerknüllte eine Hülle und warf sie geschickt in seine leere Tasse. Dann nahm er sich die nächste.

»Sie machen sofort süchtig, diese kleinen Bösewichte. Und sieh dir die Musterung auf ihrer Oberfläche an. An was erinnert dich das? Sprich, Mnemosyne!«

Da mir an After Eight bis dahin nur aufgefallen war, dass jedes Mal, wenn sich die Packung dem Ende zuneigte, entgegen meiner Erwartung noch ein volles Tütchen zum Vorschein kam zwischen all den leer gegessenen, ich diese Beobachtung aber zu trivial fand, um sie mit Carl zu teilen, blieb ich lieber stumm.

»Wie dir vielleicht aufgefallen ist: After Eight hat in der Kekswelt einen fast ebenso wohlschmeckenden Doppelgänger: Afrika!«

Natürlich kannte ich die Waffelblätter mit Schokoladenüberzug, deren Musterung ich als Kind wegen des verheißungsvoll klingenden Namens immer als naturgetreues Abbild der Rinde eines Affenbrotbaums vor mir gesehen hatte. Erst dank Carl fiel mir auf, wie täuschend ähnlich es der welligen Struktur auf den Minzblättern tatsächlich war.

Er öffnete eine weitere Geheimtür, hinter der ein Schallplattenspieler zum Vorschein kam. Aber keines dieser eingestaubten Nostalgiegeräte, sondern ein Modell, das ich sonst eher mit Diskotheken verband: ein Technics SL 1200 MK7. Er setzte die Nadel auf die bereitliegende Platte, und wie in dem Schaufenster, wo ich das Gerät zum ersten Mal in Ruhe betrachtet hatte, konnte ich mich wieder nicht daran sattsehen, wie sich die Tempokästchen im orangefarbenen Seitenlicht am Plattentellerrand ganz langsam adjustierten, bevor sie gleichzeitig vor- und rückwärts zu laufen schienen.

Carl schloss die Tür, und bald hob aus sorgsam verborgenen Lautsprechern in leisen Akkorden eine erstaunlich melancholische Klangfolge an, die mir, wie ich erleichtert feststellte, nicht ganz unbekannt war.

»So, mein Lieber, nun sehen wir uns doch mal auf einem zu fragwürdigem Ruhm gelangten Selbstporträt an, wie Mut zur Hässlichkeit genau aussieht.«

4

Experimentum medietatis

Es heißt, eines der größten Übel des Menschen bestünde darin, nicht allein sein zu können. Auf jeden Fall stand es so in etwa auf einem Kalenderblatt in unserer Küche, das mir besonders im Gedächtnis geblieben ist. Weil ich meine Mutter als sehr ordentliche Person kannte, die immer einen reinlichen Haushalt führte, war es mir gleich aufgefallen, als ein Kalenderblatt erstaunlicherweise über den Tag hinaus hängen blieb, den es bezeichnete. Dieser siebente September dehnte sich also gleichsam aus zunächst unerfindlichen Gründen ins Unendliche, bis ich Mutter darauf ansprach. Sie fiel sozusagen aus allen Wolken, als ihr bewusst wurde, dass ich bemerkt hatte, was da passiert war.

»Um Himmels willen, Junge, du hast ja recht. Wie konnte ich nur denken, dass der Kalender für niemanden außer mir Bedeutung hat. Hast du einen Moment Zeit? Dann erzähle ich dir, was es damit auf sich hat.«

Natürlich hatte ich. Und so erfuhr ich von dem Mann, der mein Vater hätte werden können, wenn er nur dazu willens gewesen wäre. Es war, wie sollte es anders sein, eine traurige Geschichte, die ging wie die meisten traurigen Geschichten: wenn A nun einmal B liebt und B leider C und nicht A. Mit der geringfügigen Komplikation, dass A und C vor der traurigen Geschichte durch nichts zu trennen gewesen waren, nicht einmal durch ein B. Aber B wie besonders, B wie bezaubernd und B wie bedingungslos trat auf den Plan und brach nicht nur das Herz von A, sondern auch dessen tiefe Freundschaft zu C. Von welcher Beschaffenheit sind diese Bs der Welt, dass sie so viel zugrunde richten können, was gut ist, bevor die Liebe ins Spiel kommt, und wie sie damit weiterzuleben verstehen, dem Ausmaß an Leid, das sie über jene Seelen gebracht haben, deren Bahn sie unglücksbringend kreuzten?

»Der Weg zu zweit ist halb so weit«, so habe er es ihr zu Beginn einmal geschrieben, und sie hatte es geglaubt, weil es schön war und es einfach ist, schöne Sätze zu glauben, wenn es schöne Münder sind, die diese schönen Sätze sprechen. Meine Mutter hatte die wunderbare Gabe, Dinge auf so einleuchtende Weise zu vereinfachen, ohne sie wirklich beim Namen zu nennen, dass es eine Freude war, ihr zuzuhören. Sie sagte mir, dass der siebente September der Tag gewesen sei, an dem der Mann, der mein Vater hätte werden können, ihr den schönen Satz geschrieben und ihn später, als sie sich am Abend desselben Tages tatsächlich trafen, noch einmal selbst gesagt und ihr dann einen Kuss gegeben habe, der so schön und lang und einzigartig gewesen war, dass sie ihn nie mehr habe vergessen können.

Dass es damit aber auch schon sein Bewenden gehabt haben sollte, wäre ihr nicht im Traum eingefallen in jener Nacht. Denn das große Versprechen, das mit dem Satz vom Weg zu zweit einherging, hatte er zu diesem Zeitpunkt auch schon ihrer allerbesten Freundin gegeben, nur mit dem symbolischen Ring dazu. Beide Frauen, die sich so gut zu kennen glaubten und doch ausgerechnet in dieser Hinsicht nichts voneinander wussten, hatte er heuchlerisch auf absolute Verschwiegenheit eingeschworen, bis der Moment gekommen sei, in der Gesellschaft offiziell bekannt gegeben zu werden. Meine Mutter war einfach nur hingehalten worden, weil er sich längst für die andere entschieden hatte, ein Umstand, den ich als besondere Stufe seelischer Grausamkeit empfand.

Was hatte sie davongetragen? Den Verlust der besten Freundin, den sie aber auch deswegen verschmerzte, weil sie sich nie hundertprozentig sicher sein konnte, ob diese nicht doch von ihr wusste, da sie den Kontakt zu ihr ausgerechnet in der Woche ihrer heimlichen Verlobung abgebrochen hatte. Ob es sich dabei um eine Art Schuldeingeständnis handelte oder lediglich zeigte, dass sie zumindest über die Schwärmerei meiner Mutter für ihren Geliebten im Bilde war, fiel für sie da schon fast nicht mehr ins Gewicht.

Ihre größte Charakterstärke bestand darin, nie in Versuchung geraten zu sein, ihrer vormals besten Freundin aus Missgunst oder Rache von den Briefen, Küssen und Schwüren ihres Ehemanns zu erzählen. Sie habe diesem siebten September aber immerhin die Erkenntnis zu verdanken, dass der schlimmste Fehler in der Liebe die Annahme sei, es läge mehr in in ihr verborgen als der sehnliche Wunsch nach Aufhebung unserer fundamentalen Einsamkeit. Wohingegen uns ein kurzer Blick in den Spiegel doch zeigen könne, dass jener Idealzustand nur im Reflektieren an sich erreicht ist. Wo also der Ausfallwinkel (der erwiderten Liebe) immer genauso groß ist wie der des Einfalls (der empfangenen Liebe), was für sie der Beweis war, dass ein derart ausgeglichenes Verhältnis ausschließlich in der Selbstliebe existiere, für die der Spiegel nun mal das Symbol sei.

Bis meine Mutter mich so auf die Abgründe der Eitelkeit, die mit ihm einhergehen, hinwies, hatte ich den Spiegel immer nur als obskures Objekt zur Erkundung der Welt benutzt. Mein Lieblingsspiel als Kind bestand darin, mit einem Spiegel in der Hand, dessen glatte Oberfläche nach oben wies, durch die Wohnung zu gehen, ohne über Gegenstände oder Möbel zu fallen. Der Effekt, den das ausschließlich auf die Decke gerichtete Spiegelbild bei mir hatte, ließ alle Zimmer wunderbar ausgeräumt, leer und weiß erscheinen. Wann immer ich von einem ins nächste gelangte, verwandelte ich mich unversehens in einen staksenden Flamingo, da ich versuchte, die vermeintlichen Barrieren, die ja lediglich die Wände oberhalb der Türrahmen darstellten, zu überwinden. Dazu kam noch der gedankliche Taumel, dass mit einem Mal unten oben war und umgekehrt, was dazu führte, dass es mir so vorkam, als ginge ich tatsächlich an der Decke und hinge, ohne es zu merken, von ihr kopfüber herab, während ich doch für Außenstehende nicht mehr als ein Junge war, der mit einem Spiegel in der Hand konzentriert durch die elterliche Wohnung balancierte.

Das dadurch ausgelöste Schwindelgefühl war ähnlich dem hypnotischen Zustand, in den ich mich bewusst vor dem dreigeteilten Badezimmerspiegel versetzte, indem ich seine Flügeltüren mit meinem Kopf in der Mitte wie einen Altar so weit einklappte, bis mein Abbild in einem imaginären Spiegelsaal ins Unendliche vervielfacht war. Die tunnelartige Federspirale meines Konterfeis wurde selbst durch die geringste Bewegung ins Schwingen versetzt wie ein außer Kontrolle geratenes Tischspielzeug. Die Rastlosigkeit, die von mir jedes Mal als unausweichliche Folge jener fremdartigen Form der Selbsterkundung Besitz ergriff, war so nachhaltig verstörend, dass ich es bald ganz sein ließ.

Spiegel versuchte ich seitdem zu meiden, wo es nur ging. Mir war klar, dass die meisten Menschen so ein Verhalten kaum nachvollziehen können. Wer schaut nicht als Erstes jeden Morgen ganz selbstverständlich in den Badezimmerspiegel, um festzustellen, ob alles so weit in Ordnung ist, dass man sich der Welt zumuten kann? Sind die Zähne geputzt, ist das Gesicht gewaschen, aller Schlaf aus den Augen gerieben, die Haare gut gekämmt und Ohren wie Nase präsentabel? Wie sollte sich jemand all dessen sicher sein ohne die rettende Hilfe des Spiegels? Nun, so würde ich antworten, es gibt Mittel und Wege, sich seiner selbst zu versichern, ohne das geschliffene Glas der Eitelkeit zu benutzen. Als Erstes die Reinlichkeit an sich. Wer sich gründlich wäscht, kann verhältnismäßig sicher sein, dass mit der notwendigen Sorgfalt das Ergebnis selten zu wünschen übrig lässt. Als Zweites der Tastsinn. Schon die einfache Geste, mit der Hand durch das Haar zu fahren, ordnet unseren Kopf gehörig, aber auch die Effektivität eines Kamms beim Ziehen eines geraden Scheitels lässt sich mit Handkante und Fingerspitzengefühl problemlos nachprüfen. Die Hand sollte auch zur tadellosen Sauberkeit von Nase und Ohren mehr als ausreichend sein. Alles andere entzieht sich ohnehin durch tote Winkel dem kritischen Auge sogar der genauesten Selbstbetrachtung.

Als mir die Abwesenheit jeglicher Spiegel in Carls Refugium aufgefallen war und ich ihn darauf ansprach, weil diese ja für das Erstellen eines Autoporträts meines Erachtens so absolut unabdingbar waren, kommentierte er nur lakonisch: »Frag Gogol, der formulierte einst: *Es hat keinen Sinn, dem Spiegel die Schuld zu geben, wenn das Gesicht entstellt ist.*«

5

Das Lied vom einsamen Mädchen

Da sie ihr blondes Haar stets seitlich aus dem Gesicht gekämmt trug, lag poetisch eine Strähne an der Schläfe entlang, die sie vielleicht kurz zuvor hinter ihr Ohr gestrichen hatte. Als wollte sie dem Bild eine fotografische Augenblicklichkeit verleihen, verschwamm der Hintergrund in einer Melange aus strohfalbem Gelb und gräserhaftem Grün. Der leicht geöffnete Mund ließ ihre tadellosen weißen Zähne zum Vorschein kommen, die Unterlippe war wie vor Staunen erstarrt.

Die Schwierigkeit, der sie sich selbst gestellt hatte, war der Blickwinkel. Während sich alle anderen Mitschüler einfach nur vor den Spiegel gesetzt oder ein Passfoto aus dem Automaten als Vorlage genommen hatten, weswegen sie uns aus jedem Werk auf Augenhöhe entgegenblickten, schaute Kirsten nach rechts oben aus dem Bild hinaus, fixiert auf etwas, das von außerhalb ihre Aufmerksamkeit erregte. Ihre kurzen Wimpern standen wie Haare ab, als seien sie noch mehr erschrocken über das, was sich da oberhalb von ihr abspielte, als sie selbst. Ihr Blick, wie soll ich ihn beschreiben? Es war so viel mehr darin als nur Verwunderung über das, was sie sah.

Vielleicht lag es an dem schwarzen Reiterhelm, der wie ein dunkler Schatten ihren Kopf beschirmte, dass einen trotz der ausgesprochen natürlichen Farben ihrer skizzierten Umgebung die Vorahnung eines unguten Geschehens zu beschleichen begann. Zunächst sah es einfach nur so aus, als würde sie konzentriert über etwas nachdenken, aber dieser Eindruck war nicht von Dauer. Bald schien sie eher einer Bedrohung gewahr zu werden, die auf sie zukam, deren volles Ausmaß sie aber noch nicht zu begreifen vermochte. Kurzum, das Porträt war in meinen Augen sehr vieldeutig, aber in der vollendet natürlichen Schönheit ihres Ausdrucks, der durch die Spiegelung der Landschaft in ihren hellen grünen Augen noch verstärkt wurde, auf jeden Fall alles andere als hässlich. Zumal ihre ebenmäßigen Züge mit den skandinavisch hohen Wangenknochen noch durch den Umstand betont wurden, dass der Helm mit einem schwarzen, lässig herabhängenden Gurt unter ihrem zarten Kinn befestigt war, an dem sich hier und da feingoldene Haarsträhnen verfangen hatten.

Carl räusperte sich. Ich musste die Zeichnung wohl länger angestarrt haben als mir bewusst war, weil sie mich in eine Art Wachtraum versetzt hatte, in dem ich mir alle möglichen Gründe für Kirstens sichtliche Besorgnis vorzustellen glaubte: ein heraufziehendes Gewitter, ein nie gesehenes Tier in den Bäumen, einen Unbekannten, der an ihrem Aufenthaltsort nichts verloren hatte.

»Nun gut. Nietzsche hat im Prinzip alles dazu gesagt, was zu sagen ist: *Und ihr sagt mir, Freunde, dass nicht zu streiten sei über Geschmack und Schmecken? Aber alles Leben ist Streit um Geschmack und Schmecken.* Hügel hat recht. Ich habe recht. Du hast recht, wir alle haben recht. Aber das erlaubt uns trotzdem nicht, so einen Satz zu sagen, auch wenn er wirklich nicht so gemeint war, was ich kaum glaube. Und es ist ja nicht einmal ein vollständiger Satz. Was fehlt, ist ein Subjekt, das leider gleich zum Objekt wird, dem noch dazu ein Prädikat verliehen wird. Und was für eins. Hässlich ist schon als Wort vollkommen ungeschlacht, da verläßt einen ja jeglicher Mut nach so einem Schlachtruf der Unbarmherzigkeit. Und dann als Hohn, das Wort Respekt davor. Respektlos nenne ich die Erzieherin, die es besser wissen müsste. Wie man lobt, wie man tadelt. Was wer wie und wo zu wem wann sagen darf und was auf keinen Fall. Das schreit nach Rache. Und wer rächt, wenn nicht wir?«

Als ob das Gesagte noch einer Besiegelung bedürfe, offerierte er mir eine filterlose Zigarette aus einer gelb bedruckten Papierschachtel, die ich dankbar annahm. Ich rauchte zwar sonst nur sporadisch, aber für das, was er mit dem Wort *Rache* vorhatte, konnte eine leichte Betäubung am Ende nicht schaden. Er hielt mir die altmodisch verzierte Packung entgegen, auf der das ovale Porträt eines Mannes über einer idyllischen Landschaft thronte.

»Sieh mal, kaum zu glauben und noch nie gebührend gewürdigt: Das Leben im Zitat hat seine eigene Zigarette, als ob Ironie und Nikotin ein holprig qualmendes Anagramm seien. Wohl bekomm's: Rauchen in Anführungszeichen!«

In der Tat war der Name der Virginia-Zigarette, *Sweet Afton*, in geschwungenen Goldbuchstaben geschrieben und mit Gänsefüßchen gerahmt.

»Man könnte sagen, wenigstens sauber zitiert und ausgewiesen. *Flow gently, sweet Afton, among thy green braes. Flow gently, I'll sing thee a song in thy praise*. Die Verpackung zitiert sich sozusagen selbst. Du siehst: das gleiche Phänomen wie die liegende Acht der *Zeichnenden Hände*. Das Unendliche umgibt uns nahezu unentwegt, wir bemerken es nur meistens nicht und müssen lediglich genau genug darauf achten, dann lässt sich dechiffrieren, was es uns bedeuten will. Und dass *Sweet Afton* außerdem die einzige Zigarette der Welt mit Dichterbildnis ist, würde ich als höchste Form von geistigem Genuss bezeichnen!«

Es waren Sätze wie diese, um die ich Carl beneidete, nicht, weil das, was sie sagten, so außergewöhnlich war, sondern aufgrund der unnachahmlich beiläufigen Art, in der er sie von sich gab. Der abschätzige Tonfall, mit dem er die Worte versah, konterkarierte den hymnischen Charakter des Gesagten, sodass es einen Moment länger als nötig in der Luft stand, weil man nicht sofort wusste, wie es gemeint war. Für diesen einen wunderbar glänzenden Moment aber schwebte das Gesagte ganz eigen schillernd vor unserer Nase wie eine Seifenblase, von der noch keiner wusste, ob sie in den Himmel gleitet oder im nächsten Augenblick in ein nasses Nichts zerplatzt.

Die Zigaretten kratzten etwas im Hals, verströmten aber ein angenehm süßliches Aroma, das, wie Carl vorausgeahnt haben musste, hervorragend zu dem Madeirawein passte, den er dazu in kleine Gläschen ausschenkte. Habe ich schon von der Musik gesprochen? Sie harmonierte genauso verblüffend mit der Stimmung, in der wenigstens ich mich befand, nachdem wir das Porträt endlich in Augenschein nehmen konnten. Erleichtert stellte ich fest, dass ich sogar wusste, um welchen Komponisten es sich handelte und was genau es von ihm war. Das war meine große Chance, ihn auch einmal zu beeindrucken.

Wer einmal im Leben die *Nocturnes* von Chopin gehört hat, vergisst den eigensinnigen Charakter ihrer Komposition nie. Für mich klangen sie auf seltsam überzogene Art melodramatisch, das heißt, sie bewegten sich oft gefährlich nah am Kitsch entlang, entwickelten dabei aber trotzdem eine unglaubliche Sogwirkung. Wer eine von ihnen gehört hat, will immer mehr davon, es ist wie eine Tüte Süßigkeiten, bei der schon von vornherein klar ist, dass sie einem den Magen bös verkleben wird, aber man kann trotzdem nicht mit dem Naschen aufhören, bis alle aufgegessen sind.

»Chopin scheint mir heute Nachmittag gute Wahl, Carl. Kirsten hat ihn nämlich auf dem letzten Schulkonzert mehr als ordentlich gespielt.«

Er schnalzte mit der Zunge. »Ein Universaltalent, was? Nicht nur Kunst, sondern auch Musik? Ich kann wirklich kaum erwarten, sie endlich kennenzulernen. Wer Chopin wirklich gut spielen will, muss allerdings alle Register ziehen, um ihn nicht in schnöde Konfektmusik zu verwandeln. Man darf eigentlich nur ganz wenig akzentuieren, wie der späte Rubinstein, den wir gerade hören. Er hat die ganzen Nachtstücke tatsächlich dreimal eingespielt. Und ich bin mir fast sicher, dass er das nicht gemacht hat, um seine Interpretation zu vervollkommnen. Er hat sie immer ganz von Neuem aufgenommen, weil er wusste, dass irgendetwas daran nicht gelungen war. Erst gab es zu viel Gefühl, das wollte er dann mit Geschwindigkeit unter Kontrolle bringen und spielte viel zu schnell. Erst bei der dritten Aufnahme stimmt beides, Temperatur und Tempo. Rubinstein hat um die lauernden Gefahren und Abgründe seines Landsmanns gewusst, deswegen nimmt er sich persönlich bei der Aufnahme absolut zurück. Er spielt ihn so staubtrocken, dass manche Triolen klingen, als wären sie einer Sonate von Scarlatti entsprungen. Die Melancholie des Barocks trifft auf die Erkenntnis der Romantik. Wenn dieses Notenelixier ein Sherry wäre, bekäme es als Prädikat *Fino Seco*.«

Es wäre zu schön gewesen, meine korrekte Musikbestimmung hätte es nur im Geringsten mit Carls darauffolgender Analyse aufnehmen können. Es sah eher so aus, als präsentiere er mir all die Facetten seines Geschmacks lediglich, um mit seinen *en passant* geäußerten Anmerkungen den Eindruck entstehen zu lassen, sein Wissen sei geradezu universell und an keine Disziplin allein gebunden.

»Was die zweite Nocturne Opus 32 so faszinierend macht,

ist auch die Tonart. Ist dir aufgefallen, dass sie so leicht und spielerisch klingt wie eine Kinderszene von Schumann? *Von fremden Ländern und Menschen.* Gute Güte, und das ist nicht einmal die einzige Verbindung zur Romantik. As Dur! *La Bemol* in Französisch. Schon zu Beginn des 18. Jahrhunderts gesellte man As Dur die Ewigkeit zur Seite, und 1837, kurz vor der Chopin-Nocturne, erweckte die Tonart *eine Ahnung der Unendlichkeit, welche über der Erde weilt.* Toll, was? Berlioz befand fast banal: *süß, verhangen und sehr edel.* Mein Lieblingswort dazu: verklärt!«

Der ganze Nachmittag, so dämmerte es mir langsam, hatte nichts Zufälliges, sondern schien bis zur Musikauswahl ins letzte Detail ausgeklügelt, um in mir etwas zu bewirken oder auszulösen, von dem ich noch nicht sagen konnte, was genau es war. Oder, wie ich diesen gefährlichen Gedanken sogleich relativierte, es mangelte mir einfach an Vorstellungskraft, die Perfektion, mit der Carl sein *Kunstversteck* und all das, was damit zu tun hatte, erdacht und in die Tat umgesetzt hatte, als selbstverständlichen Ausdruck seines bewundernswerten Wesens zu begreifen, mit dem er völlig natürlich in unvergleichlicher Leichtigkeit die Welt um ihn herum zu verzaubern verstand. Was ihm so gut gelang, dass es mir möglich war, seine absolute Überlegenheit anzuerkennen, ohne dabei auch nur eine Spur von Missgunst oder Unbehagen zu empfinden.

Carl nahm einen Schluck, stellte das Glas ab und machte es sich wieder auf der Ottomane bequem, indem er seinen Nacken zurückstreckte und, nach tiefem Inhalieren, den Rauch nahezu senkrecht zur Decke steigen ließ und den ausgeatmeten Ringen träumerisch nachblickte, wie sie sich in Schwaden aufzulösen begannen.

»Weißt du, manchmal habe ich das Gefühl, wir müssten einfach alles daransetzen, das Leben als etwas Einzigartiges zu gestalten, indem wir das gleichförmige Einerlei unseres ach so drögen Alltags nicht länger als gegeben hinnehmen, sondern durch unvorhersehbare Taten in das Abenteuer zu entgrenzen, als welches unsere Kinderseele jeden Tag empfunden hat.«

Er löschte die Zigarette mit gespreiztem Daumen und Zeigefinger, verschränkte seine Hände hinter dem Nacken, legte seinen Kopf entspannt zurück und begann vielsagend zu lächeln.

»Und eine sehr verlockende Chance zu einer solchen Tat bietet sich heute, indem wir auf das, was Frau Hügel angerichtet hat, mit schärfster Vergeltung reagieren. Also, erzähl mir doch mal was zur Reiterin, du musst sie ja etwas besser kennen als ihr – wie wird es genannt? – *Fehlpate*. Großartiges Wort.«

6

Haus der Krokodile

Wenn ich einen Wunsch frei hätte, würde ich gerne über einen Speicher in meinem Gehirn verfügen, der alle Momente versammelt, in denen ich Menschen, Orte oder Dinge zum ersten Mal gesehen habe, die später im Leben für mich wichtig werden. Warum? Weil zu dem Zeitpunkt, da sie geschehen, nie klar sein kann, dass sie eine besondere Bedeutung bekommen werden und welcher Art diese sein wird. Dieser Speicher müsste dazu befähigen, nicht nur Gedanken und Gefühle dieser Momente wiederherzustellen, sondern sie auch mit sämtlichen Sinnen erneut erlebbar zu machen. Das heißt, ich würde genau all das riechen, schmecken, hören, sehen, fühlen und denken, was ich damals empfand, ohne es bewusst wahrzunehmen.

Es ist mir bis heute nicht gelungen, herauszufinden, ob es sich bei diesem Wunsch um einen vermessenen persönlichen Spleen oder um eine allgemeine Konstante der Existenz handelt, die ich mit den meisten Menschen teile, ohne es zu ahnen. Das Kind braucht diesen Speicher nicht, weil es nur absolute Gegenwart kennt, das reine Jetzt im unangetasteten Zustand. Und so ganz nah an der verschwenderischen Schönheit der Natur ist, wie sie an jedem Tag unbewusst dem Unendlichen entgegengeht. Ohne die beklemmende Ahnung einer unheilvollen Zukunft oder die raunende Beschwörung des Imperfekts, und nichts scheint so schön wie das Vergangene.

Ich habe einmal gelesen, es sei die einzige Aufgabe unseres Daseins, einen Mittelweg zwischen Schmerz und Langeweile zu finden. Also eine Balance herzustellen zwischen Entbehrung und Überdruss. Und dass es nur dadurch möglich sei, sich einen inneren Reichtum aus Geist und Empfindungen anzulegen, der uns unabhängig mache von den Unbilden stumpfer Geselligkeit, wie sie die äußere Welt für uns bereithält mit der geistlosen Leere ihrer Zerstreuungssucht und der Verrohung ihrer Sinne bis zur Empfindungslosigkeit. Nur, wie sieht dieser innere Reichtum aus, wie und wo häufe ich ihn an?

In meinem Speicher, wenn der Wunsch denn je in Erfüllung ginge, wären jedenfalls zwei Momente sicher enthalten: der Tag, an dem Carl in unsere Schule kam, und der Augenblick, da ich das Haus von Kirstens Eltern betrat. Carl, weil ich sofort ahnte, dass sich in seiner Erscheinung das Versprechen jenes inneren Reichtums, den ich seit Jahr und Tag suchte, nach langem Warten endlich zu erfüllen schien. Und Kirstens Haus, weil mich sofort das bedrückende Gefühl befiel, dass an diesem Ort etwas Unheimliches geschehen sein musste, wovon keiner etwas wissen konnte, obwohl die dort Lebenden leibhaftig von den Auswirkungen unmittelbar betroffen waren.

Vorahnungen dieser Art haben in meinem Leben eigentlich nichts zu suchen, weil ich an den gesunden Menschenverstand glaube und ihn zur Richtschnur meines Denkens gemacht habe. Aber was mich an jenem Nachmittag im Treppenhaus von Kirstens Eltern erschauern ließ, war total vorhanden und unweigerlich da. Ich wusste bloß nicht, wie ich es Carl gegenüber in die richtigen Worte fassen sollte, ohne mich lächerlich zu machen und unsere gerade beginnende Freundschaft unnötig aufs Spiel zu setzen.

Kirsten und ich übten nur deswegen das Amt des Fehlpaten füreinander aus, weil wir, was ich ziemlich peinlich fand, bei der Auswahl am Schluss übrig geblieben waren, all die anderen hatten eben bereits beste Freunde. Aber das verschwieg ich in diesem Moment und ließ Carl lieber glauben, ich hätte sie ganz bewusst ausgewählt.

»Weißt du, sie war schon immer das Rätsel der Schule, das hat mich von Anfang an interessiert. Nicht nur wegen der etwas schrulligen Eltern und deren anachronistischem Anti-Modernismus. Obwohl, ich würde schon sagen, dass sie viel damit zu tun haben. Angeblich haben sie ja nicht nur kein Auto, sondern fahren tatsächlich an keinen Ort, den sie nicht zu Pferd oder mit dem Fahrrad erreichen können. Das Haus wird in der gesamten Nachbarschaft als Onkel Toms Hütte verspottet, weil es eben keine weiße Villa im gerade angesagten Bauhaus-Stil ist, sondern komplett aus dunklem Holz gebaut, und die einzige Energie kommt von farblich im Dach versteckten braunen Solarzellen. Es gibt einen Brunnen auf dem Grundstück, das Wasser kommt also nicht aus der Leitung, weil sie ja vollständig vom städtischen Netz abgekapselt sind, sondern wird mit einer komplizierten Erdwärmemechanik durch das Haus gepumpt, die eigens von ihrem Vater entwickelt wurde. Der war wohl mal herausragender Musiker im Orchester der Stadt, hat aber seine Karriere aufgegeben, weil er nicht mehr mit auf Konzertreise gehen wollte.«

Carl unterbrach mich enthusiasmiert: »Ach was, das ist ja hoch sympathisch! Wie lustig. Jetzt sag bloß, dass die Mutter genauso kauzig ist.«

Ich hatte sie beim ersten und einzigen Mal, als ich ihr sonderbares Haus betreten durfte, gleich näher kennengelernt, weil Kirsten sich bei einem unglücklichen Manöver den Knöchel am Steigbügel verdreht hatte und daher einige Tage in die Horizontale gezwungen war. Da sie gerade in ihrem Zimmer therapiert wurde, als ich ihr nach der Schule die Hausaufgaben vorbeibringen wollte, lud mich die Mutter auf eine Tasse Tee ein und begann, als ich den Mund nicht gleich aufbekam, unaufgefordert und fahrig damit, ihre ganze Lebens- und Leidensgeschichte vor mir auszubreiten.

»Kauzig trifft es ganz gut, ich habe sie ja nur einmal gesehen, als ich etwas im Haus für Kirsten abgeben musste. Irgendwie fand ich, sie hatte etwas von einem Vogel, mit ihren großen Augen und dieser verhuschten Erscheinung. Der Brennnessel-Tee, den sie mir beim Warten zu trinken gegeben hat, war ungenießbar bitter und schmeckte erdig. Dafür hatte sie ihn im eigenen Garten geerntet. Wenn ich nicht von Kirsten gewusst hätte, dass sie, anders als ihr Vater, immer noch Musikerin war, Klavierlehrerin allerdings, hätte ich sie in eine dieser Selbstversorgerkommunen eingeordnet, rein äußerlich. Das schmucklose schwarze Wollkleid, die zum Dutt gebundenen Haare, Clogs und Strohamulette. Sie hat mich dann beim Tee mit einer befremdlichen Beichte überfallen, die ich nicht ganz verstanden habe. Für mich hat sich das so angehört, als ob der Lebensstil gar keine radikale Einstellungssache war, sondern das Resultat einer Allergie, die sie kurz vor Kirstens Geburt entwickelte gegenüber Kunstfasern und den ganzen artifiziellen Zutaten im Essen. Vorher hatten sie wohl, wie ich es verstanden habe, ein ganz normales bürgerliches Leben geführt, nur eben in diesem schönen Holzhaus aus einem anderen Jahrhundert. Das mit der Allergie hat sich dann bei ihr, so erzählte sie, ziemlich schnell extrem gesteigert. Bald waren es nicht nur Haut und Magen, die überreagierten, nein, ihre Nasenschleimhäute schwollen schon an, wenn um sie herum jemand etwas, wie sie es bezeichnete, *Künstliches* aß oder *Artefakte* trug, sie bekam kaum noch Luft, und ihre Augen begannen zu tränen. Dann folgten Allergien gegen Plastik und fast alles andere auch, was das moderne Leben sonst so mit sich bringt. Damit begann ihr Rückzug aus der Gesellschaft und der radikale Umbau des Hauses in ein vollendet natürliches Ökosystem. Aber während ihr Mann, wie sie mit feuchten Augen fast weinend betonte, all diese tief greifenden Veränderungen liebevoll und ohne Murren mitgemacht habe, ohne ihr je auch nur einen Augenblick das Gefühl gegeben zu haben, ihre Krankheit stelle in irgendeiner Form eine Bürde für die Familie dar, wegen der sie ein schlechtes Gewissen haben müsse, wäre bald mit ihm selbst etwas weitaus Folgenschwereres passiert.«

Carl hob die Hand mit seiner Zigarette sichtlich alarmiert in die Luft: »Warte mal. Und das alles bürdet sie dir einfach mal so schnell zwischen Tür und Angel auf bei eurer ersten Begegnung? Ich glaube, kauzig ist völlig untertrieben, die Frau ist ja regelrecht manisch!«

Was Carl nicht ahnen konnte, war die Tatsache, dass ich vor einiger Zeit Briefe an Kirsten zu schreiben begonnen hatte, die sie in meiner Vorstellung ganz allein in ihrem Zimmer unter der Bettdecke mit einer geheimen Taschenlampe las, wenn alle Bienenwachskerzen im Haus erloschen waren. Aber ich bekam keine Antwort und wusste daher nie, woran ich war. Nur so kam es, dass ich weiter auf eine insgeheim beginnende Verschwörung zwischen uns hoffte und auf den Tag der Seligen, an dem sie mich erhören würde.

Ich muss allerdings zu Kirstens Verteidigung sagen, dass ich mich auch selbst nicht besonders interessant fand und meine am meisten herausragende Qualität wahrscheinlich darin bestand, nicht aufzugeben, ihr Briefe zu schreiben, in denen eigentlich nichts weiter stand als die Wiederholung der Idee, dass wir nun einmal füreinander bestimmt waren. Obwohl ich mir wenigstens die Mühe gemacht hatte, bei jedem Brief einen neuen Grund dafür anzugeben, warum wir vom Schicksal auserwählt waren, zusammenzukommen. Das Spektrum reichte von einer auf tragische Weise unvollendet gebliebenen Begegnung aus einem vorangegangenen Leben in einem anderen Jahrhundert bis zum Plan, gemeinsam eine neue Gesellschaftsform zu gründen, in der alles Gemeine verbannt sein würde und die Menschen völlig natürlich und freundlich zueinander sein würden, weil ihre größte Freude darin bestand, zu leben und zu lächeln.

Auch wenn ich möglicherweise schüchtern oder unauffällig wirkte, so war ich mir doch sicher, eine lebhafte Fantasie zu besitzen, die mich zusammen mit meiner stark ausgeprägten Einbildungskraft in die Lage versetzte, versteckte Eigenschaften oder Dinge zu sehen, die den meisten Menschen für immer verborgen oder vorenthalten blieben. Wenn das nicht Grund genug für ein Mädchen war, mit mir zusammen sein zu wollen, verstand ich die Welt nicht mehr.

In Kirstens Fall kam ja auch noch das von mir bemerkte Geheimnis beim Betreten ihres Elternhauses dazu, von dem ich ihr selbstverständlich umgehend in meinem nächsten Brief berichtet hatte, wenigstens als Andeutung. Aber auch das half leider nicht, weswegen ich mir alsbald die schlimmsten Vorwürfe zu machen begann, weil sie nun zu allem Übel sicher dachte, ihr nervtötender einseitiger Brieffreund habe vollends den Verstand verloren. Wahrscheinlich hatte sie nach den verrätselten Andeutungen zu der dunklen Vorgeschichte des Treppenhauses sogar Angst vor mir und den Gespenstern, die ich zu sehen imstande war.

Wer von alldem nichts ahnen konnte, war Carl, der mir gegenübersaß, mich fragend ansah und sein Bein leicht anzog, wodurch der obere Teil seines Schienbeins entblößt wurde, sodass ich zum ersten Mal sah, warum seine mit bunten Rauten gemusterten Socken immer perfekt straff am Bein anlagen: Er trug altmodische Sockenhalter mit Gummizug und Schnallverschluss.

»Du wolltest mir noch verraten, was mit Kirstens Vater geschehen war.«

Ich muss wohl etwas geistesabwesend gewesen sein, da der zusammengedrückte Rest seiner Zigarette weiterhin in dem quadratischen Porzellanaschenbecher qualmte. Also versuchte ich, die Restglut mit meiner Zigarette zu ersticken und fragte mich, wie der Raum wohl zu belüften sei. Als wäre Carl dazu in der Lage, auch noch die geringfügigsten Gedanken unmittelbar meinem Gesicht abzulesen, fühlte ich mich sofort durch seinen Kommentar ertappt.

»Der *Pino*, so nennt meine Großmutter die leidigen Zigarettenstummel, die ich in ihrem Garten nie gut genug verstecke, soll nicht deine Sorge sein. Bitte sehr.«

Er drückte das Paneel direkt neben ihm auf, und langsam entrollte sich eine Jalousie vor dem Fenster, das nach innen aufging. »Von draußen ein vergitterter Lüftungsschacht, von drinnen mein geheimer Blick in die Welt.«

Er hakte das Gitter aus und klappte es zur Seite. »Schau nur, erstens: gute Luft. Und zweitens: der schöne Platz, auf dem man immer einiges entdecken kann. Wie heißt es noch gleich? *Das Fixieren des Blicks erzeugt das deutliche Schauen.*«

Er stand auf und bedeutete mir, ich möge auf seiner Ottomane Platz nehmen, um besser hinausschauen zu können. Er reichte mir noch ein kleines Fernglas dazu, das hinter seinem Kopfende stand.

»Wenn du was Interessantes beobachtest, sag Bescheid. Aber in der Zwischenzeit sei so gut, und beende die Geschichte von dem Vater. Ich habe so eine Idee, was da geschehen sein könnte!«

Dabei lächelte er mich so durchtrieben an, dass ich sofort

zu fürchten begann, er ahne bereits, dass ich mehr als nur Anteil an Kirstens Schicksal nahm. Um von meiner ausbrechenden Panik abzulenken, winkelte ich das Jagdglas fachmännisch an und begann, betont lässig vor mich hin zu murmeln.

»Wollen doch mal sehen, ob wir hier nicht gleich etwas ganz Außerordentliches vor die Linse bekommen.«

Der Platz am frühen Nachmittag war nicht nur extrem leer, sondern auch unglaublich weit weg. Weil das Okular so handlich war, gab es bei den zwei Seiten des Glases kaum einen merklichen Größenunterschied, was mir wegen der Hektik, mit der ich es ergriffen hatte, nicht aufgefallen war. Ich hatte es einfach falsch herum gehalten, das war natürlich eine ziemliche Blamage, die ich aber noch abzuwenden verstand, indem ich nach einem kurzen, halbrunden Schwenk über die gesamte Breite des Fensters das Glas rasch wieder senkte und das Geschehen betont beiläufig kommentierte, als spräche Carl: »Völlige Leere. Erstaunlich für einen Platz dieses Kalibers.«

Unauffällig ließ ich das Glas von der einen Hand in die andere gleiten, um beim nächsten Versuch die richtige Seite ausfindig machen zu können.

»Ja, es gibt diese toten Stunden zwischen drei und vier, da sind in der Regel die Schüler schon zu Hause, die Eltern aber noch lange nicht, und es ist wirklich unerhört still.«

Da Carl seine Augen wieder schloss, nutzte ich die Gelegenheit, um das Fernglas korrekt auszurichten. Dabei fiel mir, als ich erleichtert zu ihm hinübersah, auf, dass seine Lider nicht ruhten, sondern anfingen, fremdartig zu flattern. Zunächst erinnerte es mich an das regelmäßige Auf und Ab eines Schmetterlings, der sich für eine Weile auf einem Blatt niederließ, dann tauchten Bilder aus einer Dokumentation vor mir auf, die vor allem die Tiefschlafphase von Patienten zeigte, die unter schwerer Schlaflosigkeit litten. Die schnelle Bewegung des Augapfels schien einem eigenen Gesetz unkontrollierbarer Nervosität zu folgen, als suche sein umherirrender Blick auch im Inneren der Iris nach einem verlorenen Objekt, das unauffindbar blieb und bleiben musste.

Ich traute mich kaum zu atmen, weil ich fürchtete, ihn bei der Erforschung seiner Traumlandschaften zu stören. Um irgendetwas zu tun, das keinerlei Geräusch verursachte, blickte ich im Raum umher und fragte mich, ob es mir noch gelingen würde, zu erinnern, was genau hinter welchen Holzpaneelen verborgen war. Als ob es sich bei den Vierecken um die verdeckten Karten eines Memory-Spiels handelte, ging ich in Gedanken zu dem ersten Quadrat zurück, das er unmittelbar beim Betreten des Verstecks geöffnet hatte. Mit Bestimmtheit konnte ich das in der Wand versenkte Waschbecken lokalisieren, das sich gleich links neben dem Eingang auf Hüfthöhe in der mittleren Reihe der Türen befand. Beim Abgleich hatte ich mich allerdings auf meinen siebten Sinn zu verlassen, da es sich um eine reine Geistesübung handelte, die keinerlei Nachprüfung in der Wirklichkeit erlaubte. Von der äußerlichen Reinigung ging es dem logischen Ablauf nach in die innere, zum Samowar auf der rechten Seite in gleicher Höhe. Vielleicht spielte auch die Position der Räucherstäbchen im Teewagen, die zur Läuterung der Atmosphäre dienen durften, eine Rolle bei der Reihenfolge. Ich konnte mir ausmalen, dass Carl sogar bei der Anordnung der Kästchen nichts dem Zufall überlassen hatte, und wie die kryptische Anordnung der Zahlen beim Hinkelkästchenspiel ein System zu installieren verstand, dessen famose Logik den strengen Gesetzen seines Rückzugsrituals Folge leisten musste.

Vor meinem inneren Auge entstand durch die Sequenz der Schritte ein formales Muster im Raum, das so funktionierte wie diese Rätselzeichnungen, bei denen durch die Verbindung vormals in der Luft schwebender Punkte als Lösung völlig überraschend ein Ornament entstand, dessen Umrisse zuvor unvorstellbar schienen. Gleich einem Gedankenspiel, das ich bei mir zu Hause als Entspannungsübung erfunden hatte, bestand die Schwierigkeit darin, alle Schritte zum fertigen Bild ohne Papier vor Augen allein in der Imagination zu gehen. Wo genau zum Beispiel die gekühlten Pfefferminzblättchen als Einverleibung der inneren Frische der Natur in Gestalt einer schokoladigen Pflanzenoblate ins Spiel kamen, war mir entfallen. In diesem Moment störte ein vom Platz heraufdringendes Geräusch die Konstruktion meines Kunstgebildes empfindlich, also brach ich ärgerlich und entnervt ab, um mithilfe des Okulars nachzusehen, was mich zur Unzeit aus dem Konzept gebracht hatte.

7

Disco Mortale

Der Platz, den ich mir mit Hilfe des Rädchens in der Mitte des Bügels langsam scharf stellte, atmete noch immer die gähnende Leere einer irgendwie erhabenen Verlassenheit. Während ich nahezu mechanisch in leichter Wellenbewegung nach der Ursache des immer lauter klickenden Lärms suchte und dabei weiter drehte, weil sich die Klarheit des Blicks immer wieder schleierhaft trübte, streifte die Linse am unteren rechten Rand ein Objekt in Bewegung, das wohl als Ursache des Getrippels gelten musste. Ich traute meinen Augen kaum, aber es war niemand anderes als Kirsten selbst, die da mit ihren Spitzenknöchelstiefeln auf den Schienen der eingestellten Straßenbahn eine Art hüpfendes Musikstück aufführte, das mich sofort in seinen Bann schlug.

Sie balancierte abwechselnd auf den Gleisen und sprang immerzu vor und zurück, drehte sich dabei noch in der Luft, als imitiere sie gängige Figuren aus dem Gummitwist, wobei sie ihren Bewegungen durch das tänzerische Element zusätzlich die Anmut eines Balletts verlieh. Was mich aber vor allem erstaunte, war die ausgelassene Stimmung, in der sie sich allem Anschein nach befand.

Da geschah Aufruhr. Eine Gruppe Schüler kam von links auf den Platz gelaufen, die mit lautem Gelächter einander umherschubsten. Als sie Kirsten sahen, machte einer von ihnen, offensichtlich der Anführer, eine sperrende Geste mit seinen Armen, als wollte er die Jungs hinter ihm zurückhalten.

»Seht mal, wen wir hier vor uns haben: Irre ich mich, oder ist es tatsächlich *Miss Modular* höchst persönlich, beim Einüben ihrer neuesten Kunststückchen?« Dabei näherte er sich ihr in schleichendem Gang, als wäre er entgegen der Windrichtung zu einem gefährlichen Raubtier unterwegs, um dessen Aufmerksamkeit nicht zu erregen.

Wie die sorgsam einstudierte Choreografie aus einem Musical taten die anderen es ihm nun nach, wobei sie sich in zwei Gruppen aufteilten, um schließlich kurz vor der erstarrten Kirsten in einer Art Zangenbewegung wieder zusammenzukommen. Ich konnte meine Augen nicht von dem entsetzlichen Schauspiel abwenden, das sich da unten erwartbar anbahnte, durch die dicken Gläser noch unnatürlich vergrößert und beängstigend in aufdringliche Nähe gerückt. Ein Gefühl der unverschuldeten Mittäterschaft befiel mich, als wäre die Beobachtung der Szene ein folgerichtiges Nachspiel von Carls vorausgegangener Porträtentwendung und meiner Verantwortung dafür als Zeuge. Ich schluckte mehrfach heftig, weil sich ein Würgereiz in mir breitmachte, den ich nicht unter Kontrolle bekam. Was tun?

Rasch ging ich die Gegenstände des Kunstverstecks auf ihre Eignung als Wurfgeschoss durch, kam aber nur auf Dinge, die entweder zu harmlos waren wie das kleine Lemongrass-Seifenstück, zu gefährlich wie Gläser oder zu kostbar wie das Teegeschirr. Endlich fiel mein Blick auf den Plattenspieler, und ich griff beherzt nach der schon länger beendeten Rubinstein-Einspielung. Weil wir im Sportunterricht vor Kurzem als Vorbereitung der Griechenland-Fahrt das Diskuswerfen geübt hatten, wusste ich sogleich, wie ich Chopin anzuwinkeln hatte. Ich zielte kurz und schleuderte die Langspielplatte mit voller Wucht in Richtung des Anführers. Fast automatisch entrang sich meiner Kehle dabei ein befreiender Schlachtruf: »HEUREKA!«

Die Bande blickte erschrocken in den Himmel, weil ihnen nicht klar war, woher die Stimme kam, aber nahezu im gleichen Moment traf das schwarz kreisende Nachtstück schon die Schulter des Großmauls, der wie von der Tarantel gestochen aufschrie und zu Boden fiel.

Kirsten starrte entsetzt auf den vor ihm liegenden Jungen, der sich panisch umsah und seinen Hals zu reiben begann, während die anderen zu ihm kamen, um ihm wieder auf die Beine zu helfen. Ein Stimmengewirr erhob sich, sodass ich den Namen des Anführers erfuhr: »Mensch, Ede, alles gut?« – »Ich glaub, ich spinne!« »What the fish?« – »Komm, schnell!« – »Hier wird scharf geschossen!« – »Rücksturz zur Erde!« – »Nichts wie weg!«.

Von dem Lärm schreckte nun auch Carl aus seinem goldenen Schlummer hoch und stürzte hektisch neben mich zum Fenster. »Um Himmels willen, was ist denn hier los?«

Ich deutete, ohne ein Wort zu sagen, nach unten und bleckte entschuldigend meine Zähne: »Ich musste leider deine schöne Platte zweckentfremden, um Schlimmeres zu verhindern. Ich ersetze sie dir natürlich, versteht sich von selbst.«

Auf dem sich wieder leerenden Platz glänzte das Vinyl in der von Westen hereinstrahlenden Nachmittagssonne, und Kirsten blinzelte mit vor die Stirn gehaltenen Händen nach allen Seiten.

Carl drehte mir den Kopf zu, legte sein Kinn schräg in die Halsbeuge, sah mich erstaunt an und und zog seine linke Augenbraue hoch: »Da ist ja die *Persona ingrata* höchstselbst. Was führt die denn zu uns in die Gegend?«

Weil ich bei der Geschichte von meinem einzigen Besuch bei ihren Eltern unterbrochen worden war, wusste er noch nicht, dass Kirstens Heimweg unmittelbar an seiner Haustür entlangführte. Ich wurde fast schon eifersüchtig auf Carl, als mir bei der geografischen Bestimmung der Strecke auffiel, dass der Weg in ihr Vorstadtviertel hinter dem Park als Luftlinie gedacht sogar mittenmang durch sein Haus ging.

Um sie auf uns aufmerksam zu machen, pfiff Carl eine Melodie, die klang, als würde ein Opernsänger Tonleitern üben, aber sie entdeckte das Fenster, in das gerade mal zwei Köpfe passten, nicht, weil es so klein und versteckt lag. Immer wieder wendete sie ihren Blick nach oben, drehte sich und versuchte erfolglos, mit zusammengekniffenen Augen gegen das schon tiefer stehende Sonnenlicht anzukämpfen.

»Ist schon gut, wir kommen runter, warte kurz!« Er verschloss Lüftungsgitter und Fenster von innen und begab sich gebückt zur Tür. »Wir müssen sie ja nicht gleich in unsere geheime Schießscharte einweihen, oder was meinst du?«

Nachdem er mit wenigen geübt wirkenden Bewegungen die Spuren unseres Aufenthalts reinlich beiseitegeräumt und das Porträt in einer Schublade unter dem Teewagen verstaut hatte, zogen wir unsere Schuhe an und verließen das Versteck im Mezzanin durch das Mini-Vestibül ins Treppenhaus.

Carl griff sich vor dem Verlassen noch schnell zwei Spazierstöcke, die neben der Wandtür an einer aberwitzig kurzen Kleiderstange aus Bambus hingen. Er hielt mir einen hin und sagte: »Du hast doch nichts gegen einen Gang in den Park? Und wenn ich Kirsten gleich in meinen Plan einweihe, den ich als den unsrigen präsentiere, bitte sei mit von der Partie. Ich bin mir sicher, du wirst begeistert sein! Aber erst mal: Psst!!«

Dabei machte er wieder die Geste mit dem Daumen, die ich schon im Kunstunterricht so bewundert hatte.

Als wir vor die Tür traten, stand Kirsten immer noch wie

angewurzelt mit der Schallplatte in Händen genau an der Stelle, wo sie von der Stutzer-Bande umzingelt worden war. Der Herbst zeigte sich schon seit ein paar Tagen von seiner schönsten Seite mit strahlendem Sonnenschein von einem überblauen und wolkenlosen Himmel, und die Mittage waren noch so spätsommerlich mild, dass Kirsten in ihrem dunkelmarinefarbenen Dufflecoat eigentlich zu warm angezogen wirkte.

Mir war gleich an ihr aufgefallen, dass sie sich so anzog, als sei Kleidung für sie nicht so sehr Ausdruck ihres auffallend guten Geschmacks, sondern vielmehr ein präziser Stil, der das Tragen einer imaginären Schuluniform simulierte. Obwohl der freiheitliche Geist unserer Schule solche Gepflogenheiten lange hinter sich gelassen hatte, vermisste ich diese Tradition im Alltag aus vielerlei Gründen. Einerseits waren Uniformen meist schön anzusehen, weil sie in der Regel aus miteinander harmonierenden Farben wie Moosgrün, Meerblau, Sandbraun und Beerenrot bestanden. Andererseits wirkten gelungene Schuluniformen, als seien sie gerade der perfekten Herbstmodekampagne eines Ostküstenschneiders aus Amerika entstiegen. Am wichtigsten aber fand ich, dass Uniformen für sozialen Ausgleich im Schulalltag sorgten. Markenwahn blieb da, wo er im Zweifelsfall zu Hause war: beim Altgeld und den Neureichen, wo ja ohnehin jeder machen konnte, was er wollte.

Ich hätte meinen Kleiderschrank jederzeit für den Zwang, eine Schuluniform zu tragen, eingetauscht. Und das lag nicht daran, dass mir die Sachen nicht gefielen, die ich trug, ich hatte ohnehin den Habitus und den Kleiderschrank eines Prokuristen. Kirsten hatte mich mal scherzhaft gefragt, wie ich ohne Ärmelschoner zurecht käme. Glücklicherweise war ihr entgangen, dass ich meinen Stil einer Popband entlehnt hatte, die ich zutiefst verehrte.

Sie trug den sprechenden Namen *Vampirwochenende*, und ich hörte ihre Musik eigentlich Tag und Nacht. Auf dem schönsten Album »Dämmerung in den Farben von Benetton« war ein junges Mädchen in einem weißen Polohemd abgebildet, die ich mir immer als entfernte Cousine von Kirsten vorgestellt hatte. Das lag nicht nur an der Art, wie sie den hinteren Teil des Kragens ihres Polohemds hochschlug, sondern auch an den perfekt verwuschelten blonden Haaren. Die Gesichtszüge waren genauso ebenmäßig und die Nase ähnlich schmal, aber am weitaus hinreißendsten war die Art, wie ihre Augen in dem Polaroid-Foto angeblitzt waren, was ihr auf dem Bild einen leicht verschreckten, aber unglaublich stolz wirkenden Blick verlieh, der mich völlig außer Gefecht zu setzen verstand.

Kirsten lächelte erleichtert, als sie uns erkannte, atmete tief aus und hielt die Platte wie eine Trophäe in die Luft.

»Völlig intakt und dazu absolut kratzerfrei! Wer war der talentierte Werfer, dem ich für meine Rettung vor diesen, ja, Unpersonen danken darf?«

Es dauerte vielleicht den einen berühmten Moment zu lang, bis ich den Umstand, dass es mir verständlicherweise die Sprache verschlagen hatte, überwinden konnte. Ohne zu wissen warum, blickte ich erst seitlich zu Carl, als wollte ich ihm in der Antwort nicht zuvorkommen, und meine Unsicherheit konnte sie natürlich sofort so interpretieren, dass ich mich verraten hatte und Carl der eigentliche Held der Stunde war, der mir nur aus großzügiger Gönnerlaune den Vortritt um die Gunst des angebeteten Mädchens ließ.

Vielleicht wäre die Lage noch zu retten gewesen, wenn ich nur eine Sekunde eher den Mund aufbekommen hätte, aber um es noch schlimmer zu machen, interpretierte Carl mein Zögern anscheinend als Bescheidenheit und ergriff mit der Selbstsicherheit eines Diplomatensohns, die ich nie hatte, das Wort: »Auch wenn ich nur zu gerne die Lorbeeren für diese heldenhafte Tat ernten würde, muss ich doch ehrlich zu meiner Schande eingestehen, dass ich das ganze Drama schlichtweg verschlafen habe. Obwohl die extrem gefährliche Waffe in deiner Hand ohne Zweifel aus meinem Besitz stammt und umgehend wieder gesichert zurück hinter Schloss und Riegel in den dafür bestimmten Schrank gehört! Aber hier –« Er deutete mit seinem Spazierstock auf mich. »Der Held der Stunde, wenn nicht des Tages, mit Bravour! Aber darüber wird zu reden sein. Darf ich?«

Er nahm ihr die Platte vorsichtig aus der Hand und ging zum Tor, um sie auf der Gartenseite vorsichtig an den Steinpfosten zu lehnen.

»Um Frédéric kümmern wir uns später. Jetzt heißt es gehen. Du kommst doch ein Stück mit uns in den Park, dem geschickten Diskuswerfer zu Ehren, oder?«

Kirsten schüttelte immer noch ungläubig den Kopf, trat aber im gleichen Moment auf mich zu, nahm mich in den Arm und drückte mich ganz fest, so wie man einen Bruder hält, wenn ihm etwas Schlimmes zugestoßen ist, also eigentlich, als müsse sie *mich* beruhigen und *ich* hätte ihr zu danken für diese Gelegenheit, einmal im Leben Mut bewiesen und etwas Gutes getan zu haben. Aber weil die Umarmung länger dauerte, als ich es erwartet hatte, legte sie noch anschmiegsam den Kopf auf meine Schulter, diese entwaffnende Geste aller Anlehnungsbedürftigen.

Ich klopfte ihr einige Male sachte auf den Rücken, um die unerwartete Intimität der Situation zu überspielen und die Szene vor Carl nicht wie das Wiedersehen von Geliebten nach langer Zeit aussehen zu lassen. Unterdessen nickte er mir anerkennend mit nach unten gezogenen Mundwinkeln und vorgestülpter Unterlippe zu, als staune er über den raschen Fortschritt meines Liebesinteresses und wolle mir unmissverständlich seine Absolution zu unserer Verbindung erteilen. Dann löste Kirsten sich wieder und sagte beim Ausatmen ein ganz leises *Danke* direkt neben meinem Ohr, sodass mir ein Schauer den Nacken hinabrann und das Ende meiner Zunge im Hals sich wie beim Biss in eine Zitrone zusammenzog.

Es war in jeder Hinsicht zu viel, ich wollte von jenem Moment an nie mehr irgendwo anders sein als hier, weil es sich um einen der Augenblicke für den von mir ersehnten Speicher handelte. Die erste Umarmung. Nur dass dieser von da an nicht weiter gebraucht wurde, mehr bedurfte es nicht. Carls Stimme brachte mich zurück in die Gegenwart, und die war schon wieder einen Schritt weiter.

»Gut, dann auf in den besagten Park, und schauen wir mal, ob wir die Stutzer finden, die unsere Künstlerin hier so unschön eingeschüchtert haben.«

Wir gingen zu dritt eine Weile stumm nebeneinander, als müsse sich jeder seine eigene Version der Geschichte mit passenden Worten zurechtlegen, sollten wir jemals dazu befragt werden, was genau an diesem Nachmittag passiert war, was von wem gesagt und getan wurde und in welcher Reihenfolge das Geschehen sich entfaltete. Natürlich war alles offen zu diesem Zeitpunkt und nichts beschlossene Sache, ich hatte ja noch keine Ahnung vom Inhalt seines Plans, nur dass ich anscheinend im Treppenhaus schon mit dem Verstummen nach seiner Frage meine Zustimmung gegeben haben musste. Unterlassenen Widerspruch könnte man es juristisch verdreht bezeichnen, aber gab es so etwas überhaupt im Gesetz? Und Widerspruch wogegen? Gegen unbekannt?

Was mich wirklich beschäftigte, während wir in beredtem Schweigen die Straße hinabliefen, war die Frage, ob ich die Intensität der Umarmung von Kirsten als Zeichen dafür deuten durfte, dass sie Carl Glauben geschenkt und mich tatsächlich als ihren Retter anerkannt hatte, oder alles lediglich Empathie aus zutiefst empfundenem Mitleid mit der Armseligkeit meiner Existenz war. Nachdem wir das eiserne Tor zum Park passiert hatten, drehte Carl seinen Spazierstock einmal fast akrobatisch auf den Kopf und signalisierte mir, ich möge es ihm gleichtun.

»Zeigen wir Kirsten doch einmal, wie das einzig akzeptable Golfspiel der natürlichen Welt funktioniert: ohne unansehnliche Caddys, geschmacklose Sportkleidung, specklederne Stocksäcke, überzüchtete Grünanlagen, exzessive Klubgebühren und den mit Abstand am wenigsten einladenden Namen des ohnedies dunklen und unwirtlichen Sportuniversums als Bewertungssystem zum Vergleich – Bitte vergessen Sie alle je ins Blaue verschlagenen pockennarbigen Plastikbälle und das Wort *Handicap*. Lady and Gentle*man*, may I proudly present …«

An dieser Stelle hielt er kurz unter einem Baum inne und hob etwas Kleines aus dem Gras auf, das er stolz vor uns in die Luft hielt.

»*KASTANIENGOLF*!«

8

Eine Dame verschwindet

Spielregeln:

1. Als Schläger eignen sich prinzipiell Stöcke aller Art, auch spontane Fundstücke vom Wegesrand sind erlaubt, wobei Spazierstöcke mit ihrem handlichen Griff eine praktischere Schlagfläche mit hoher Trefferquote bieten. Von kostbar verzierten oder besonders wertvollen Exemplaren, etwa mit Schnitzereien oder Elfenbeinknauf, wird abgeraten, weil sie bei einem schwungvollen Schlag in Mitleidenschaft gezogen werden könnten und die dadurch ausgelöste Missstimmung der Grundheiterkeit des Spiels eher abträglich ist. Silbergriffe sind zu weich und laufen dadurch Gefahr, an den Kontaktpunkten mit dem Ball unschöne, Hagelschlag allzu ähnliche Dellen davonzutragen.
2. Als Ball funktionieren prinzipiell Kastanien aller Art, sobald sie ihre stacheligen grün-beigen Hüllen fallen lassen und im Herbstlaub verstreut auf dem Spazierweg oder dem Gras daneben liegen. Idealiter liegt dieser Zeitpunkt nicht allzu lang zurück, und die Kastanie macht einen glänzenden, polierten Eindruck. Obwohl der Abschlagpunkt mit dem Fundort der Kastanie identisch sein muss, darf die Kastanie vor Spielbeginn kurz inspiziert werden, ob sie den drei Gesetzen der Schönheit im Naturreich *Kastanien* entspricht, die da wären: a) Haptik. Die Kastanie muss weich und glatt in der Hand liegen, als berühre

man ein ausgiebig poliertes Stück Holz oder einen frisch geputzten Glattlederschuh. b) Proportion. Der leicht angeraute sandfarbene Fleck an der Stirnseite darf nicht mehr als ein Viertel der gesamten Oberfläche der Kastanie bedecken. c) Farbe. Erlaubt ist, was gefällt. Indes: Nur die frisch vom Baum gefallene Kastanie vereint in ihren vielen Schattierungen ein leuchtendes Braun, das aussieht, als wäre es bei Sonnenaufgang mit einer zärtlichen Armagnac-Behandlung farblich fixiert worden.

3. Beim Abschlag ist prinzipiell auf eine mühelose und entspannte Körperhaltung zu achten, als stünde man in der Gegend, um Ausschau zu halten nach einer Verabredung, einem Vogel oder einer besonders wohlgeformten Wolke am Horizont. Das Ausholen mit dem Schläger erfolgt aus dem Handgelenk, das in Hüfthöhe gelangweilt vor sich hin schwingt, was dem Spieler genügend Zeit geben sollte, sich etwas desinteressiert umzusehen, um einer etwaigen Gefahrensituation in seiner unmittelbaren Umgebung gewahr zu werden, i. e. fremde Menschen oder wilde Tiere auf der möglichen Flugbahn des Balls, auch ein Gewitter, das sich dunkel grollend im Rücken des Spielers zusammenbraut, könnte sich bisweilen negativ auf den Ausgang der Partie auswirken.
4. Der Abschlag selbst erfolgt prinzipiell überraschend, förmlich aus dem Nichts, der Gesichtsausdruck (G) ist mäßig erstaunt, als habe man beim Roulette seine gesamten Jetons auf die 34 gesetzt und die Kugel rollt lähmend langsam aus, fast schon entgegen ihrer ursprünglichen Laufrichtung, und springt dann in letzter Sekunde vor dem völligen Stillstand mit einem leisen metallischen Klick in das Feld der Zahl 17. Auch ist unbedingt zu beachten, dass beim Abschlag (A) die Kopfhaltung (K) des Spielers leicht seitlich geneigt ist, als denke man gerade unkon-

zentriert über nichts Bestimmtes nach, wobei der Blick überallhin gehen darf, nur nicht nach unten zum Ball. Diese Regel bringt es mit sich, dass der Spieler den Ball mit dem Schläger hier und da verfehlt, dann wird G länger als üblich beibehalten, um nach einer Weile wieder mit K zu beginnen, bevor erneut A in Erwägung gezogen wird.

5. Die Flugbahn des Balls verfolgt prinzipiell nicht das Erreichen eines Ziels. Allererstes Ziel des Schlags ist das möglichst unangestrengte Treffen des Balls. Sollte der Ball getroffen worden sein und durch die Luft fliegen, verfolgt der Spieler im Herzen erfreut seine Bahn, ob Ellipse oder Parabel, und wendet sich noch vor dem Ende des Flugs, ohne zu sehen, wo die Landung erfolgt, wieder jener Beschäftigung zu, die er vor dem Spielen des Balls ausgeübt hat, i.e. Spazieren, Müßiggang, Poesie, Nachdurst, Picknick, Nichtstun.
6. Die Anzahl der Spieler ist prinzipiell beliebig, da das Spiel keiner Verabredung bedarf. Sollten sich zwei Spieler auf einem gemeinsamen Spaziergang befinden, können diese auch in Bewegung bleiben und unter Beibehaltung der Regeln 1–5 eine zufällig gefundene Kastanie zwischen sich hin- und herspielen wie einen Stein, den man mit der Schuhspitze beim Gehen beiläufig vor sich hintreibt.
7. Im Alberoskop, dem Baumhoroskop, gilt die Kastanie als Spätgeborene und Symbol von Schönheit, die man zu sich nehmen kann: Nahrung für Mensch und Tier, die noch dazu in ihrer Ästhetik der Widerstandsfähigkeit als Holzart zum Bauen verwendet werden kann. Kastanien, so heißt es, tanzen zwar mit Herz und Seele auf vielen Hochzeiten, sind aber auch dünnhäutig und verzeihen es nicht, wenn man ihre Gutgläubigkeit oder ihr Vertrauen missbraucht.

8. All das hat allerdings wenig Hand und Fuß und prinzipiell rein gar nichts mit Kastaniengolf zu tun.

Carl erklärte uns, dass sein kleines Manuskript zum *Kastaniengolf* nur eines von vielen Unterkapiteln sei, die er zu einer Art Vademecum der Gegenwart zusammenfassen wolle, dessen Anordnung und Konzept er dem Gesamtwerk des französischen Exzentrikers Erik Satie nachempfunden habe. So wie der Komponist für alle Gemütslagen und Befindlichkeiten der ihn umgebenden Welt die passende musikalische Form, Tonart und einen entsprechend bizarren Titel gefunden hatte, wollte Carl es ihm im Schreiben gleichtun. Satie hatte eine »Bürokratische Sonatine« komponiert, er beschrieb »Drei Stücke in Birnenform«, fantasierte »Träumerische Fische« herbei, verfasste »Vorvorletzte Gedanken« und intonierte einen »Appetitverderbenden Choral«. Um auf seine Abstammung von den stolzen Normannen hinzuweisen, korrigierte er seinen Vornamen Eric eigenmächtig mit K am Schluss.

»K wie *kindlich* oder, besser noch, ohne jeglichen Spott im Ton, *kindisch*!«, erklärte Carl begeistert. »Satie hat diese herrlich naive Unvoreingenommenheit, man merkt jedem Stück die Spielfreude des Kabarettpianisten im Nachtcafé an. Ihr müsst euch unbedingt dazu den Film *Entr'acte* von Rene Clair ansehen, man sieht ihn da in seinem klassischen Dreiteiler mit Regenschirm, Pincenet und Bowler-Hut in Paris auf dem Dach mit Francis Picabia um eine Kanone tanzen, als sei sie das goldene Kalb der Moderne, was sie ja, ganz nebenbei bemerkt, auch ist! Schade, dass er sich viel zu früh zu Tode trank. *Vivent les Amateurs!*«

Besonders gefiel Carl die Idee von »Sport und Zerstreuungen«, was ihm als Titel seines Breviers dienen sollte, um neben weiteren Gemmen das Kastaniengolf vorzustellen.

Kirsten fand das Spiel amüsant, sie probierte es gleich mit seinem Spazierstock aus und traf auf Anhieb ihre erste Kastanie, die in weitem Bogen in Richtung der Pappeln am Weiher flog. Sie gab ihm den Spazierstock zurück und klatschte begeistert in die Hände. Carl räusperte sich und zeigte mit dem Spazierstock in die Ferne über den Weiher, als würde er uns auf etwas am Horizont hinweisen wollen.

»Ich möchte nur ungern die ausgelassene Stimmung trüben, in der wir uns befinden, aber das, was ich im Sinn habe, könnte im Prinzip eine ganz unterhaltsame Veranstaltung werden.«

Ich vermutete, dass die einzigen Stücke, die ich von Satie außer der Pausenmusik namens »Gymnopédies« kannte, Carl für seinen Plan inspiriert haben könnten. Satie wählte deren Titel, um sich für die endlosen Fingerübungen zu rächen, die ihm sein gestrenger Klavierlehrer aufgezwungen hatte. Er nannte sie schlicht und einfach *Quälereien.*

»Hört zu, wir sind uns ja hoffentlich alle einig, dass das, was heute im Kunstunterricht passiert ist, als Skandal betrachtet werden muss, den man nicht einfach so stehen lassen kann. Was ich damit meine, Kirsten, ist: Eine derartige Beleidigung verdient eine angemessene Reaktion. Und ich rede jetzt nicht von den üblichen Maßnahmen, dem leidigen Gang zum Direktor, der dann versuchen würde, mit Frau Hügel zu reden, um sie zu einer Entschuldigung zu bewegen. Was aller Wahrscheinlichkeit nach auf eine halbherzige Aussprache hinauslaufen würde, weil das Kollegium am Ende wegen der vielen Beschwerden seitens der Eltern über ihre ach so ungerecht behandelten Blagen in solchen Fällen automatisch zusammenhält und in latent passiver Aggression in den Modus solidarische Vorwärtsverteidigung wechselt, was ja auch verständlich ist. Wie ich es sehe, werden Noten nicht mehr wie früher für Leistungen vergeben, sondern gegen Schüler- und Elternproteste verteidigt, die sich, wie begründet, das sei dahingestellt, grundsätzlich schlecht behandelt fühlen. Ein Jammertal das alles, zweifelsohne.«

Kirsten sah Carl leicht entgeistert an, als verstünde sie gar nicht, was für ein Aufhebens er um die Sache mache, die sie, so war ich mir nahezu sicher, am liebsten schnell wieder vergessen würde. Vielleicht empfand sie sich tatsächlich als hässlich und wollte das Ganze daher einfach nur auf sich beruhen lassen. Es gab zudem nur eines, woran ihr noch weniger gelegen sein konnte: weiter der Frage nachgehen zu müssen, ob ihre Zweifel berechtigt waren oder nicht, ein Malstrom des Haderns mit sich selbst.

»Ach, weißt du, ich habe schon fast nicht mehr daran gedacht. Natürlich war es nicht nett, was sie gesagt hat, aber sie ist doch auch sonst immer streng mit allem, und am Ende eine der wenigen, die wenigstens versuchen, gerecht zu sein. Auch wenn für die meisten dabei ziemlich schlechte Noten herauskommen. Und das nicht so ganz unbegründet, müsst ihr zugeben.«

Während sie das sagte, was sie bestimmt einigen Mut gekostet hatte, schaute sie seitwärts zu Carl und schlug dabei immer wieder ihre Lider nieder wie jemand, der jederzeit damit rechnet, geschlagen zu werden. Ich fragte mich nicht erst angesichts dieser Beobachtung, ob es bei ihr zu Hause außer dem geisterhaften Treppenhaus noch mehr Dinge gab, die alles andere als in Ordnung waren, aber Carl lenkte mich ab, indem er begann, tatsächlich mit dem Spazierstock vor ihrem Gesicht herumzufuchteln, wenngleich auch lachend, um die Scherzhaftigkeit seiner Geste zu betonen.

Er zeichnete zum Abschluss bedeutsam ein großes Fragezeichen in die Luft. »Nun, Fräulein Kirsten, es wird eben leider nicht jeder wie du mit dem Talent einer Akademieanwärterin geboren. Womit wir schon bei meinem Anliegen wären, du hast mich ja nicht ausreden lassen! Also, der sogenannte behördliche Schulweg führt in meinen Augen ins Nichts. Er ist mühsam, rollt das Geschehene unnötig erneut auf, was es ganz und gar nicht verdient, und ist noch dazu, wenn ich dich gerade richtig verstanden habe, überhaupt nicht in deinem Sinn.«

Mir ging Carl schon zu diesem Zeitpunkt entschieden zu weit, er musste doch an ihrem stummen Nicken sehen, dass ihr die Angelegenheit ziemlich unangenehm war und sie kein Interesse daran hatte, überhaupt in irgendeiner Form auf die Demütigung zu reagieren. Aber er ließ sich nicht beirren, beugte sich leicht nach vorne zu ihr hin und stützte sich mit verschränkten Händen auf seinen Spazierstock.

»Gerade deswegen habe ich mir etwas viel Besseres für dich ausgedacht: Du verschwindest einfach vom Erdboden, also nicht wirklich, nur für eine kurze Zeit, damit die Welt denkt, du wärst ihr abhandengekommen, und zwar mit gutem Grund!«

Kirsten sah ihn ungläubig an und schüttelte betont spöttisch ihren Kopf.

»Ach, und wohin gedenkst du mich verschwinden zu lassen, und, viel wichtiger, was soll ich meinen Eltern dazu sagen? Die erwarten mich ohnehin wahrscheinlich schon jetzt mehr als ungeduldig, weil ich nicht wie üblich zum Mittagessen heimgekommen bin.«

Carl nahm den Stock zwischen beide Hände und legte ihn hinter den Nacken, als habe er sich jede seiner Gesten vorher minutiös ausgedacht und ließe sie nur noch schlafwandlerisch wie eine lediglich für unsere Augen bestimmte, perfekt auswendig gelernte Vorführung ablaufen. Er lehnte seinen Kopf zur Seite auf das Holz, als bette er sich kurz zur Ruhe und fuhr, uns zugewandt, fort: »Darüber habe ich mir natürlich auch schon so meine Gedanken gemacht. Und das, was deine Eltern von den anderen in der Schule so erfrischend unterscheidet, wie ich mitbekommen habe, wird uns dabei hoffentlich eher nützen denn schaden, den beiden selbstverständlich auch. Bitte korrigiere mich, falls ich mit meinen Annahmen falschliege, aber so ich es richtig verstanden habe, lebt ihr komplett analog, also nicht nur auf die Verkehrsmittel bezogen, sondern auch, was die Kommunikation anbelangt. Kein Auto, kein Telefon? Nur Pferd, Rad und schriftliche Post?«

Kirsten kniff ihre Augen zusammen, zog ein Gesicht und fixierte ihn empört. »Du bist doch erst seit diesem Monat bei uns auf der Schule, woher weißt du das alles?«

Er legte seinen Kopf nach der anderen Seite, biss sich theatralisch auf die Unterlippe, als müsse er sich entschuldigen, und wackelte in meine Richtung. Dann sog er zischend etwas Luft zwischen seinen Zähnen ein und wisperte das Wort wie ein böses Schimpfwort, das er besser nicht zu laut aussprechen sollte: »*Fehl. Pate.*«

Mir war gleich klar, was nun kommen würde, ein absoluter Wutausbruch. Deswegen kam ich ihr zuvor und versuchte mich in, wie es heißt, Schadensbegrenzung.

»Kirsten, das war so: Ich habe vorhin nach Kunst natürlich deine Schulsachen mitgenommen, um sie dir später vorbeizubringen. Und da hat mich Carl, als wir zu ihm gegangen sind, gefragt, warum das so ist, und da habe ich ihm eben ein bisschen was von euch erzählt, ist doch auch kein Geheimnis, oder?«

Sie wirkte schlagartig völlig kühl und distanziert auf mich. »Trotzdem geht es prinzipiell niemanden etwas an. Ich bin das Gerede über meine komischen Eltern so satt. Was meinst du, warum ich nie von irgendjemandem Besuch bekommen wollte? Wäre ich bloß dieses eine Mal nicht so unglücklich mit dem Pferd gestürzt, dann hättest du deinem tollen neuen Freund jetzt auch nichts zu erzählen gehabt. Aber egal. Na gut. Wie soll das jetzt für mein Verschwinden von Nutzen sein, wohin soll ich verschwinden und warum soll ich überhaupt verschwinden? Das ist doch alles Mumpitz!«

Carl versuchte, sie zu beruhigen und wiegelte ab: »Also, der Reihe nach: Wenn es kein Telefon gibt, kann die Schule niemanden bei euch im Haus erreichen. Sie ist also für alle Informationen, die sie kommunizieren will, auf einen Mittler angewiesen, der hier vor uns steht, in Gestalt des Fehlpaten – der natürlich auch wiederum Botschaften der Eltern an die Schule überbringt. Damit besitzen wir das kostbare Scharnier innerhalb dieses Konstrukts.«

Mir wurde augenblicklich schwindelig. Was hieß denn da »wir«? *Ich* war das Scharnier der Entführung und gar nicht danach gefragt worden, ob ich die gefährlichste Rolle von allen in diesem Drama übernehmen wollte. Und noch dazu eine, deren Auftritte aus Halbwahrheiten und Lügen bestehen würden, die ich aller Wahrscheinlichkeit nach beiden Seiten erzählen musste. Ganz abgesehen davon, dass mich die fatale Verstrickung in den Fall für immer in den Augen von Kirstens Eltern ruinieren würde. Aber noch war es ja zum Glück nicht so weit, ich konnte mir kaum vorstellen, dass Kirsten bei so einer grundfaulen Geschichte ernsthaft mitmachen wollte.

»Die zweite Frage: wohin? Da müssen wir gar nicht in die Ferne schweifen. Ich habe vorhin schon unseren Mittler in den geheimen Ort eingeweiht. Von dem aus er dich übrigens ganz famos vor diesen Stutzern gerettet hat, wie ich gerne nochmals betonen möchte. Die Antwort auf Frage Nummer drei fällt mir am schwersten, sie steht so glasklar vor meinen Augen, dass ich es fast als Schmach empfinde, sie erklären zu müssen. Aber sei's drum. Warum verschwindet jemand? Aus

Verzweiflung über eine zugefügte Demütigung. Es haben sich Menschen schon aus geringfügigeren Gründen Leid angetan! Und es muss ja auch nicht gleich zum Äußersten kommen. Es geht mir nur darum, ein wenig Schrecken zu verbreiten, um diese Frau aufzurütteln, damit sie sich der Tatsache bewusst wird, dass eine derartige Unverschämtheit Folgen zeitigt. Wir können so etwas einfach nicht ungestraft hinnehmen!«

9

Gespräch der Musen

Zeigt sich verborgene Wahrheit irgendwann automatisch von selbst, wenn sie nicht entdeckt wird, oder muss sie unausweichlich zur Enthüllung gezwungen werden, weil sie sich nie ohne fremdes Zutun offenbart? Und liegt diese Weigerung, sich zu zeigen, an der grundlegenden moralischen Verwerflichkeit der Entblößung ihrer Natur, da sie allein in der Nacktheit besteht? Gibt es wirklich nichts Besseres zu tun, als diese Wahrheit herauszufinden, die erst in dem Moment zum Vorschein kommt, wenn alles nackt ist?

Ich habe es nie ganz begriffen, warum letztendlich alle großen Geheimnisse etwas damit zu tun zu haben scheinen, was Menschen miteinander machen, wenn sie nackt sind. Vielleicht liegt es daran, dass Nacktheit zur absurden Schwundstufe des Eroberungsdrangs in der Menschheitsgeschichte geworden ist. Wenn es keine unbekannten Kontinente mehr zu erobern gibt, muss der menschliche Körper des Nächsten im ursprünglichen Zustand der Nacktheit eben dafür herhalten. Aber mit welchem Ziel? Wie stark kann der Geschlechtstrieb sein, dass er bei manchen sogar über den Verstand regiert, wenn nicht sogar den Überlebenstrieb aussticht.

Eine englische Dichterin schrieb einst: »One day I may find it quite amusing/how touch and tongues make life so confusing.« All das, um einander nackt sehen zu können?

Natürlich war es den Künstlern im ausgehenden 19. Jahrhundert und ihrem Credo, wie ich es im Lateinunterricht übersetzen gelernt habe, *Nuda Veritas*, darum zu tun, Körper zu zeigen, wie sie eben waren, nackt wie Gott sie schuf, und deren Idealisierung allein im Zustand der Nacktheit jener Geschöpfe aus der antiken Sagenwelt gipfelte. Aber ihre Bilder handelten genauso von der Versuchung, die von den Formen der dargestellten Modelle ausging, wobei die Menschheitsträume von der angestrebten Rückkehr in den paradiesischen Zustand der Ursprünglichkeit ja im Wesentlichen die Nacktheit von Adam und Eva zum Thema hatten. Also wollten alle am Ende nur das, wonach Mozart eine ganze Oper benannt hatte: *Così fan tutte?* Das, was uns heilig sein sollte, zu teilen, unsere nackten Körper, gebührt doch allein den Liebenden!

Ob Carl mit seinem Plan, Kirsten im *Kunstversteck* verschwinden zu lassen, am Ende des Tages auch nur das Eine im Sinn hatte, kann ich weder beweisen noch widerlegen. Manchmal hatte ich den Eindruck, dass er eher zu den Menschen gehörte, die eigentlich schon die Tatsache, dass es überhaupt so etwas wie das Geschlechtsleben gibt, kolossal befremdet. Es gibt ja die alte Unterteilung in Eros und Thanatos, Liebes- und Todestrieb. Bei Carl hatte ich trotz seiner hier und da aufblitzenden Freude an geistiger und physischer Zerstörung eher den Eindruck, dass er im Wesentlichen von einer ganz anderen, obgleich nicht weniger starken Macht gesteuert wurde: der Schönheit in sämtlichen Erscheinungsformen – denen der Natur, aber vor allem der Kunst.

Als wir mit Kirsten im Treppenhaus vor seinem Refugium angekommen waren, zeigte er ihr wiederum den Escher, aber diesmal zitierte er eine Passage des Romantikers Ludwig Tieck, die ich nie vergessen werde, eben weil sie so schön ist. Das meinte ich mit der Macht der Schönheit, dass es Wortfolgen gab, die einen derart überwältigen, dass sie sich unauslöschlich ins Gedächtnis brennen:

»Immer muss alles echte Wissen, alles Kunstwerk und gründliche Denken in einen Kreis zusammenschlagen und Anfang und Ende innigst vereinigen wie die Schlange, die sich in den Schwanz beißt – ein Sinnbild der Ewigkeit, wie andre sagen; ein Symbol des Verstandes und alles Richtigen, wie ich behaupte.«

Er deutete auf das Bild und stellte Kirsten, als hätte sie schon Ja gesagt, eine Frage, die ich nicht beantworten durfte, als wir wenige Stunden vorher schon einmal genau hier standen, nur ohne sie: »Fällt dir etwas auf?«

Sie legte ihre Stirn betont in Falten, als müsse sie vermehrtes Grübeln darstellen und schüttelte den Kopf.

»Nun, es gibt einen kleinen Unterschied zum Original und der liegt in der Daumenbeuge, sieh doch mal ganz genau hin!«

Ich schaute auch automatisch, obwohl er mich ja gar nicht gefragt hatte, aber weil das eigentliche Bild nicht zum Vergleich da war, konnte ich keinen Unterschied feststellen. »Es ist ganz einfach, man muss nur seine Hand so wie auf dem Bild falten, als habe man einen Zeichenstift in der Hand und wolle selbst zu malen beginnen.« Kirsten und ich nahmen ohne einander anzusehen jeweils die rechte Hand, um es Carl nachzutun. Wir standen nun wirklich extrem seltsam mitten im Treppenhaus, drei Menschen mit angehobenem Arm, drei zeichnende Hände mit unsichtbaren Stiften vor zwei zeichnenden Händen an der Wand, aber mit sichtbaren Stiften.

»Na gut, es ist auch nicht ganz einfach. Seht ihr bei euch die letzte Falte vor dem Zeigefinger, die durch dieses kleine Stück Haut entsteht, weil ihr mit den Daumen den Stift haltet, also halten würdet? Hahaha.«

Ich sprach es aus, obwohl er es ja schon verraten hatte: »Die Falte fehlt.«

»Da, wo dieses Stück Haut war, ist auf der Innenseite ein Spion. Da siehst du gleich, wer da ist, wenn es klopft. Sollte zwar nie passieren, aber du kannst auch schauen, ob die Luft rein ist, solltest du dein Versteck unvorhergesehen verlassen müssen, aber das musst du ja gar nicht.«

Während Kirsten ihren Daumen auf- und abbewegte, als betrachte sie erstaunt ein neues Spielzeug, heiterte sich ihr Gesichtsausdruck jäh auf und sie begann, vor sich hin zu murmeln wie im Traum, jedenfalls hatte ihr Tonfall etwas Monotones, Schlafwandlerisches, und sofort stand ich wieder in einem anderen Treppenhaus, dem ihrer Eltern, und von Neuem befiel mich dieselbe unerhörte Furcht.

»Es liegt ja alles am Daumen. Der aufrechte Gang, die Evolution, in jedem Leben geschieht alles stets erneut von vorne, als gäbe es kein Gestern und Morgen, die einzelne Existenz, ein einziges, waberndes Heute, da wir dies und das durch Tasten und Begreifen von vorne lernen, wie am ersten Tag, ich fasse es nicht, es fasst mich an. Den Griffel, den Pinsel, Hauptsache, alles erst einmal in die eigenen Flossen nehmen. Ein Fisch im Wasser sein, danach sehnen wir uns ja so sehr zurück, weil wir von da herkommen. Kein Licht um uns, im Dunkeln schwimmen. Ein Fisch mit Knochen, Knochenfisch, beim Vogel wurden es die Flügel, beim Affen seine Hand. Dazwischen liegen Millionen Jahre. Die Hand als Werkzeug, Malutensil, der Daumen: unser Halter für alles. Der Knochen, ohne den es keine Kunst gibt, ist der Daumen. Daumen hoch!«

Während ihrer, wie soll ich es nennen, es war ja eigentlich keine Rede, eher Andacht oder Meditation, starrte sie unverwandt auf die Zeichnung, als sehe sie darin auf einmal etwas, das allen anderen Betrachtern verborgen bleiben musste.

Oder sie sah hindurch und blickte ohne Hindernis direkt auf das Mysterium, das dahinter lag. Auch hing ihr eben noch leer in der Luft zeichnendes Handgelenk nun schlaff herab, als wäre sie unvermittelt von einem Trancezustand erfasst worden, wie ich ihn vor Kurzem an Carl beobachtet hatte. Ich versuchte mir jedes Detail, so gut es ging, zu merken, weil mich die Situation an den üblen Spuk in ihrem Elternhaus gemahnte. Aber weil ich ein Auge auf sie geworfen hatte, sah ich vor allem in ihr hübsches Gesicht, wobei mir ihre geweiteten Pupillen auffielen, was aber auch einfach am schwindenden Licht des Nachmittags liegen konnte. Und die totenbleiche Nasenspitze mochte der Kälte des steinernen Treppenhauses geschuldet sein.

Als sie *Daumen hoch* sagte, zuckte auch ihr Handgelenk zurück in den Normalzustand, und sie deutete erst zu Carl und dann auf die Tür. Es war einer der wenigen Momente, in denen ich Carl nicht abgeklärt und über allen Dingen stehend ertappte, er stand da mit halb offenem Mund, als habe auch er einen Geist gesehen. Aber dann schüttelte er den Kopf, wie um eine lästige Fliege loszuwerden oder eine unangenehme Idee aus den Gedanken zu vertreiben, sammelte sich schnell und öffnete ohne ein weiteres Wort die Tür zum *Kunstversteck*.

Ich inspizierte das Guckloch auf der Innenseite, weil ich den Eindruck hatte, Kirsten habe nach seinem Hinweis auf etwas dahinter geblickt, was niemandem sonst aufgefallen war, aber ohne Erfolg. Sie war natürlich wie erwartet hellauf begeistert. In gewisser Weise handelte es sich ja ganz abgesehen von den meisterhaften Gadgets um eine Art Miniaturversion ihres Elternhauses, nur dass Carl das gar nicht wissen konnte, weil er es nie gesehen hatte.

Von außen betrachtet geschah in diesem Augenblick die obskure Verschmelzung zweier bedingungslos von mir bewunderter Welten und Wesen, und wahrscheinlich hätte ich mich glücklich schätzen sollen. Aber alles, was ich fühlen konnte, war diffuse Wehmut und realer Schmerz. Ich war dabei, einen neuen Freund zu gewinnen, der mir einiges zutraute und allem Anschein nach Großes mit mir vorhatte. Und das Mädchen, in das ich heimlich verliebt war, obwohl ich von ihr immer nur geflissentlich ignoriert worden war, hatte mich nach meiner heldenhaften Rettung inniglich umarmt. Aber erstens ging alles zu schnell und zweitens geschah es zur gleichen Zeit, und drittens hatte alles plötzlich mit allem zu tun, was mir nicht gefallen konnte, weil ich beides nicht teilen wollte und genau aus diesem Grund unausweichlich beides verlieren würde. Am Ende nahm ich in diesem Moment gar Abschied von meinem eigenen bewundernden Blick auf Carls Welt, den ich jetzt in ihren großen Augen gespiegelt fand, und dem vor Staunen offen stehenden Mund ihrer anfänglichen Sprachlosigkeit.

»Und hierhin soll ich also verschwinden? Ich würde sagen, es gibt weitaus schlechtere Orte, um sich in Luft aufzulösen. Hast du diese Raumkapsel allein gebaut? An dir ist ja ein Innenarchitekt verloren gegangen!«

Sie strich sich rasch eine Strähne ihrer glatten blonden Haare mit dem kleinen Finger hinter das Ohr und drehte sich in der Mitte des Raums einmal um die eigene Achse. Ich spürte schmerzhaft, dass es sich hier wohl um einen jener Momente handelte, in denen ein weibliches Wesen einem männlichen unmissverständlich zu verstehen gibt, dass es da etwas sehr Interessantes zwischen den beiden geben könnte, wenn er es nur richtig anstellen und ihr Gefühl erwidern würde. Das Einzige, was dabei noch stören könnte, war dummerweise ich, aber ich hatte nicht vor, aufzugeben, schließlich stand und fiel Carls ganzer Plan allein mit mir und meinem guten Willen, mitzumachen.

Er signalisierte mit zuvorkommender Geste: »So, da meine kleine Welt eigentlich nicht auf so zahlreichen Besuch eingerichtet ist, werde ich, wenn ihr erlaubt, den Schneidersitz auf dem Fußboden einnehmen, bitte, nehmt doch Platz, dann kann ich euch in meinen Plan einweihen. Aber erst einmal eine Tasse Tee, wenn ihr mögt?«

Und während der weich die Zunge umspielende *Thé des Impressionnistes* und das feinbitter hölzerne Räucheraroma des *Grand Chalet* auch bei Kirsten nicht ihre Wirkung verfehlten, ließ Carl zu den Klängen der *Ophelia-Lieder* von Richard Strauss in einer Aufnahme mit Elisabeth Schwarzkopf sein bis ins letzte Detail ausgeklügeltes Drehbuch des angetäuschten Verschwindens von Kirsten vor unserem inneren Auge ablaufen.

Am Anfang steht ein Gemälde. Es ist das Bildnis einer jungen Frau, die singt, bevor sie bald ertrinkt. Was der Maler ihr gemacht hat, ist das sichtlich schönste Flussbett aller Zeiten. Im Wasser schwimmen Blumen eines wilden Kranzes, der sich aus ihren Haaren löst. Das applizierte Kleid, auf dem das Mädchen abwärts treibt, bauscht sich noch einmal auf und gibt ihr gerade mal genügend Halt, den Kopf mit Hals und Brust und Händen über Wasser hoch zu halten, der Unterleib sinkt schon bedrohlich ab. Ihr Mund ist weit geöffnet, weil sie singt, auch wenn der Wahnsinn ihr die Worte wählt. Bedrohlich biegt ein Baumstamm, der entwurzelt, wie ein Brückenkopf sich über Fluss und Mädchen. Und während leuchtend weiße Blütenbüsche ihr den Weg geleiten, verströmt die Wasseroberfläche bläulich fremdes Licht, und Farne neben Schilfgewächsen beugen sich besorgt wie Nachbarn zu dem sterbenden Geschöpf. Die Hände sind nur halb geöffnet, und auch wenn jene Geste ganz ergeben scheint, so geht doch dieses Wesen keinesfalls sehr sanft aus dieser Welt. Das Unglück trieb sie in den Wahnsinn und den Tod, auch wenn ihr Schwa-

nengesang sie ewig überleben lässt, seit Shakespeare uns ihr Leid in Hamlet hat geklagt: Sacra Ophelia!

Das nächste Bild zeigt Jahre später, wie ein Mädchen das berühmte Bild von Mr. Millais nochmals malt, wobei sie nur die Züge ihrer selbst dem Mädchen gibt, der Rest bleibt, wie es ist. Sie malt das Bild in einem Holzverlies und händigt es zwei jungen Helden aus. Dann sieht man sie am Abend ganz normal nach Hause gehen, als sei gar nichts geschehen. »Es war so schön, das Wetter, goldener Herbst, da bin ich einfach etwas länger in den Park gegangen.« Ein neuer Morgen dräut herauf, und wir sehen, wie das Mädchen ihren Ranzen für die Schule packt. Sie frühstückt und verlässt das Haus zur rechten Zeit. Nur statt zur Schule geht sie zu den beiden jungen Helden in das Holzverlies. Sie nehmen Ranzen, Bild und eine Botschaft ihrer Eltern mit zur Schule, in der sie voller Sorgen das Verschwinden melden, und noch dazu das Fundstück des Gemäldes, das vor ihrer Haustür lag und unverkennbar Kirsten in der Rolle der Ophelia zeigt.

10

Sirene

Die Erwähnung ihres Namens ließ sie aufhorchen. »Aber Carl, dir ist schon bewusst, was für ein Schicksal du mir damit aufbürdest?«

Er sah sie ganz entgeistert an. »Wovon redest du denn da? Es geht lediglich um die Andeutung einer Gemütsverfassung. Und hier, hör doch mal, es ist alles schon in diesem einen Lied enthalten, das selbst musikalisch so subtil luzide plätschert wie der Bach, in dem die wahnsinnig gewordene Ophelia schwimmt: *Wie erkenn ich mein Treulieb vor andern nun?*«

Carl nahm den Saphir behutsam von der Platte und setzte ihn zum Beginn des Stücks zurück. Und die traurig anhebende Tonfolge erklang von Neuem.

»Sie spricht sich selbst als ›Fräulein‹ an und fragt, wie sie ihr ›Treulieb‹, den Verlorenen, nun noch erkennen soll, da er ›tot und lange hin‹ ist, der ›Muschelhut‹ deutet darauf hin, dass er schon lange unter Wasser weilt. Aber es ist ja nicht er, der in diesem Lied stirbt, sondern ›viel liebe Blumen trauern. Sie gehn zu Grabe nass, o weh!‹, und das, wohlgemerkt, ›vor Liebesschauern‹. Wer da nicht sofort die Ophelia von Millais selbst sieht, mit all den bunten Blumen im Bach, die über ihrem Kleid mit dem sich auflösenden Veilchenkranz treiben und das silberne Floralmuster des antiken Festgewands noch zu verlängern scheinen, das sich im Wasser quallengleich aufbauscht; Im *Hamlet* spricht man *von Hahnfuß, Nesseln, Maßlieb, Kuckucksblumen.* Rhythmus: Schlegel/Tieck! Millais fügt Gänseblümchen für die Unschuld zu und Mohn als Zeichen von Schlaf, Rausch, Tod und Vergessen. Die schönen Blumen hat er sich derart lebendig bei der Natur abgeschaut, dass ein Professor der Botanik seine Studenten als Ersatz für eine ausgefallene Exkursion einfach ins Museum führte, um ihnen an ›Ophelia‹ die Blüten zu erläutern. Und dann ›ihm zu Häupten! grünes Gras‹, schaut nur, wie die Farbe Grün, die er aus Chromgelb und Preußischblau mischt, ihren Kopf umspielt.«

Carl hielt die Plattenhülle der Strauss-Lieder mit dem Millais-Bild hoch:

»Das Schilf rahmt ja förmlich ihren Kopf mit den Algen und Moos auf der anderen Seite. Was fehlt, ist nur das ›Bahrtuch, weiß wie Schnee‹, aber wer sieht darin nicht sofort das Bleiche ihres Halses, des Gesichts mit offenem Mund, von des Gedankens Blässe über den toten Geliebten bis zum Wahnsinn angekränkelt.«

Kirsten unterbrach ihn ungeduldig. »Das ist doch ganz typisch für diese Zeit, dass man dachte, der Irrsinn bei Frauen wäre in ihrem Körper zu Hause, anders als bei Männern, wo er natürlich dem Geist vorbehalten bleibt. Aber darum geht es mir gar nicht, ich meinte mit dem, was ich gesagt habe, das Schicksal der Malerin, die Millais hier gemalt hat. Ihr wisst schon, dass sie auch eine Künstlerin war.«

Ich konnte mich genau erinnern, dass Frau Hügel etwas über sie erzählt hatte, über die Darstellung von Weiblichkeit in der Malerei dieser Zeit, als wir das Bild im Halbjahr davor durchgenommen hatten. Aber woher wusste Carl jetzt schon wieder davon? Vielleicht hatte er, weil er auf der Schule vorher im Kunst-Leistungskurs war, von Frau Hügel all unsere Unterlagen aus der Oberstufe bekommen.

Ich fand es bemerkenswert, dass sie John Everett Millais als einen der ersten *method actors* der Kunstgeschichte bezeichnete, der unbedingt die Szene, die er vor Augen hatte, vor Ort malen musste, wie die Impressionisten Jahrzehnte später. Dabei war er unverbesserlicher Städter und beklagte sich bei seinen Freunden weinerlich über die Mückenplage auf dem Land, wo er im Sommer an dem Fluss malte, der als Hintergrund für Ophelia auf jeden Fall *vor* der Arbeit an der weiblichen Figur vollendet werden musste. Frau Hügel hatte seinen Brief vorgelesen, den ich mir notiert hatte, weil er so lustig war.

Die Fliegen von Surrey sind muskulöser und neigen noch stärker dazu, menschliches Fleisch zu untersuchen. Mir droht eine Mahnung, vor einem Richter zu erscheinen, weil ich ein Feld betreten und das Heu vernichtet habe … auch bin ich in Gefahr, vom Wind ins Wasser geweht zu werden. Sicherlich wäre das Malen eines Bildes unter solchen Umständen für einen Mörder eine größere Strafe als das Erhängen.

Als er am Ende des Sommers immer noch nicht so weit war, baute er sich eine Strohhütte gegen die Kälte, um weiter malen zu können. Völlig besessen war Millais von dem Bild, Frau Hügel hatte es »eine *Robinson Crusoenade* mit fatalen Folgen für alle Beteiligten« genannt. Denn zurück im Londoner Winter malträtierte er sein Modell, das dort für ihn in dem schweren alten Kleid in der Badewanne liegen musste, damit er das Aufbauschen und die Wassereffekte in Perfektion imitieren konnte. Nur vergaß er in seinem Kunstwahn, die Öllampen unter der Wanne aufzufüllen, die das Wasser warm hielten, und machte die Arme so krank, dass sie sich nie wieder richtig davon erholte, auch wenn sie für eine Dekade zur ersten Muse der Präraffaeliten und sogar von Ruskin als Genie gefeiert wurde.

Um genau sie war es Kirsten zu tun, als sie begann, sich

richtig in Rage zu reden: »Eleanor. Wie so vieles an ihr wird auch der zweite Vorname unterschlagen: Elizabeth Eleanor Siddal. Sie war ja auch schon Malerin, als Millais sie bat, ihm Modell zu sitzen. Oder, besser gesagt, zu liegen. Aber als Künstlerin noch wenig erfolgreich und auf Arbeiten wie diese angewiesen, die damals gesellschaftlich gebrandmarkt waren als Grenzgebiet der Prostitution. Umso ehrenwerter, dass sie sich davon nicht abhalten ließ, für die Darstellung der schönen Ophelia in voller Montur mit dem antiken Festkleid in die gefüllte Badewanne zu steigen, und das für Stunden. In den eisigen Londoner Wintermonaten! Ein Wunder, dass sie nicht da schon selbst im Wasser gestorben ist, wie die tragische Heldin aus dem *Hamlet*, in deren Rolle sie schlüpfte. Worauf ich hinauswill: Ihr Schicksal war ja trotz ihrer hohen Begabung mit der Lungenentzündung, die sie sich in seinem Atelier holte, vor der Zeit besiegelt. Warum? Weil Millais, dem sie die böse Erkältung zu verdanken hatte, sie nicht sofort zu einem ordentlichen Arzt geschickt hat, sondern sich ganz im Gegenteil sogar geweigert hat, die Rechnungen für ihre Behandlung zu übernehmen! Und das, nachdem er geprahlt hatte, wie günstig er das tolle Gewand mit den silbernen Stickereien in einem Ramschladen gekauft hat, 4 Pfund! Aber was ich eigentlich sagen wollte: Das *Laudanum*, jene Opiumtropfen, die sie gegen die Lungenentzündung nahm, wurden ihr wie der Ruhm, den sie durch die *Ophelia* erlangte, zum Verhängnis. Denn Dante Gabriel Rossetti wurde auf sie aufmerksam und wollte sie ganz für sich, als Modell und später auch als Langzeitverlobte. Fast zehn Jahre hielt er sie hin, vergötterte sie, betrog sie, malte sie. Aber heiratete sie erst, als es wiederum zu spät war, wie bei Millais. Sie wurde krank, und genau wie die Lungenentzündung wurde sie auch das *Laudanum* nicht wieder los, sie wurde süchtig. Ihr Zustand war so schlecht, dass man sie zum Altar trug, fast wie bei einem Begräbnis. Nach einer Fehlgeburt entwickelte sie Depressionen und nahm sich schließlich zehn Jahre nach dem Gemälde von Millais das Leben, auch hierin letztlich Ophelia folgend.«

Carl schaute schon die ganze Zeit bedrückt zu ihr hoch. »Das ist ja furchtbar. Davon wusste ich gar nichts.«

Kirsten nickte nachdenklich. »Habe ich mir gedacht, deswegen habe ich es erzählt – und das ist auch der Grund, weswegen ich mich etwas unwohl fühle in der Rolle der Ophelia. Ich kann sie euch natürlich zeichnen, wenn es unbedingt sein muss, aber nur, wenn ihr mir versprecht, das Bild später genauso wieder verschwinden zu lassen wie mich. Das heißt, ich brauche es umgehend zurück, damit ich die Geister, die ich damit rufe, schnell wieder persönlich entsorgen kann.«

Carl versuchte, seinen tiefen Seufzer der Erleichterung so gut es ging zu unterdrücken, aber ich hatte ihn, während Kirsten sprach, beobachtet, um zu sehen, wie er reagieren würde. Obwohl er sein Bestes tat, ein breites Grinsen zu verbergen, entging es mir nicht. »Das heißt, du bist dabei?«

Kirsten hob ihm warnend ihre Hände entgegen. »Halt, stopp. Warte, das habe ich so nicht gesagt. Erst mal musst du mir noch ein paar Sachen genauer erklären und bitte, wenn es geht, nicht so poetisch verbrämt wie eben.«

Sie drückte für meinen Geschmack etwas zu neckisch demonstrativ ihr linkes Auge zu, was ich nur so deuten konnte, dass es ihr eigentlich gefallen hatte.

»Was denn genau?«

Sie nahm einen großen Schluck Tee und deutete auf die Decke. Ich sah auf, aber da war nichts zu sehen. »Ich glaube, ich habe die einfachste Rolle in dieser Geschichte, ich muss nur hier warten, bis die Schule vorbei ist, und dann nach Hause gehen, als wäre nichts geschehen, oder? Aber zurück zum Anfang: Das alles wirklich nur, um Frau Hügel Angst einzujagen, ich wäre wegen ihres idiotischen Kommentars ausgerissen und, falls sie die Zeichnung richtig zu interpretieren weiß, in Gefahr, mir etwas anzutun? Das gibt ihr doch das Gefühl, unglaublich mächtig zu sein, auch wenn sie sich vielleicht erst mal erschrecken würde, findet ihr nicht auch?«

Carl öffnete den Kühlschrank und holte feierlich die Schachtel *After Eight* heraus, um uns davon anzubieten.

»Ich verstehe den Einwand, aber alles, was du tust, wird ihr wahrscheinlich dieses Gefühl geben, vor allem, wenn du morgen ganz brav wieder auf deinem Platz sitzt. Ganz so, als wäre nichts geschehen. Damit stellst du ihr doch erst recht den Freibrief aus, dich einfach weiter so zu behandeln. Tatsache ist: Du bist nun einmal aus der Stunde gelaufen deswegen und das haben alle gesehen, daher böte es sich doch geradezu an, diese Geschichte ein wenig weiterzuspinnen und auszubauen.«

Kirsten sah mich fragend an, als ob *ich* die ursprüngliche Idee zu dem Plan gehabt hätte, was ich umgehend als Kompliment deutete und sofort alles tat, um diesen Eindruck zu verstärken. »Es war ja ganz offensichtlich im letzten Halbjahr, dass Frau Hügel an *Ophelia* einen absoluten Narren gefressen hat. Insofern werden bei ihr natürlich alle Alarmglocken läuten, wenn das Bild in dieser Form auftaucht. Wenn du mich fragst, hat sie es verdient. Und wenn Direktor Patt davon Wind bekommt, hat sie einiges zu erklären. Er kennt ja den Lehrplan gut genug, um schließlich zwei und zwei zusammen zu zählen.«

Carl versuchte offensichtlich zu beschwichtigen, um die Folgen der Aktion vor Kirsten nicht so drastisch aussehen zu lassen. »So weit muss es ja erst mal kommen, warum organisieren wir nicht alles zunächst der Reihe nach, dann bleibt immer noch Zeit genug, um über Nuancen im Ablauf nachzudenken. Ich würde vorschlagen, du gibst Kirsten einfach ihre Kunstutensilien und lässt sie mit der Zeichnung beginnen, wahrscheinlich ist sie so zuverlässig schnell, dass wir die Schuluhr danach stellen können. 45 Minuten? Was meinst du?«

Kirsten atmete entnervt aus und schaute auf ihre Armbanduhr. »Versprechen kann ich es nicht, aber versuchen. Außerdem ist es schon ziemlich spät, und ich muss bald nach Hause, sonst bekomme ich den ganzen Ärger gleich heute!«

Carl räumte den Teewagen leer, um ihn als Unterlage für seinen Zeichenblock zu verwenden, und rollte ihn direkt vor Kirstens Ottomane. Sie krempelte die Arme ihrer weißen Bluse hoch, als bereitete sie sich für einen Kraftakt vor, und begann mit dem Umriss. Was ich an dem Bild schon immer seltsam fand, war der Bogen, mit dem es am oberen Rand begrenzt ist. Er rückte die Darstellung natürlich sofort in einen mittelalterlichen Zusammenhang, aber vor welchem Altar sollte man die Heroine denn auch groß anbeten, wenn nicht dem der Kunst? Als wolle sie es Millais gleichtun, fing Kirsten bezeichnenderweise mit der Landschaft selbst an und malte sich langsam von den Rändern her zum Fluss hin, wo das zentrale Motiv wie eine gespenstische Aussparung für lange Zeit in strahlendem Weiß leer blieb.

»Frau Hügel hat ja in ihrer Begeisterung für die Präraffaeliten ganz übersehen, dass Millais, um wirklich ein perfektes Abbild der Realität schaffen zu können, Elizabeth Eleanor wenigstens einmal in den Fluss hätte legen müssen, um zu sehen, wie das Licht um ihr Haar und den elfenbeinfarbenen Teint spielt, wenn sie mitten in der freien Natur unter der Weide im Wasser liegt, aber das fand er dann wohl doch zu makaber.«

Carl nickte erstaunt. »Völlig richtig, die Badewanne in London, da liegt die Verfälschung.«

Kirsten setzte den Stift kurz ab und sah ihn kritisch an. »Verfälschung kann man nun nicht sagen, das wird ihm auch nicht gerecht. Ich würde es eher als *little white lie* bezeichnen, den blinden Fleck, wo das Bild in der Fantasie des Malers entsteht, die allein dazu in der Lage ist, die beiden Welten des Ateliers und der Landschaft zusammenzubringen. Wie die zwei Leinwände, die er benutzt hat, eine vorne und eine hinten, um das Gemälde stabil zu halten.«

Carl lehnte seinen Kopf zurück an die Wand, sah an die Decke und zog das Etui mit den Zigaretten aus seiner Tasche. »Stört es dich, wenn ich rauche?«

Kirsten verzog angewidert den Mund. »Stören? Ich verbiete es dir sogar. Wenn du ernsthaftes Interesse daran hast, dass hier ein brauchbares Bild entsteht, musst du deine Sucht mal einen Moment unter Kontrolle behalten. Wisst ihr, Elizabeth wurde ja nicht nur nach dem *Laudanum* süchtig, sondern hat sich wahrscheinlich auch damit umgebracht. Jedenfalls fand man ein großes leeres Fläschchen neben ihrem toten Körper. Ich finde das erschreckend, wie verzweifelt muss eine Frau sein, wenn sie zu diesem letzten Mittel greift? Sie war angeblich auch noch schwanger, das ungeborene Kind hat sie zu allem Übel mit auf dem Gewissen.«

Carl hatte seine Arme auf die Knie gestützt und hörte ihr mit an die Wangen gelegten Händen zu, sein Kinn ruhte über den Handflächen. »Da ist er ja endlich mal, der Kunst-Leistungskurs, wie ich ihn mir vorstelle! Darf ich etwas zum Opium beisteuern? Erstens war es zu der damaligen Zeit noch nicht verboten, und die Tinktur, die ›Lizzie‹ einnahm, wie unsere Künstlerin, soweit ich mich erinnere, genannt wurde, war in allen Gesellschaftsschichten als

Schmerzmittel so verbreitet wie heute das Aspirin. Verdünnt hat man es sogar Säuglingen mit Schlafproblemen verabreicht, es gibt, heute fast unglaublich, ein Werbeplakat *Sleepless Baby? Use Laudanum.* Dann finden wir, anders als bei Shakespeare, die Blume zum Mohnsaft im Bild von Millais. Die einzigen Pflanzen, die auf dem Gemälde fehlen zur Original-Rezeptur von Paracelsus, von dem es angeblich stammt: Bilsenkraut, Alraune und Tollkirsche. Der nannte das Mittel sogar den *Stein der Unsterblichkeit.* Es geht wohl allerdings auch ohne, also pur: 10 Prozent Opium, 90 Alkohol. Klingt für mich eher nach einem *stiff drink.* Und: Es fängt ja schon beim Namen an, der wohl von *laudare* abstammt, also loben. Doch es gibt noch *Lauda,* ein Lied beziehungsweise Lobgesang. Und schon sind wir direkt bei der Verschränkung von Lied, Tod, Sucht und Liebesleid. Zum Abschluss eins noch: die Schönheit. Manche freilich meinen, *Laudanum* käme von der Pflanze *Labdanum,* eigentlich die Zistrose, deren Harz als *ledon* in der Antike noch vor den Griechen die Phönizier für die Schönheitspflege einsetzten. Aber das ist reine Theorie. Weitaus unbekannter als *Opiumeater* Thomas de Quincey ist die Tatsache, dass Baudelaire die *Laudanum*-Flasche etwas zweifelhaft in seinen *Spleen de Paris* komplimentiert, wo er sie, aufgepasst, in einem der Prosagedichte als ›alte, schreckliche Geliebte‹ bezeichnet, zu der er zwangsläufig immer wieder zurückkehrt. Jetzt habe ich aber selber Durst. Madeira *anyone?«*

Kirstens Antwort ahnte ich schon, sie winkte wortlos ab, ganz versunken in ihre Zeichnung. Ich willigte gern ein. Das Bild hatte bereits erstaunlich Form angenommen, da nun auch der Fluss in seinen tiefen Blau- und Grüntönen schimmerte, das Kleid war fast vollendet, die Hände wuchsen gerade aus dem Wasser herauf, wobei sie besondere Sorgfalt auf die Finger und ihre Haltung zueinander verwendete.

Carl schaute ganz angetan über ihre Schulter, als er mir den Likörwein reichte.

»Ich habe mich länger schon gefragt, ob es sich bei der Pose mit den offenen Armen und dem Blick in die Weite des Himmels hundertprozentig um eine christliche Märtyrer- oder Heiligenfigur handelt, wie so oft geschrieben wird, oder ob da nicht noch etwas anderes von Millais hineingearbeitet wurde, wenngleich versteckt. Natürlich ist ein Anklang von Eros vorhanden, aber auch das ist Gemeinplatz. Schaut euch doch bitte mal ihre Handhaltung genauer an. Erinnert die nicht ganz unglaublich an die *Varada Mudra* des Buddha, mit der nach außen gerichteten Handfläche? Wer einmal beim Hinschauen daran gedacht hat, sieht nichts anderes mehr. Und im Angesicht ihres Schicksals scheint mir Buddhas Versprechen den Weg zur Erlösung zu weisen, die dringend benötigte versöhnliche Wendung.«

Kirsten sah von der Zeichnung ihres Gesichts auf. »Buddha, wirklich? Aber warum nicht? Kunst enthält meist viel mehr, als man denkt. Segnung und Gnade. Wie lauten noch seine fünf Perfektionen? Moral, Großzügigkeit, Geduld, und? Habe ich vergessen.«

Sie wandte sich wieder ihrem Kopf zu, der schon fast vollendet den Körper der Ophelia schmückte. Ihre graublauen Augen waren weitaus offener als auf dem eher blinzelnden Schulporträt, trotzdem könnte ich schwören, dass sie auf dem Selbstbildnis grün gewesen waren. Sie konturierte noch einmal kurz die Wangenknochen und legte dann den Stift zur Seite. »Nun, was denkt ihr?«

Carl sprach aus, was ich selbst dachte, sein Gesichtsausdruck dazu war nicht von dieser Welt: »Es ist zu schön, um nicht wahr zu sein.«

11

Lob der Kybernetik

Der Traum, den ich in der folgenden Nacht hatte, nachdem ich endlich eingeschlafen war, weil mein Herz davor so unruhig und heftig pochte, als hätte ich an diesem narkotischen Nachmittag nicht nur zwei Likörweine und etwas grünen Tee getrunken, sondern eine ganze Kanne Kaffee direkt vor dem Zubettgehen, spielte in einem warmen Meer südlich des Äquators. Was mir selbst im Traum auffiel, war, dass ich mich zwar im Wasser befand, aber in völlig trockener Kleidung. Neben mir, wenngleich in einiger Entfernung, schwamm eine Gruppe von Mitschülern in Badeanzügen um ein seltsames Objekt, das sich als Miniaturausgabe der paradiesischen Insel, zu der ich gerade unterwegs war, herausstellte. Die Insel war auf einem Stock, der aus dem Meer ragte, befestigt, wie jene lokalen Fischer, die vor der Küste in den anbrandenden Wellen der Abenddämmerung lakonisch in der Höhe sitzend auf ihren Fang warten. Auf der Insel, die so klein war, dass sie problemlos Platz in meiner Reisetasche gefunden hätte, gab es wie auf der echten Insel ein altes Pflanzerhaus mit einer hölzernen Veranda und viele Palmen an einem schneeweißen Strand, aber alles dort war eben so winzig, dass niemand wirklich etwas damit anfangen konnte. Trotzdem planschten die Schwimmer freudig um die Insel herum und riefen sich gegenseitig zu, wie begeistert sie von dem Eiland waren. Nun war aber in Sichtweite direkt hinter ihnen, nicht einmal einen ganzen Kilometer entfernt, die richtige Insel, zu der ich auf dem Weg war, und ich versuchte, sie mit Rufen und Winken darauf aufmerksam zu machen, weil es neben der Größe noch einen wichtigeren Unterschied zwischen dem Original und der Fälschung gab: einen Elefanten, der deutlich sichtbar auf der Miniatur-Version zu fehlen schien.

Aber im selben Moment noch wurde ich von einer größeren Welle erfasst, die sich unbemerkt hinter mir aufgebaut haben musste, und sofort war mir klar, dass nun meine gesamte Kleidung nass werden würde, was mich stark betrübte, auch wenn die Temperatur des Wassers sehr angenehm war und keine wirkliche Gefahr bestand, in der Flutwelle unterzugehen, die mich wahrscheinlich sogar noch schneller als gedacht zu der Insel bringen würde.

Mit diesem Gefühl der unwillkürlichen Unterspülung erwachte ich. Als ich auf den Wecker sah, wurde mir klar, dass ich das erste Klingeln verpasst haben musste oder wieder eingeschlafen war. Jedenfalls hatte jetzt alles schneller zu gehen als üblich, weil wir uns zu dritt noch vor der Schule bei Carl treffen wollten. Und während ich beim Zähneputzen in die Kleider schlüpfte, sah ich aus dem Fenster den beginnenden Morgen mit seinen noch tiefdunklen Spektralfarben und wünschte mir nichts sehnlicher, es wäre einfach nur ein ganz normaler Tag ohne den von Carl absichtlich herbeigeredeten *Ausbruch der Kunst* als Folge des *Einbruchs der Realität*.

Es gab, so wurde mir zu dieser frühen Stunde des Tages vielleicht zum ersten Mal in aller Klarheit deutlich, keinen vernünftigen Grund, im Leben von Regeln und Gewohnheiten abzuweichen, die man einmal für sich selbst als gültig befunden und als dem Wohlbefinden förderlich erkannt hatte. Davon abzuweichen musste automatisch in die Irre oder, weitaus schlimmer, ins mögliche Verderben führen. Schon in der Vergangenheit war mir unangenehm aufgefallen, dass jede auch nur geringste Entfernung von meinen einmal als richtig identifizierten Prinzipien schlussendlich zu unangenehmen und schmerzhaften Auswirkungen auf mein Dasein geführt hatte. Wahrscheinlich war es das, was viele als Karma bezeichneten.

Mein Glaube an Güte und Wahrhaftigkeit als Grundfeste unseres Zusammenlebens ist jedenfalls mit jedem Mal, da ich mich nicht an sie gehalten und jemanden schlecht behandelt, belogen oder hintergangen hatte, nur noch stärker geworden. In mein Poesiealbum, das ich als Kind nie für länger als den Moment der Einträge meiner Freunde aus der Hand gegeben habe, weil es für mich so wichtig war als Bestätigung der einleuchtenden Maximen, die mir dort mit auf meinen Lebensweg gegeben wurden, schrieb ein gewisser Thomas aus dem Kindergarten, an den ich mich nur noch ganz vage erinnern kann, diesen großartigen Satz: *Wie fruchtbar ist ein Regelkreis, wenn man ihn wohl zu pflegen weiß*. Das hat seither seine Gültigkeit in Bezug auf meine Existenz nie verloren.

Etwas von der Vorahnung, dass an diesem Tag alles anders laufen würde, als von Thomas in seiner Poesie anempfohlen, muss deutlich in mein Gesicht geschrieben gewesen sein. Jedenfalls sah mich Kirsten ganz seltsam an, als ich sie an diesem Morgen zum ersten Mal vor ihrem Tor abholte, weil mein Weg zur Schule mehr oder weniger an ihrem Viertel vorbeiführte, und es von da aus nicht mehr allzu weit bis zu Carl war.

»Alles okay, hast du gut geschlafen? Ich eher nicht, aber ist ja auch kein Wunder.«

Ich schaute zur Seite weg, weil ich das Gefühl hatte, nicht besonders gut auszusehen, auch wenn ich mein Lieblingsensemble angelegt hatte: meinen wollenen dunkelblauen Peacoat, den ich zu einer groben, dunkelgrauen Tweedhose kombinierte, mit soliden tiefbraunen Wallabees und einem in sich gemusterten Herringbone-Schal. Ich sah in die blendende aufgehende Sonne und musste zum ersten Mal seit langer Zeit wieder an meinen Vater denken, der mir die Geschichte des Ikarus erzählt hatte, wie dieser wiederum mit seinem Vater auf dem Rücken und seinen zerbrechlichen Wachsflügeln der Sonne entgegenflattert und aus lauter Begeisterung über das Gefühl des Fliegens im herrlichen, aber tödlichen Sonnenlicht nicht merkt, wie er sich und seinen Vater im Höhenrausch ins Unglück stürzt.

Immer wenn ich in meiner Kindheit einen dieser Ikarus-Busse um die Ecke verschwinden sah, während wir die Großeltern besuchten, hatte ich angenommen, er würde sich nach der nächsten Kurve in den Sommerhimmel des Vogtlands hinaufschwingen. In meiner Vorstellung stieg er immer höher in den Himmel, bis er nur noch im blinzelnden Gegenlicht als schwacher, kleiner Punkt zu sehen war, kurz vor dem tragischen Augenblick, da er sich und alle Passagiere mit ihm in seiner glühenden Stahlhülle versengt, in rasendem Fall weit draußen ins westliche Meer stürzt und dort zischend versinkt. Der Moment, da der Bus aus meinem Blickfeld verschwand, hatte mich immer in eine tiefe Verzweiflung gestürzt. Dieser bedenkliche Zustand hielt den ganzen Nachmittag an und verwob sich diffus mit der Abendmelancholie, die zu jenen endlosen Urlaubssommertagen der Kindheit gehörte. Dann, wenn ich im nach Bienen duftenden Gartenhaus auf der Holzbank gesessen hatte, mit den Beinen gebaumelt und dem Schwinden des Lichts zugesehen. Mit dem Abnehmen der Wärme war irgendwann auch die Idee vom Ikarusbus verschwunden. Nur im Gesumme einiger verspäteter Wespen waren noch Bruchteile des Motorengeräuschs enthalten, was mich aber nicht mehr irritierte, sondern langsam in endgültige Schläfrigkeit hineinwiegte.

Kirsten fasste mich sacht an meinem Ärmel, ich musste wohl für einen Moment ins Träumen geraten sein. »Weißt du, während ich gestern Nacht wach lag, weil ich wirklich Angst vor dem Tag heute habe, ist mir eine seltsame Frage in den Sinn gekommen: Meinst du, die Welt wird an einem Tag enden, wenn es so weit ist, oder nachts? Ich habe mich nicht entscheiden können, was ich für plausibler halte oder mir besser vorstellen kann.«

Ihre Unentschlossenheit wunderte mich, weil die Antwort für mich eigentlich völlig einfach und klar war. »Hast du nicht auch als Kind jeden Abend, wenn die Sonne unterging, Angst gehabt, dass sie am nächsten Tag nicht mehr aufgehen wird und wir dann einfach für immer im Dunkel bleiben müssen, weil sie an diesem Tag den endgültigen Beschluss gefasst hat, nicht mehr wiederzukommen und uns von da an für immer im Stich zu lassen?«

Kirsten trug wieder ihren Dufflecoat, diesmal mit ausgestellten Twill-Hosen und Collegeschuhen dazu, eine Variante ihrer selbst gewählten Schuluniform, die ich noch nicht kannte. Ich hatte den Eindruck, dass sie uneingedenk der Befürchtungen, was an diesem Tag alles schieflaufen konnte, in einer heiteren Grundverfassung war, als sei sie durch das, was wir vorhatten, aus einer lange andauernden Lethargie gerissen worden und atme nun den Geist einer von unsichtbaren Fesseln befreiten Gefangenen. »Für mich kann die Welt allein zwischen Tag und Nacht enden, so wie jeder Tag.«

Kirsten lachte auf. »Du machst es dir viel zu einfach, mein Lieber. Hast du dir denn schon überlegt, was meine Eltern dir mit dem Bild zusammen auf den Weg in die Schule mitgegeben haben? Einen Brief? Eine Botschaft?«

Ehrlich gesagt hatte ich mich ganz auf Carl verlassen, die richtigen Worte zu finden, die ich Direktor Patt zu überbringen hatte, und musste nun vor ihr improvisieren.

»Voller Sorge möchten wir Ihnen mitteilen, dass unsere Tochter gestern nach der Schule nicht nach Hause gekommen ist. Es ist zwar nicht das erste Mal, dass das passiert, aber diesmal haben wir sie nicht bei Verwandten im Umland abholen können, sondern stattdessen dieses Bild im Eingang vor unserer Tür gefunden, das zweifelsohne von ihr selbst stammt. Obwohl wir zu diesem Zeitpunkt eher davon ausgehen wollen, dass es sich nicht um eine Entführung handelt, da es weder einen Brief noch eine Botschaft dazu gibt, und sich alles heute im Laufe des Tages aufklärt und Kirsten wieder zurückkommt, möchten wir Ihnen das Bild dann doch zur Verfügung stellen, da es anscheinend im Kunstunterricht gemalt wurde und Kirstens Lehrerin aller Wahrscheinlichkeit nach etwas dazu sagen können wird. Mit den freundlichen Grüßen, die wir über ihren Fehlpaten hiermit übersenden, dem Sie gern auch Nachrichten an uns heute Nachmittag wieder mit auf den Heimweg geben dürfen. Hochachtungsvoll.«

Kirsten blieb stehen und sah mich mit diesem Blick an, als hätte ich mir gerade eine grobe Unverschämtheit geleistet, auf die sie aber aus bestimmten Gründen nicht böse sein konnte.

»Das hast du aber nicht mal eben so aus dem Ärmel geschüttelt und dir beim Sprechen ausgedacht, oder? Das trifft den Ton meiner Eltern so exakt, als hätten sie mir gerade eine Standpauke gehalten, ich fasse es nicht. Du warst doch erst einmal bei uns zu Hause, wie hast du denn all die Nuancen und Zwischentöne aufgeschnappt und, wo wir gerade dabei sind, was hat dir meine Mutter eigentlich alles von mir erzählt, während ich in meinem Zimmer mit dem Arzt war, der mir partout nicht die Erlaubnis geben wollte, endlich wieder aufzustehen?«

Weil wir vor Carls Haus angelangt waren, der in diesem Moment vor die Tür trat, blieb ich ihr die Antwort schuldig, strahlte aber innerlich, weil es das schönste Kompliment war, das ich bis jetzt aus ihrem wunderhübschen Mund gehört hatte.

»Morgen, ihr zwei, ist was passiert, ihr seht ja aus, als hättet ihr gerade ein Gespenst gesehen? Jetzt aber schnell hinauf mit dir in deine Kü-Ta, Künstlertagesstätte, hahaha.«

Kirsten nahm seinen Schlüssel, gab uns das Bild und winkte uns aufmunternd zu.

»Viel Glück und vergesst mich nicht, ich bin ein Lebewesen mit Hunger, Durst und anderen vielfältigen Bedürfnissen. Bis nachher!«

Ich trug ihre Zeichnung wie einen Stadtplan aufgeschlagen vor mir her. Es war tatsächlich ein erhabener Moment, dieser erste Blick auf ein kürzlich fertiggestelltes Kunstwerk. Die Aura gestalterischer Entschlossenheit, welche das Anlegen letzter Hand begleitet, war noch auf dem Papier spürbar, die Entscheidung, dass es das jetzt ist und keiner weiteren Korrektur mehr bedarf.

Carl sah auf das Bild und nickte zufrieden. »Es hat nichts verloren von seinem Format über Nacht. Hast du deine Vokabeln gelernt und weißt, was du zu sagen hast?«

Ich wiederholte in etwa, was ich ihr gegenüber als Inhalt meines Briefes geäußert hatte.

»Ganz ausgezeichnet, mein Lieber. Du lernst schnell. Mein Schüler! Mein Geschöpf! Ich habe gleich geahnt, dass in dir ganz ungeahnte Talente schlummern.«

Um uns später in der Schule ungestört verständigen zu können, ohne dass die anderen es gleich mitbekamen, führte Carl mich auf dem Weg in einen weiteren Teil seines nie gekannten Universums ein: die sogenannte *Privatsprache*. Er hatte das Prinzip, so erklärte er, aus seinem Lieblingsbuch abgeschaut: *Geheime Tipps von Donald Duck. Ein praktisches Handbuch für Jungen*. Das besagte Kapitel darin hieß *Die Geheimschrift »Dada Urka«*.

Während es sich bei dem Original aus der Trickkiste des Pfadfindervereins Fähnlein Fieselschweif eher um eine Art Morsealphabet handelte, bei dem jeder Buchstabe des Alphabets einem geometrischen Symbol aus Strichen und Punkten entsprach (»arabisch, hebräisch oder chinesisch«), lehnte sich Carls *Privatsprache* an das phonetische Luftfahrt-Alphabet an, ohne es je zu nennen. Aber statt *Alpha Bravo Charly* bestand seine Abfolge aus unzusammenhängenden Worten, die sich alleine dadurch auszeichneten, dass er deren anmutigen Klang bewunderte:

Aesop Beatles Chatwin Dandy Ewig Finte Gras Helium Irre Janus Kanon Labsal Milch Nabokov Onsen Pop Quitte Raben Sonne Tand Undine Verbena Watte Xenie Yak Zeder.

Meistens, so erklärte er mir, lief es auf *Janus Aesop* beziehungsweise *Yak Ewig Sonne*, oder *Nabokov Onsen*, wegen der sehr auffälligen Wiederholung seines Wortes für N im Deutschen, heraus. Er wollte es aber trotzdem nicht ändern, weil das Wort zu schön sei. Hin und wieder käme es auch zu *Watte Ewig Irre Sonne Sonne/Nabokov Irre Chatwin Helium Tand.*

Spätestens seit Carl mich am Tag zuvor in die Modalitäten des *Kunstverstecks* eingeführt hatte, war mir klar, dass sich eigentlich seine gesamte Existenz alleinig aus ästhetischen Mosaiksteinen zusammensetzte. Vor dem alten Gymnasium stand wie jeden Morgen Direktor Patt und empfing seine Schüler persönlich.

»Herr Patt, wir haben eine wichtige Nachricht von Kirstens Eltern für Sie: ein Verlust ist anzuzeigen.«

12

Hip Priest

Was die Grenzen unserer Vorstellung überschreitet, muss zwangsläufig unerreicht bleiben. Und oft habe ich mir gesagt, dass es bestimmt einen Grund dafür gibt, wenn wir gerade das, was wir uns ganz besonders wünschen, nicht zu Gesicht bekommen. Es bedeutet dann, dass, von einem höheren Standpunkt aus betrachtet, das Vorenthalten nützlicher für den allgemeinen Lauf der Dinge zu sein scheint als das großzügige Gewährenlassen, eine aufgebaute Erwartungshaltung zu befriedigen. Und sei es nur deshalb, um das Ausmaß an menschlicher Enttäuschung, das mit jedem Tag, an dem diese Welt besteht, ausweglos weiter ins Unermessliche wächst, im halbwegs erträglichen Bereich zu halten.

In dieser Hinsicht muss der Nachmittag, da ich bei dem von mir kultisch verehrten Deutschlehrer Herr Dr. Fant zu Kaffee und Kuchen in sein Haus eingeladen worden war, um die Themen für meine Abiturprüfung durchzugehen, möglicherweise als einer der bizarrsten Momente jener Bilanzierung gelten. Man sollte dazu sagen, dass es nicht nur die etwas zu groß geschnittenen dreiteiligen braunen Kamelhaaranzüge waren, die er im Winter trug, was ich an ihm bewunderte. Wobei er kurz vor Ende jeder Stunde seine nostalgische silberne Taschenuhr kompliziert aus der Westentasche hervorkramte, um sie wie ein Menetekel vor sich hinzustellen und dazu unerschütterlich immer wieder den gleichen Satz herunterzubeten, wobei die Pointe von den Schülern inzwischen brav mitgesprochen wurde, als sei das Ganze ein populärer Gassenhauer aus dem Musikkanal, der hier unerwartet zur Aufführung kam: »Sie sind sicher erschöpft und wollen wissen, wie spät es ist?« Und im Chor antworteten alle zusammen laut und deutlich *Schon später!* »Genau, wir wissen nie, wie spät es ist, und Seneca wusste: Mitten im Leben sind wir vom Tod umfangen. Daher wie stets mein Rat: Es gibt zwei Dinge, die sich nicht verschieben lassen: Glück und Hausaufgaben. In diesem Sinne: Guten Tag!«

Nach den Ferien fragte er nicht, wo jeder gewesen war, sondern ließ sich von einem nach dem anderen die Urlaubslektüre vorstellen, wie bei einer guten Literatursendung. Wer nichts gelesen hatte, musste einen Roman mit Titel und Hauptfigur inklusive Handlung aus dem Stegreif erfinden, weswegen sich bald auch die denkfaulsten unter uns dazu bequemten, wenigstens ein Buch freiwillig zu lesen. Er weigerte sich obstinat, mit seinem Curriculum zu beginnen, bevor alle dran gewesen waren.

Einer von den großmäuligen Letzte-Reihe-Rowdys versuchte einmal, auszutesten, wie weit man gehen musste, um ihn aus der Reserve zu locken, und schrieb vor der ersten Stunde nach den Ferien über die gesamte Breite der Tafel: »Was Herr Fant an der Wand erfand, fand die Wand an Herrn Fant verwandt. An die Wand mit Herrn Fant!« Daneben sah man eine Zeichnung, auf der Herr Fant mit allen vieren von sich gestreckt an der Wand klebte, während seine Tasche zur Seite wegflog, als wäre er aus großer Höhe auf dem Boden zerschellt.

Als er den Klassenraum betrat, blickte er nur kurz an die Tafel, schloss die Tür sachte hinter sich und ging wie stets nach vorne, um seine herrlich abgewetzte braune Ledertasche im rechten Winkel zur Längsseite vor sich auf den Tisch zu stellen, wobei er die endgültige Position länger als sonst korrigierte, bis sie vollkommen exakt war. Dann räusperte er sich, nahm Kreide und malte zunächst einen großen Kreis um die Zeichnung, der beide ausgestreckten Hände und Füße berührte. Als er das Rund vollendet hatte, drehte er sich mit hochgezogenen Brauen wieder zu uns, wie um zu prüfen, ob es jemanden gab, der etwas dazu zu sagen hatte. Danach wandte er sich wieder dem Werk zu und ergänzte zwei Arme und Beine, jeweils etwas versetzt zu den bereits existierenden, als wolle er aus seinem Ebenbild eine Kali gestalten, um sich mit der indischen Göttin des Todes und der Zerstörung an dem Zeichner zu rächen. Aber es blieb nicht dabei, und Kali entpuppte sich als Botschafterin der Erneuerung, da er den kahlen Hinterkopf mit einem würdevollen Gesicht ausfüllte und mit langen, gewellten Haaren versah. Als sein Rücken dann noch durch ein paar Details zum Brustkorb eines Mannes mit freiem Oberkörper wurde, ging ein erstes Raunen durch den Raum. Die allerletzten Striche setzte er, indem er zur Seite trat, um die Reaktionen im Blick zu behalten, während vor unseren Augen ein angedeutetes männliches Geschlechtsteil in seinem Schritt entstand.

Jetzt konnte Georg Klotz, der sich das Ganze womöglich ausgedacht hatte, nicht mehr an sich halten und begann unkontrolliert heftig laut zu prusten.

Herr Fant drehte den Kopf zur Seite und hob leise seine Stimme: »Herr Klotz, haben Sie etwas auf dem Herzen, das Sie mit uns allen teilen wollen, oder darf ich Ihre Geräuschkulisse als Wortmeldung auf eine noch nicht gestellte Frage verstehen?«

Georg schloss die Augen und presste seine Lippen aufeinander, um sich zusammenzureißen und seine Stimme wiederzufinden. Aber Herr Fant wandte sich von ihm ab und sah nun ganz ruhig umher.

»Erkennt denn jemand, um wen es sich, abgesehen von meinen sterblichen Überresten, hier sonst noch handeln könnte?«

Dass es ausgerechnet die, abgesehen von mir, vielleicht Schüchternste von allen war, die in diesem Moment langsam, aber bestimmt den Arm hob, verschlug mir komplett den Atem, denn es war niemand anderes als Kirsten.

»Wer es ist, wissen wir nicht genau, aber der Künstler, der ihn gezeichnet hat, war Leonardo.«

Herr Fants vormals ernstes Gesicht entspannte sich zu einem Lächeln. »Ganz ausgezeichnet, sehr richtig. Sie lesen nicht nur gute Bücher zu Hause, wie Ihre Antwort vermuten lässt, Sie machen sich anscheinend auch gewinnbringend mit Kunst vertraut. Seit nunmehr über 500 Jahren begeistert uns diese Ausnahmegestalt namens Leonardo da Vinci, der nicht nur Künstler war, sondern auch Philosoph und Ingenieur. Von ihm, Herr Klotz, könnten Sie vielleicht noch etwas lernen, obwohl Sie ja, wenn ich es richtig sehe, bereits Dichter und Maler zugleich sind. Nur, was das Ideal des wohlgeformten Menschen anbelangt, wie ihn der antike Architekt Vitruv, den Leonardo als Universalist wahrscheinlich hier vor Augen hatte, theoretisch konzipiert hat, da bleibt bei Ihnen noch etwas Luft nach oben offen. Ich verstehe hier *wohlgeformt* etwas erweiterter als Vitruv, also nicht nur körperlich, sondern auch geistig beziehungsweise seelisch, um nicht zu sagen: charakterlich. Aber ich bin ja kein Unmensch, sondern Erzieher, deswegen will ich Ihnen gerne auf den Weg helfen beziehungsweise auf die Sprünge, wenn es um die Vervollkommnung Ihrer Persönlichkeit geht. Ich hätte zwei Vorschläge, und weil es heute die erste Stunde nach den Ferien ist, dürfen Sie sich sogar aussuchen, was Ihnen besser zusagt.«

Während seines Monologs war Herr Fant mit gemächlichen Schritten durch den gesamten Klassenraum gelaufen, um nun im entscheidenden Moment direkt vor dem inzwischen ungesund erblassten Georg zum Stehen zu kommen. »Da Selbsterkenntnis zentral zum humanistischen Bildungsideal gehört, dem wir hier, wie Sie wissen, verpflichtet sind, wäre mein erstes Angebot an Sie, Ihren eigenen Namen so gut kennenzulernen wie möglich, über meinen sind Sie ja anscheinend bereits bestens im Bilde. Daher hier mein Vorschlag: Wir behandeln in der nächsten Stunde außerhalb des Lehrplans die lyrische Sonderform des *Zungenbrechers*, einige elementare Grundlagen sind Ihnen ja, Herr Klotz, wie ich erfreut feststellen durfte, wohl schon bekannt! Sie dürfen die Stunde vorbereiten, wobei Sie für uns, aber vor allem auch sich selbst die volle Bandbreite der klanglichen Konnotationen Ihres Nachnamens ausloten, und zwar indem Sie, weil es da so viele gibt, am besten gleich drei Beispiele bilden, und diese dann in Bezug auf Metrum und Endreim analysieren. Ich brauche nicht weiter auszuführen, warum ich diese Option als nachgerade idealen Arbeitsauftrag für Sie verstehen würde. Die zweite ist nämlich weitaus prosaischer: *Müll-, Ordnungs- und Tafeldienst* für das gesamte Schuljahr, verbunden mit einem wöchentlich zu verfassenden Ergebnisprotokoll, um festzustellen, wie sich die Ordnungsdisziplin hier tendenziell weiterentwickelt. Eine durchaus auch christlich zu verstehende Aufgabe, wie heißt es gleich, Römer 13? ›Was von Gott ist, das ist geordnet‹. Sie haben die Wahl, Herr Klotz. Ich erwarte Ihre Entscheidung zum Ende der Stunde.«

Er wandte sich in einer eleganten Drehung auf der Stelle von ihm ab. »Nun aber zum eigentlichen Thema des Tages: Die Urlaubslektüre, wer fängt an, A wie Frau Appel?«

Und während Elvira Appel ungeordnet etwas über einen

viktorianischen Kitschroman namens *Der verwöhnte Balg* zusammenstotterte, ging Herr Fant zur Tafel und wischte genussvoll mit weit ausholenden Bewegungen des Schwammes zunächst alles weg, was geschrieben und gemalt war, um dann die drei viereckigen Flächen akribisch wie ein reinigungsbedürftiges Triptychon oder Altarbild bis in die letzte Ecke sauber zu machen, sodass sie alle am Ende dunkelgrün von der Feuchtigkeit und vollständig leer vor uns standen. Mit der vollen Breite der Kreide schrieb er dann in Großbuchstaben den Titel von Elviras Urlaubsbuch in die Mitte: DER VERWÖHNTE BALG.

Seit diesem schon etwas zurückliegenden Erlebnis hatte ich noch mehr für ihn übrig als zuvor, weil Georg Klotz, den ich noch nie ausstehen konnte, in der Mittelstufe immer versucht hatte, mich als Opfer seiner Schikane zu etablieren, was ihm zum Glück nicht gelang, weil ich ihn bereits beim ersten Versuch, mich im Pausenhof vor der Milchbar zu drangsalieren, mit einer Verblüffungstaktik völlig aus dem Konzept gebracht hatte. Als er auf mich zugekommen war, um mich zu schlagen, hob ich einfach meine Hand hoch vor sein Gesicht und sagte leise und deutlich: »Bitte, nicht.«

Der Vertrauenslehrer, dem ich von dem Ereignis berichtete, nannte es, weil er auch Politik und Wirtschaft unterrichtete, eine »Strategie gewaltfreier Verteidigung« und lobte mich für mein innovatives Verhalten.

Seit der Blamage für Georg sah ich dem Moment, das Zuhause von Herrn Fant endlich einmal kennenlernen zu dürfen, umso aufgeregter entgegen, weil er nun abgesehen von seiner herrlichen Exzentrik noch zusätzlich mein ganz persönlicher Held im Kampf gegen Klotz war.

Der Nachmittag bei Dr. Fant, der nur wenige Tage der Begebenheit im Kunstunterricht mit Kirsten vorausgegangen war, begann vielversprechend mit ausgesucht schönem Wetter. Ich hatte meine *Faust*-Ausgabe dabei, um die Prüfungsthemen mit ihm zu besprechen, und für seine Frau einen kleinen Blumenstrauß besorgt. Da sein Unterricht geprägt war von mitgebrachten Exemplaren seiner Bibliothek, die sich aus der Ledertasche wie die Endmoränen eines sagenhaften Gletschers auf dem Lehrertisch verströmten, hatte ich mir in der Fantasie in seinem Zuhause ein unermesslich hoch bis zur Decke reichendes Bücherkabinett imaginiert, das in etwa den wandhohen Regalen auf Spitzwegs *Bücherwurm* entsprach. Und wie auf diesem Bild wollte ich Herrn Fants Bibliothek unbedingt der Metaphysik zugeordnet wissen, weil er für mich der Botschafter einer hinter den sinnlichen Eindrücken versteckten Welt war, der den Zusammenhang allen Wesens erkannt zu haben schien und mir Aufschluss über die letzten Daseinsgründe geben konnte. Daher stellte er in seinen Stunden freundlicherweise hin und wieder Hilfsleitern in diesen Erkenntnisschatz zur Verfügung, auch wenn sie leider nicht von allen Schülern gleichermaßen benutzt wurden.

Gewiss waren diese symbolischen Stufen auch ganz real als praktisch ausklappbare Suchhilfen in seinem Literaturreich vorhanden, wie das schöne Exemplar auf dem Bild von Spitzweg, das in der Fernsehzeitschrift auch einmal als Original zum bilddetektivischen *Rätselflug* eingeladen hatte. Es war mir deshalb so lebhaft in Erinnerung geblieben, weil der Zeichner dem Bücherwurm als freche Täuschung ein Lorgnon aufgesetzt hatte, obwohl doch gleich an seiner Haltung mit der tief in die Buchseiten versenkten Nase glasklar zu erkennen gewesen war, dass es sich um einen schwer Kurzsichtigen handeln musste, ein, wie ich damals fand, viel zu einfach geratenes Detail. In der Legende zur Zeichnung hatte gestanden, dass Spitzweg selbst kurzsichtig gewesen sei, weswegen seine Miniaturen auf den Bildern von teilweise nur wenige Zentimeter großen Details so gestochen scharf waren wie die Nähte eines Couturiers. Daher und wegen seiner akkurat ausgesuchten Garderobe hätten ihn seine Künstlerfreunde wie der Maler Moritz von Schwind auch bewundernd den »Schneider« gerufen.

Jedenfalls erreichte ich die Adresse außerhalb der Innenstadt schon etwas vor der Zeit, sodass ich Gelegenheit hatte, mir die Gegend genauer anzusehen. In meinem Kopf stand ein Bürgerhaus aus dem 19. Jahrhundert mit drei Stockwerken, das von Parteien bewohnt wurde, die sich bereits lange Zeit kannten und einander wohlgesinnt waren. Im Erdgeschoss gab es einen ausgehängten Hausdienstplan hinter dem Eingang, der zuverlässig von sämtlichen Parteien respektiert wurde. Dort wohnte, wegen des praktischen Gartenzugangs vom Balkon nach hinten, die einzige junge Familie mit zwei Kindern, die Geige und Klavier spielten, sogar ganz passabel, weswegen Herr Fant, der den zweiten Stock bewohnte, nicht allzu viel von ihren frühmusikalischen Exerzitien mitbekam, auch weil im 1. Stock direkt unter ihm die älteren Hausbesitzer lebten, die das ganze Haus am Wochenende mit köstlichen selbst gebackenen Kuchen versorgten, da sie von allen am meisten Zeit zur Verfügung hatten. Ich sah Fischgrätparkett und Flügeltüren, die von Herrn Fants Frau, natürlich ebenfalls Lehrerin, auf- und zugeschoben wurden, um uns ungestört in der Bibliothek arbeiten zu lassen, die in den Salon mit einem Esstisch überging, wo Frau Fant ein Kaffeegeschirr aus blauweißem Porzellan bereitgestellt hatte für später. Dann, wenn wir von der geistigen Arbeit hungrig und durstig geworden waren und mit ihr über den schönen Herbstbeginn und die Aufführung einer Oper sprechen konnten, die sie am Wochenende zuvor besucht hatten und bemerkenswert in ihrer kühnen Modernität fanden, ohne allzu abgeschmackt dem Zeitgeist nach dem Mund zu reden.

Die Regisseurin der *Trojaner* von Berlioz mit dem markanten Kurzhaarschnitt war neu an den städtischen Bühnen, daher vergaß ich immer ihren Namen, er begann mit dem Wort Berg-, irgend so etwas wie Bergheim.

Jedenfalls suchte ich in der Straße, die Herr Fant mir angegeben hatte, emsig nach dem Haus in meinem Kopf, fand es aber nicht. Was ich nach einer Weile fand, war die Hausnummer, und ich verglich sie mit meinen Notizen, weil ich mir sicher war, dass es dieses Haus, ein Reihenendhaus im Stil der späten Achtzigerjahre, nun ganz gewiss nicht sein konnte. Aber die Zahl stimmte, es gab die 34 nur einmal, und als ich auf das Klingelschild sah, erkannte ich entgeistert den Namen FANT, wie er mit einem dieser veralteten Plastikdruckmaschinen von der Kleberolle abgezogen und dazu noch leicht schräg und in Rot auf dem metallenen Briefkastenschlitz am ummauerten Vorgartentor angebracht war. Ich betätigte mutlos die Klingel und eine naive Fantasiemelodie erklang überdeutlich hörbar aus dem zweistöckigen Haus, weil das Küchenfenster neben der Eingangstür einen Spaltbreit aufstand und seltsamen weißen Dampf in den ansonsten windstillen Nachmittag entließ.

Frau Fant öffnete die Tür in einer Küchenschürze, sichtlich erhitzt, und strich sich eine nach vorne fallende Strähne ihres glatten dunklen Haars aus dem Gesicht. »Verzeihen Sie meinen Aufzug, mir ist hier gerade ein Ofengericht außer Kontrolle geraten, fast möchte ich sagen *entgleist*, aber stören Sie sich bitte nicht an dem Geruch, ich versuche gerade zu lüften. Mein Mann erwartet Sie schon!«

Bereits auf dem Weg durch den schmalen Vorgarten bekam ich eine strenge Fahne von Sauerkraut in die Nase, die sich mit dem beißenden Geruch verbrannten Fleisches mischte, und ich versuchte, trotz der überwältigenden Geruchsoffensive mein freundlichstes Gesicht aufzusetzen, um den *Meister* nicht vor den Kopf zu stoßen. Auch hielt ich artig Frau Fant meinen Strauß entgegen, die ihn, noch etwas mehr errötend als zuvor durch die Küchenhitze, mit aufgerissenen Augen begeistert entgegennahm: »Oh, Buschwindröschen, vielen lieben Dank, das ist ja reizend von Ihnen, ich gebe sie gleich ins Wasser.«

Herr Fant kam, wie immer im Jahr bei warmem Wetter vor dem *Labour Day* in seinem hellblau-weißen Seersucker-Anzug durch den Qualm auf mich zu, wedelte mit der Hand vor sich her und empfing mich mit zugekniffenen Augen und einem herzlichen Händedruck. »Sie verzeihen, meine Frau ist seit Kurzem in diesem Literaturkochkurs, und ich hatte sie ausdrücklich vor der *Choucroute Gargantua aus dem Römertopf* gewarnt, aber leider wollte sie partout nicht auf mich hören!«

Und, zu seiner Frau gewandt: »Habe ich doch, nicht wahr? Vor allem, nachdem schon genau vor einer Woche die *Feijoada der Unruhe, nach einem Rezept des Hilfsbuchhalters* so ein geschmacklicher Angang war, mit diesen schweren Bohnen. Aber was belästige ich Sie mit unnötigen Informationen, kommen Sie mit mir nach hinten, der Tee steht schon bereit!«

Wir gingen durch ein klaustrophobisch enges Vestibül mit Schuhschränkchen und Garderobe, das zum Wohnzimmer führte, er winkte mich hastig hinein, sodass er die Tür rasch wieder schließen konnte, um dem Dampf zu entkommen. »Sie entschuldigen bitte, meine liebe Frau ist leidenschaftliche Köchin und bereitet normalerweise ganz vorzügliche Speisen zu, aber nur solche, die sie sich selbst ausgedacht hat. Sie hat dieses eine Manko, dass sie nicht dazu in der Lage ist, nach Rezept zu kochen. Stellen Sie sich einfach einen Klavierspieler vor, der ein Meister der Improvisation ist, aber keine Noten lesen kann, so ist es ungefähr. Sie ist sozusagen der Keith Jarrett der Küche, nur dass der gewiss Noten lesen gelernt hat, hahaha!«

Erst jetzt fiel mir auf, dass Herr Fant ebenfalls ziemlich gerötete Wangen hatte, und ich begann mich automatisch zu fragen, ob das auch von der Küchentragödie herrührte oder er sich nicht uneingedenk unseres Treffens oder gerade deswegen schon am frühen Nachmittag ein paar ordentliche Gläschen genehmigt hatte. Zudem hing einer seiner Hemdzipfel aus der Hose, was vorher unter dem Sakko kaschiert gewesen war. Und auf der ansonsten tadellos zum Anzug passenden Klubkrawatte in Grau und Blau waren unansehnliche Bratenspritzer zwischen den Streifen gelandet. Weil ich wusste, dass ich ansonsten nicht aufhören können würde, auf die Flecken zu starren, aber unbedingt vermeiden wollte, Herrn Fant zu kompromittieren, indem er bald meinem Blick folgen, die Malaise selbst entdecken und mich sofort dafür verachten würde, dass ich ihn nicht früher darauf hingewiesen hätte, zwang ich meine Augen einfach gleich, sich im Rest des Zimmers umzusehen.

Aber der Schock, den ich dadurch erlitt, war fast noch größer. Er wurde allerdings nicht von einem besonders unansehnlichen Objekt ausgelöst, sondern durch die Abwesenheit dessen, auf was ich mich wie nichts sonst gefreut und voller Vorfreude erwartet hatte: Bücher. Ich sah im gesamten Raum kein einziges Buch. Der *Horror Vacui*, der mich befiel, war so fundamental, dass ich mich einfach auf einen der Stühle setzte, obwohl Herr Fant ihn mir noch nicht einmal angeboten hatte, weil die innere Unruhe, die sich in mir auszubreiten begann, jäh zu einem so üblen Schwindelanfall geführt hatte, dass ich unmittelbar Angst bekam, ihn nicht mehr kontrollieren zu können. Ich war noch nicht einmal fünf Minuten in seinem Haus, schon war der nächste *faux pas* passiert: Ich musste wohl beim unaufgeforderten Hinsetzen, ohne dass ich es bemerkt hatte, an meine bereits gefüllte Teetasse gestoßen sein, jedenfalls breitete sich eine unbestimmte Feuchtigkeit vom Ärmel auf meine Hose unter dem Tisch aus, was ich sofort mit der daneben bereitliegenden Serviette zu kaschieren suchte.

Als ich gerade etwas zu meiner Entschuldigung sagen wollte, wurde mir beim Aufblicken bewusst, dass ich völlig allein im Raum war. Herr Fant musste während der unendlich scheinenden Momente meines Zusammenbruchs wieder in der Dampfhölle des Flurs verschwunden sein, wahrscheinlich um den Kuchen zu holen, der noch fehlte, was mir auffiel, als ich versuchte, die kostbare Tischdecke aus geklöppelten Spitzen mit der Serviette zu retten, was halbwegs gelang, weil der Tee, der aus der Tasse gelaufen war, fast durchsichtig schien und wohl noch nicht gezogen hatte oder einfach nur zu dünn war, um Spuren zu hinterlassen.

Überhaupt war alles im Zimmer weiß oder eierschalenfarben, die seltsam barock anmutende Anrichte mit Glastüren, in deren Regalen kleine Porzellanfiguren drapiert waren, die Couchgarnitur, die im gemütlichen Landhausstil gehalten war, die Holzstühle am Tisch mit ihren ovalen Rückenlehnen, die wie geschorene Schafwolle wirkende Auslegeware, selbst die Wände waren weiß. Und das einzige Bild an der Wand war eine Reproduktion von Leonardo da Vincis *Dame mit dem Hermelin*, auf dem ja wenigstens der Hermelin weiß war, ein wirklich gutes Gemälde, zweifellos, aber verzerrt durch einen üppigst dekorierten und überbordenden glänzenden Goldrahmen, der beim Original im Museum nie stören würde, aber bei einer Kopie wie dieser völlig deplatziert wirkte. Das Gemälde von da Vinci war eine meiner Lieblingsfolgen der Serie gewesen, weil die zehn Fehler so subtil versteckt gewesen waren, dass ich sie mir nicht merken konnte und jedes Mal, wenn ich von Neuem versuchte, das Rätsel zu lösen, buchstäblich wieder von vorne anfangen musste. Einmal fiel mir nur die kleinste Kralle der Hermelinpfote auf, die fehlte, beim nächsten Mal kam ich nach minutenlangem Starren lediglich zu einem hinzugefügten schwarzen Schlaufenende beim Muster des Kleides.

Als ich es jetzt nach so langer Zeit endlich wieder einmal genau betrachten konnte, fiel mir bestürzt auf, dass Frau Hügel der dargestellten Mätresse wie aus dem Gesicht geschnitten war. In meiner augenblicklichen Verwirrung begann ich sofort, mir ein heimliches Verhältnis von Herrn Fant mit Frau Hügel in der Schule vorzustellen, und wie es der einzig gangbare Weg für ihn war, diese unmögliche Liebe in irgendeiner Form in sein Haus zu integrieren, indem er die *Dame mit dem Hermelin* im Wohnzimmer anschmachten konnte, ohne von seiner Frau dabei verdächtigt zu werden. Es ging mir mit Frau Hügel auf dem Gemälde wie mit diesen changierenden Trickbildern, auf denen, je nachdem, von welcher Perspektive man sie zu betrachten beginnt, immer entweder die Ente zu sehen ist und nicht die alte Frau oder umgekehrt. Ich konnte nicht mehr Cecilia Gallerani, sondern nur noch Frau Hügel sehen, ihre schmalen rosigen Lippen, das leicht forsch nach vorne geschobene Kinn, ihren unbestimmt verträumten, wenngleich direkten Blick in die Ferne, mit dem sie im Kunstraum immer aus dem Fenster zu sehen pflegte. Die beschützend elegante Geste ihrer feingliedrigen Hand, wenn sie ein Objekt im Unterricht anfasste, um es uns zu demonstrieren. Die römisch gerade ohne Beuge aus der Stirn wachsende edle Nase, die wie mit dem Zirkel aus Sinus- und Cosinuskurve harmonisch ausgeschnittenen Mandelaugen und die sanft abfallende Linie ihrer Schulterpartie.

Nur weil Herr Fant deutlich vernehmbar das Wohnzimmer betrat, schüttelte ich wie bei einem Anfall von Frost den Kopf, um mich von dem Bildnis zu lösen. Am Ende hatte Herr Fant mit all dem nichts zu tun, und ich hatte mich, ohne mir darüber im Klaren zu sein, ausgerechnet in diesem Moment in die unnahbare Frau Hügel auf dem Bild schockverliebt und diese erschütternde Wahrheit zu allem Überfluss in dem ungünstigsten aller Momente festgestellt, im Haus von Herrn Fant unmittelbar vor der wichtigen Besprechung meiner Abiturthemen.

Herr Fant kam überglücklich grinsend, auch ein Gesichtsausdruck, den ich nie zuvor an ihm gesehen hatte, mit zwei Tellern an den Tisch und gab mir zu verstehen, ich möge ihm einen abnehmen. Zum Glück stand ich inzwischen wieder, und er konnte mir, als ob das nun der zweite Anlauf zu einer mehrteiligen Versuchsanordnung sein würde, den Stuhl anbieten, auf den ich ja schon einmal so unglücklich dahingesunken war, obwohl ich mir inzwischen nicht mehr sicher war, ob er das überhaupt mitbekommen hatte, weil er ganz selbstverständlich tat, als böte er mir den Stuhl zum ersten Mal überfreundlich an.

»Oh, ich habe völlig vergessen, Ihnen Tee einzuschenken, wie ich gerade bemerke, seien Sie doch so gut und verzeihen Sie mir! Wissen Sie, es ist so eine große Freude, Sie heute einmal außerhalb des Unterrichts zu sehen, und ich habe mir gedacht, wenn ich mich nicht ganz irre, dass Sie die schönen Dinge im Leben schätzen und zu genießen wissen, habe ich recht?«

Ich verzog den Mund, der immer noch ganz baff von der Erkenntnis bezüglich Frau Hügel als neuer Herzdame fast offen stand, zu einem übertriebenen Grinsen und nickte ihm zu. »Ja, ganz gewiss, da haben Sie völlig recht!«

Er fischte nun einen kleinen durchsichtigen Beutel mit weißlich grünen Blättern aus seiner Sakkotasche und hielt ihn gegen das Licht. »Wissen Sie, ich bin prinzipiell bescheiden als Mensch und habe abgesehen von meinen schönen Büchern nur sehr wenig, was mich im Leben wirklich nachhaltig begeistert und fasziniert.«

Als das Wort »Bücher« erklang, zuckte ich zusammen, als habe er ein lange nicht gebrauchtes Reizwort verwendet, auf das ich in keinem Fall reagieren durfte, weil dadurch die Gaukelei seiner nicht vorhandenen Bibliothek augenblicklich auffliegen und Fant sich in ein Alkoholmonster verwandeln würde, das die Schule in Schutt und Asche zu zerlegen drohte, um mich darunter zu begraben, was dann aber auch nicht weiter tragisch wäre, weil mein Leben wegen all dem ohnehin jeglichen Wert und Sinn verloren gehabt hätte.

13

Die unsichtbare Hand

»Haben Sie schon mal von dem legendären *Ceylon Virgin White Tea* gehört? Nein? Grämen Sie sich nicht, mir ging es genauso, als wir letztes Jahr auf Sri Lanka waren, um die schlimme Hauterkrankung meiner Frau beim Ayurveda zu heilen. Was mich dort begeistert hat, war aber nicht nur, *dass* man sie tatsächlich geheilt hat, sondern *wie*. Es war ja so, ich muss das wenigstens in aller Kürze erklären, dass sich ihre Haut an allen möglichen Stellen ihres Körpers von einem Tag auf den anderen abzulösen begann. Man hatte den Eindruck, als würde die Haut einfach schrumpfen, sodass die Gesamtoberfläche dieses kostbarsten unserer Organe bald nicht mehr ausreichen würde, um ihren Körper zu bedecken, und das in täglich fatalerem Maße.

Am Anfang hieß es, die Umwelteinflüsse, Klimaallergie, wegen der trockeneren Sommer würde die Haut in Mitleidenschaft gezogen, weil unsere Generation von Geburt aus einfach an mehr Feuchtigkeit in der Atmosphäre gewohnt gewesen sei; ein anderer Arzt schob es auf irgendwas im Essen, Enzyme, die ihr fehlten, um Zellen nachzubilden, oder so ähnlich. Die am weitesten gehende These war von einem Esoteriker, den wir, weil wir eben nichts unversucht lassen wollten, am Ende auch noch konsultiert haben, der Elenis Disintegrationsprozess auf sogenannte *karmische Schwingungen* zurückführen wollte, die angeblich hier in dem Haus, das wir ja gerade erst mithilfe der Bank und mehr Glück als Verstand zum Kauf finanziert bekommen hatten, vorhanden seien. Diese Schwingungen seien bis ins Mark verdorbenen Vormietern geschuldet, über die uns die Bank, von der wir das Haus gekauft hatten, selbstverständlich nicht die geringste Auskunft geben wollte.

Was ich bis heute an der Geschichte nicht verstanden habe, ist die Frage, ob es sich bei diesen Leuten einfach nur um grundschlechte Menschen handelte, die nichts Gutes im Sinn haben und fortlaufend anderen Menschen um sie herum Schaden zufügten und so ihre Wohnung mit diesen bösen karmischen Energien aufladen konnten. Also unser Haus im Prinzip mit ihrer schlechten Gesinnung verseucht haben, weil diese seelischen Aerosole auch dann noch in den Orten, an denen sie viel Zeit verbracht haben, umherwabern, wenn diese Art von teuflischem Gesocks schon längst auf ihrer universalen Verwüstungsmission weitergezogen war und anderswo ihr karmisches Unheil trieb. Oder ob die Menschen tatsächlich hier im Wohnzimmer oder anderswo im Haus etwas Furchtbares angestellt haben mussten, das über ihre bloße Präsenz hinausging, damit es zur Verbreitung und dem dauerhaften Einnisten dieser, ja, wie soll man sie nennen, Unglücksradiowellen kommen konnte.

Der Esoteriker war eine ganz prominente Koryphäe in seinem Fach, wissen Sie, einer dieser Gurus, mit denen man in den peruanischen Urwald fährt, um dieses Erkenntnisgift zu nehmen, Ayuahasca, oder wie es heißt. Er wollte uns jedenfalls auch so eine Tour anempfehlen, einfach nur um sicherzugehen, ob die *karmischen Energien* nicht doch am Ende von uns selbst stammten, von irgendwelchen Dingen, die wir auf uns geladen haben, ohne sie zu erinnern, weil sie eben aus einem vormaligen Leben stammten, das wir jetzt leider auszubaden hätten, auf Gedeih und Verderb. Da diese abenteuerliche Reise in den Dschungel und unsere Vergangenheit aber ungefähr ein halbes Jahresgehalt verschlungen hätte, haben wir uns dagegen entschieden. Auch sein alternatives Angebot, das bald nach der abgesagten Peru-Fahrt per Post kam, *karmic healing ceremony* mit anschließendem *Reiki* für alle Beteiligten hier im Haus, ein Happening-Wochenende mit echtem Schamanen samt Würgekräutern und allem Drum und Dran, war uns letztendlich zu kostspielig und fragwürdig.

Zum Glück saß meine Frau kurze Zeit darauf im Wartezimmer unseres Hausarztes neben einem Singhalesen, der mit ihr ins Gespräch kam über ihr Krankheitsbild und bei ihrer Schilderung der Symptome sofort sagte: ›It's a case for virgin white tea!‹ Er hat uns auch gleich die Adresse der Gesundheitsfarm verraten, die ein Neffe seiner ältesten Cousine betreibt. Wir haben sofort den Flug nach Colombo gebucht, das war vor einem halben Jahr. Und meine Güte, Sie haben ja meine Frau eben gesehen, das blühende Leben, beschwerdefrei seit Januar.«

In der Zwischenzeit war ich sehr durstig geworden, weil Herr Fant über seiner Leidensgeschichte vergessen hatte, dass ich ja nichts mehr oder, für ihn, noch nichts in der Tasse hatte. Er stutzte in seinem Monolog, als ich aus Versehen mit der Gabel bei dem Versuch, sie gerade neben den Tellerrand zu legen, an die Untertasse gekommen war.

»Sie Armer, meine Güte, wie recht Sie haben, wir haben ja noch gar nichts gegessen. Den Zitronenkuchen hat meine Frau extra für Sie gebacken, wobei sie völlig ihren Römertopf mit den Schweinsknöcheln vergessen hat, da sehen Sie, was dabei herauskommt, wenn man mit seinen Gedanken woanders ist. Wo war ich stehen geblieben? Guten Appetit, lassen Sie es sich schmecken. Und genießen Sie bitte weiter von dem Tee, dessen Geschichte ich Ihnen gerade erzähle.«

Nun goss er aus der unglaublich flachen und eleganten Kanne in meine Tasse, wobei mir erneut die fast durchsichtige Farbe des Tees auffiel.

»Es gibt verschiedene Theorien, wie lang man ihn ziehen lässt. Die erste Tasse hatte ich mit den Blättern ausgeschenkt und fünf Minuten stehen lassen, bevor ich sie herausgenommen habe, als Sie gerade ankamen. Aber die haben Sie ja anscheinend schon genossen, wie ich sehe. Nun folgt der zweite Aufguss: Sieben Minuten, wohl bekomm's!«

Schon die ganze Zeit ruhte seine linke Hand auf dem Plastikbeutel mit den Teeblättern, der neben dem Kuchenteller auf dem Tisch lag, während er mit der rechten abwechselnd die Teetasse und die Kuchengabel bediente, was mich extrem irritierte, weil so der Eindruck entstand, als sei sein linker Arm gelähmt und er tue bloß so, als müsse er mit der Hand einen Schatz hüten, der seiner Frau ja immerhin das Leben gerettet zu haben schien. Aber wahrscheinlich war es nur meine Überforderung mit der Situation und dem Trauma der Krankengeschichte, die meine Gedanken in diese Richtung lenkte, und ich beschloss, mich nicht weiter davon stören zu lassen.

»Jedenfalls kommen wir also da an, und ich erwarte Hochland und Teeplantagen, aber Pustekuchen. Die Farm liegt nahezu am Indischen Ozean! Knapp über einen Kilometer von der Küste entfernt, war unser Quartier umgeben von tropischer Fauna und Flora, Palmen und im Schatten von all den Gewächsen: die Teebüsche. Es lag ein Hauch von Zimt in der Luft, zur Begrüßung gab es *Sweet Lime* von einer reizenden Kellnerin im weißen Sari, wie überhaupt auf dem ganzen Gelände alles anscheinend dem Thema des jungfräulichen Tees angepasst war.

In dieser Oase des Wohlgeruchs und der linden Luft ging ein leichter Wind vom Ozean her, schon dieses ununterbrochene leise Gesäusel der Palmwedel beruhigte meine Nerven so effektiv, dass ich in dem bequemen Baststuhl vor dem luftig gestalteten weißen Bambusholzquader bald einschlief und so fast die Plantagentour zur Einstimmung verpasst hätte. Aber eben nur fast, denn was ich dann sah, war eine Augenweide, die einen sofort jegliche industrielle Produktion für immer verwerfen ließ: die wahrscheinlich hübschesten Gärtnerinnen, die ich je in meinem Leben zu Gesicht bekam, begannen vor mir in der stetig abnehmenden Nachmittagssonne ihr Werk: Ich weiß nicht, ob es die Kopftücher waren, die ihre Gesichter so apart rahmten, in etwa so wie hier durch Frisur und Haarbänder die *Dame mit dem Hermelin*, jedenfalls diese Andacht im Blick, als sie ihre weißen Stoffhandschuhe anlegten, als handele es sich um die Verkehrspolizei eines vornehmen Fürstenstaats, um mit den kostbar wie Manikürutensilien eines Regenten aus Silber gestalteten winzigen Nagelscheren ihre vollendete Erntekunst vorzuführen.

Kein Blatt des *Virgin White Tea* berührt je eine Hand, und selbst die Teehandschuhe greifen nur den Stiel und lassen dann das unschuldige Blatt direkt in eine dafür bereitgestellte Porzellanschale herabfallen. Wissen Sie, es liegt daran, dass die körpereigenen Öle natürlich ein Aroma verströmen, und das hinterlässt, nicht nur von den allerempfindlichsten Nasen zu wittern, seine Spuren, und selten von Vorteil, wie Sie sich vorstellen können, wenn Sie jemals in die missliche Lage gekommen sind, einen Handkuss auf eine Schweißhand zu geben.

In den Hochplateaus von Ceylon und Darjeeling bringt ein Teepflücker im Durchschnitt um die 20 Kilogramm zurück aus der Plantage. Hier sprechen wir von ein paar Gramm. Nun ist es ja so, dass sie generell überall in Sri Lanka guten Tee trinken können, und an jeder Ecke klärt ein

Schild darüber auf, warum Tee so gut für uns ist. Er stimuliert das zentrale Nervensystem in ungeahnter Weise, erhöht die Konzentrationsfähigkeit und verschafft Abhilfe gegen Schwindel und Müdigkeit. Er kennt keine Kalorien, keine Konservierungs- oder Farbstoffe, ist absolut und hundertprozentig aus der Natur gewonnen. Weil Tee Antioxidantien und andere Gesundmacher enthält, reduziert er nicht nur entschieden das Risiko von Herzkrankheiten, Schlaganfällen und Krebs, sondern zeigt uns in seiner Reinheit und Güte den Weg zum Glückszustand eines vollauf gesunden Lebens. Was schmecken Sie hervor?«

Ich war über seine begeisterte Tee-Hymne buchstäblich in eine Art Hypnose verfallen, nahm mich aber auf der Stelle zusammen und schlürfte erneut leise einen kleinen Schluck. »Er schmeckt sehr leicht, mild und edel. Blumig, eine kleine Nuance Zitrone und etwas Süßes, das ich nicht genau identifizieren kann.«

Er lachte triumphierend auf: »Ha, ausgezeichnet, Ihre Geschmackssinne haben Sie jedenfalls beieinander. Ich verrate Ihnen das süße Geheimnis: *Am-bro-si-a*. Es ist Honig, den Sie da entdeckt haben neben allem anderen auch. Deswegen ist *Virgin White Tea* auch der einzige Tee, der keinen Kandis braucht, sich also im Grunde völlig selbst genügt. Sensationell, oder? Irgendein Scheich hat mal in einem Genfer Labor die Probe auf das Exempel gemacht: Elf, in Worten eins eins Prozent Antioxidantien. Kein Wunder, dass er auch als Heilmittel eingesetzt wird, wenngleich eines der teuersten. Wir unterhalten uns hier über einen Preis von umgerechnet 1500 Euro pro Kilogramm, und weil die Produktion dazu streng limitiert ist, um Exklusivität und Reinheit zu schützen, dürfen nur 15 Kilo im Monat geerntet werden. Sie sehen, obwohl er so teuer ist, kommt am Ende keine gigantische Summe zusammen. Deswegen verwendet Herr

Ganendra den Tee eben auch als Therapeutikum für die Haut. Und wissen Sie, wie er das macht? Er gewinnt in einem strikt geheim gehaltenen, völlig natürlichen Verfahren eine weiße Paste daraus, die wie Ölfarbe aus einer speziellen Tube auf die kranke Haut aufgetragen wird. Der Tee-Therapeut spachtelt dann das, wie habe ich es immer genannt, *Deckweiß* auf, als wäre die überempfindliche Haut der Patienten seine Leinwand und er selbst ein geläuterter Gericault des Äquators. Dann liegt man auf dem Teeblätterbett in der Teemaske 24 Stunden so regungslos wie möglich, bis sie ihren endgültigen Festigungsgrad erreicht hat und wie eine Gipsfigur vom Körper abgehoben wird. Danach folgen reinigende Waschungen mit verschiedenen milden Tinkturen, die aber alle auf Basis des Weißen Tees hergestellt sind. Die Prozedur wird exakt zwei Mal vollzogen, dann folgt, was sie in leichter Abwandlung nicht Genesung nennen, sondern hochtrabend *Genesis*.

Na ja. Der Erfolg gibt ihnen mehr als recht. Für jeden Patienten wird, als handele es sich hier um einen luxuriösen Schuhmacher, ein *Gesundheitsprofil* erstellt, das ich eher als *Gesundheitsleisten* bezeichnen würde, da es sich um die gehärteten Teepastenabgüsse handelt, in denen sich auf der Innenseite alles, was an der Haut ungesund war, angesammelt hat, weil der jungfräuliche weiße Tee kraft seiner unglaublichen Reinheit eine Anziehungskraft für das Schlechte im Körper besitzt wie Engel, die aus genau dem gleichen Grund oftmals zu Magneten für das Böse um sich herum werden und daher immer eine lästige Bande von Teufeln um sich geschart haben, ob sie es nun gut finden oder auch nicht.«

Alles, ja alles Mögliche hatte ich mir von meinem Besuch bei Fant erhofft oder erwünscht, aber das, was er mir in seiner Rede offenbart hatte, sprengte sämtliche Kategorien meiner

Vorstellungskraft. Ich wusste gar nicht, was ich sagen sollte, fand auch keine Worte, die irgendwie den weiten Weg aus Ceylon zu meiner Abiturprüfung über Goethes *Faust* antreten hätten können, daher behalf ich mir mit einer Verlegenheitslösung und kam auf Literatur in Bezug auf Sri Lanka zu sprechen.

»Hat nicht Michael Ondaatje einen berühmten Roman geschrieben, der auch auf Ceylon spielt, in dem es um komplizierte Verwandtschaften und biografische Verwerfungen geht?«

Herr Fant hob zum ersten Mal seit Beginn des Gesprächs seine linke Hand wieder und schlug zärtlich, aber bestimmt, auf den Teebeutel. »Genau, da ist er ja, mein Meisterschüler und sein absolut brillantes Koordinatensystem der Bezüge. *Running in the Family*. Nicht mehr und nicht weniger. Wir alle, Generation um Generation, sind ja letzten Endes nur Staffelträger unserer Vorfahren, alles, was wir tun und lassen, *liegt in der Familie*, an der Familie, wir entkommen ihr nie, ob als wütende Rebellen gegen sie oder blinde Folgeleister der Fehler, die andere schon vor uns machen durften. *Biste für biste gegen*. Michael Ondaatje! Den Band habe ich bestimmt noch in meiner Bibliothek, wollen Sie mir kurz suchen helfen?«

Das eigentliche Ziel meines Besuches war, obwohl ich es kaum fassen konnte, durch eine unerwartete Wendung in greifbare Nähe gerückt, und so folgte ich Herrn Fant in den Flur, wo sich der Dampfnebel inzwischen gelichtet hatte. Nur ging es nicht geradeaus in das erwartete Bücherzimmer, sondern um die Ecke zu einer Seitentür, hinter der ich Bad und Toilette vermutete. Erst als er sie öffnete, wurde mir anhand der Treppe klar: Es ging in den Keller, in jeder Hinsicht.

Bereits auf der Steintreppe roch es leicht modrig und

feucht, eine Schreckensvorstellung angesichts der Bücher, zu denen wir unterwegs waren. Mit jedem Schritt abwärts sah ich Seite um Seite sich klamm kräuseln, dazwischen huschten Silberfischchen hervor, wenn man das Buch aufklappte. In meinen Gedanken hörte ich die Stimme eines Jungen, der im Schein einer Taschenlampe flüsterte: *Die Zeit läuft ab, die Augen funkeln, das Krokodil führt dich hinab, mein Geheimnis liegt im Dunkeln.* Das Wort *Stockfleckig* dröhnte in meinem inneren Ohr, so mannigfaltig wie die Formen der Schneeflocke zuckten Schimmelpilze zwischen meinen Augenlidern, kurz vor der letzten Stufe hörte ich, wie von fern Herr Fant mich zu sich rief.

»Kommen Sie, hier an der Erdwärmepumpe vorbei, bitte stoßen Sie sich nicht an dem Bügel, das ist alles suboptimal installiert.« Wir mussten einmal um die ganze Pumpe herumlaufen, weil ihre Rückseite beinahe über die volle Länge des Hauses das Kellerloch und, in Bücher gebunden, dessen Aufzeichnungen enthielt.

14

Bunker Archäologie

Der Raum war »quadratisch, praktisch, gut«, wie Herr Fant es erklärte. Ich habe keine Erklärung dafür, warum ich das nicht auf Anhieb als gelungenen Scherz verstand. Denn es war ja tatsächlich in ihm all das versammelt, was ich mir erträumt hatte, nur in völlig anderer Form. Weil Herr Fant »zu meinem eigenen Leidwesen« in dem Quader nie Gäste empfing, gab es genau in der Mitte nur einen Lesesessel, der mit einer aufgeschlagenen Decke versehen war, die aus dem gleichen Stoff gewebt schien wie seine berüchtigten Kamelhaaranzüge, jedenfalls war sie in demselben Farbton gehalten, eine Art etwas zu dunkel geratener Milchkaffee.

»Ich habe versucht, aus der Not eine Tugend zu machen und alles getan, damit wenigstens die klimatischen Bedingungen zur Aufbewahrung von Büchern optimal sind. Sehen Sie hier, von diesem Paneel aus kann ich Temperatur, Luftfeuchtigkeit und Belüftung kontrollieren.«

In dem Sessel, der mich von fern an einen alten Flugzeugsitz der Ersten Klasse erinnerte, wie man sie auf Technikflohmärkten sah, die in letzter Zeit überall aus dem Nichts aufzutauchen schienen, entfaltete sich aus der Lehne mit Knopfdruck ein kleines Klapptischchen, dessen Furnierimitat nach einer Wischbewegung von Herr Fants Hand zur Seite wegsurrte, was darunter eine Kontrollarmatur zum Vorschein kommen ließ. Sie sah aus, als habe man die zittrigen

Geräte, wie sie in den Ecken von Museumsräumen standen, mit dem Display einer historischen Hi-Fi-Anlage von Marantz oder Dual gekreuzt. Es gab sogar die entsprechenden Regler, Drehknöpfe und stecknadelkopfgroße Leuchtdioden in Grün, Gelb und Rot, die, so Herr Fant, zur Warnung für den Fall dienten, dass einer der drei Parameter die Grenzwerte zur optimalen Klimatisierung über- oder unterschritt, was natürlich so gut wie nie passierte, wie er nachdrücklich versicherte. Kurz nachdem er die Tür hinter uns geschlossen hatte, deren Rückseite ebenfalls mit einem Regal versehen war, sodass wir nun tatsächlich nach allen vier Seiten ausschließlich von Büchern umstellt waren, merkte ich, wie die Luft angenehm kühl und trocken zugleich wurde, wie an einem klaren Herbsttag unter Hochdruckeinfluss im Gebirge. Ich konnte meiner Begeisterung kaum Herr werden, weil das, was ich hier sah, völlig anders war als erwartet, nur nicht enttäuschend, wie ich bis dahin fälschlicherweise gedacht hatte, sondern viel besser, als hätten die Götter ihre Hände im Spiel gehabt.

Kaum hatte ich das angenehm warme Licht wahrgenommen, das nicht wie die leider mittlerweile obligatorischen LED-Leuchten erst zu matt und dann zu grell strahlte, sondern dem Auge schmeichelte, während es zugleich ermöglichte, deutlich und klar die Buchrücken zu entziffern, lieferte Herr Fant mir auch schon die Erklärung: »Das letzte Leid eines jeden Bücherwurms habe ich mir ebenfalls gegönnt zu eliminieren: Wer hat sich nicht schon einmal maßlos darüber aufgeregt, dass die herrlich leuchtenden Buchrücken der *Edition Suhrkamp* in ihren Regenbogenfarben spätestens nach ein paar Jahren in den Bibliotheken unansehnlich zu verblassen beginnen, weil das Tageslicht seine fatale ultraviolette Waffengewalt gnadenlos zum Einsatz bringt? Hier ist die Gefahr der, wie heißt es so unschön,

Vergilbung, dank eines speziellen Lichtfilters, den ein schlauer Techniker in Zusammenarbeit mit einem Hautarzt auf der Suche nach einer wirksamen Eindämmung des Alterungsprozesses unter Lichteinfluss entwickelt hat, gleich null. Die Leuchtmittel wurden zunächst in sogenannten *Lichtkuren* zum Einsatz gebracht, die der Hautarzt ausgewählten Privatpatienten anbot, um die verbraucht aussehende Haut einem Regenerationsprozess zu unterziehen, weil die Gesetzlichen da immer skeptisch sind und nur bezuschussen, was die Schulmedizin schon seit Jahren als *unserer Gesundheit zuträglich* bestätigt hat. Der Techniker, der die Anlage hier selbst eingebaut hat, war völlig begeistert von den Resultaten des Hautarztes. Das war auch der Grund, warum ich auf *Lumineu,* so haben sie das Produkt schließlich benannt, gesetzt habe, als wir damals geheilt aus Sri Lanka zurückgekommen waren. Weil wir alles tun wollten, um zu vermeiden, dass sich die Haut von Eleni jemals wieder vornehm zurückzieht, legt sie sich jeden Abend eine Stunde in den Sessel wie auf eine Sonnenbank und lässt sich von *Lumineu* bestrahlen. Um Verkühlungen zu vermeiden, fahren wir die Raumtemperatur natürlich angenehmstens hoch.«

Die Vorstellung, seine Frau sich allabendlich nackt mitten auf dem Lesefauteuil rekeln zu sehen, verstörte mich zutiefst. Plötzlich fühlte ich eine unangenehme Intimität im Raum, weil Herr Fant diese, wie ich fand, völlig überflüssige und indiskrete Information mit mir geteilt hatte. Natürlich war es nur allzu verständlich, dass er die Erleichterung über die Genesung seiner Frau von einer zunächst als unheilbar klassifizierten, völlig neuartigen Krankheit mit mir teilen wollte, was ja vor allem großes Vertrauen voraussetzte, das er anscheinend zu mir gefasst haben musste. Aber wer so ungebeten zum Dritten gemacht wird, nur weil die anderen zwei gelitten haben, hat wenigstens das Recht, sich weitere Distanzlosigkeiten vom Hals halten zu wollen.

Daher beschloss ich, sofort das Wort zu ergreifen, um auf meine bevorstehende Abiturprüfung zu sprechen zu kommen. Aber wann immer ich mit meinem Blick den Lesesessel streifte, materialisierte sich darin wie in einer Retro-Science-Fiction-Serie Herr Fants nackte Frau, drehte mir den Kopf zu und strich sich mit einem Augenzwinkern erneut wie bei unserer Begrüßung vor der Tür eine dünne Strähne ihres Haares aus dem Gesicht, wobei ihr Körper noch dazu außerordentlich attraktiv war. Ich verlor, bevor ich auch nur irgendetwas gesagt hatte, den Faden und hatte im Nu vergessen, was ich eigentlich sagen wollte. Deswegen besah ich mir zur Ablenkung endlich die Bücher an den Wänden, was aber zum gegenteiligen Effekt führte und meinen ohnedies überreizten Zustand noch steigerte.

Ich sah zunächst an die Decke, um zu schauen, wie die Lampen aussahen, die ein derart heilendes und ästhetisch stimulierendes Licht verstrahlten. Aber erstaunt stellte ich fest, dass die gesamte Decke aus einem unbestimmbaren Hintergrund her leuchtete, wie man es von Raumfahrtszenen aus dem experimentellen Film kennt. Also sah ich lieber zurück auf die Bücher. Zunächst versuchte ich, die Ordnung zu erkennen, nach der er seine Bibliothek aufgebaut hatte, aber bis auf einige wie kräftige Farbstriche gesetzte Gesamtausgaben, unter denen mir nur sofort die grasgrüne dtv-Artemis-Gedenkausgabe von Goethe auffiel, weil ich gerade wegen der *Faust*-Prüfung selbst mit ihrer Anschaffung geliebäugelt hatte, erschloss sich das Geheimnis der Buchrücken nur nach und nach.

Ich hatte mir angewöhnt, bei einem Spezialisten für Antiquarisches in der Altstadt zu suchen, der auch ab und zu wohlfeile Neuausgaben führte, bei denen zum Glück die

Preisbindung aufgehoben war. Aber der Stempel, mit dem sie quer über die Unterseite versehen waren, störte mich enorm wegen des hässlichen Wortes. Ich hatte immer das ungute Gefühl, der Umstand, dass sie als *Mängelexemplar* gekennzeichnet waren, färbe in Folgerichtigkeit nicht nur unweigerlich versteckt auf den Inhalt, sondern irgendwann auch auf den Leser selbst ab, also mich. Der Antiquar, der immer mit einem Kreuzworträtsel auf einem Sessel in der Ecke seiner Buchhandlung saß, teilte meine Abneigung jedenfalls. Herr Weiss, so sein Name, hatte meinen Kauf einer solchen Sonderausgabe, ich meine, es handelte sich um den *Zauberberg* von Thomas Mann, sichtlich pikiert kommentiert, während er das Buch von unten betrachtete.

»Die einzig feststellbaren *Mängel* an jenem wunderbaren *Exemplar* sind die Barbaren, die ihm diesen Stempel aufgedrückt haben. Früher genügte dem Buchhandel ein eleganter Strich auf dem Unterschnitt, der mit etwas Fantasie sogar als Satzzeichen gedeutet werden konnte, das sich klammheimlich aus dem Text weggestohlen hat. Aber so ist unsere gegenwärtige Kultur eben. Überall muss sie ihre hässlichen Spuren hinterlassen. Dabei käme es eher darauf an, sie zu verwischen oder ganz verschwinden lassen. *Darüber* müsste jemand mal ein Buch schreiben. Aber was rede ich? Lesen Sie! Lassen Sie sich verzaubern von diesem einzigartigen Berg und nicht von meinem Geschwätz irritieren!«

Da die Gesamtausgaben in Herrn Fants Bibliothek an unterschiedlichen Stellen des Regals platziert waren, hatte ich den Eindruck, dass sie wie die Blockstangen beim Spiel *Tetris* von oben aus der Decke gefallen waren, weil es unter ihnen nicht mehr weiterging. Ich erkannte die blassblutrote Marmorierung der Insel-Ausgabe von Marcel Prousts *Suche nach der verlorenen Zeit*, die 41 Bände der meerblauen Diogenes-Edition der *Menschlichen Komödie* von Balzac und die sonnengelben *Gesammelten Werke* von Hugo von Hofmannsthal beim S. Fischer Verlag. Dazwischen standen, soweit ich die Buchrücken aus der Mitte des Raums, wo ich stehen geblieben war, um nicht zu neugierig zu wirken, entziffern konnte, unzählige andere Bände in loser Abfolge und ohne historische Chronologie. Manchmal hatte er sich allem Anschein nach dazu hinreißen lassen, einige Bücher aus derselben Reihe von völlig verschiedenen Autoren beieinanderstehen zu lassen, vielleicht ja, weil er sie dann auf Anhieb finden konnte. Oder einfach nur, weil sie besonders gut zusammen aussahen.

Ich erkannte aus dem Lateinunterricht die teuren Bände aus der Sammlung Tusculum, zu deren Anschaffung der Lehrer uns vor dem Erreichen des großen Latinums nahezu gezwungen hatte. Die eindringlichen Worte von Oberstudienrat Rabe habe ich bis heute im Ohr: »Es ist eine Auszeichnung, sich im Besitz des *großen Latinums* zu befinden. Schaffen Sie sich doch bitte daher für die Prüfung nicht irgendetwas an, sondern entscheiden sich bei der Ausgabe für die *beste aller möglichen Welten*: die der *Sammlung Tusculum* aus dem Heimeran Verlag, heute bei Artemis & Winkler in Zürich.«

Selbstredend gab es auch noch weitere Werkausgaben in den Reihen von Herrn Fant, nur dass sie nicht sofort ins Auge fielen. Als ob man aus einem vollends beleuchteten Haus in der freien Natur vor die Tür tritt, in die Finsternis einer sternenklaren Nacht eintaucht und sich die Umrisse der Landschaft erst nach einiger Zeit aus dem nebulösen Einerlei der Dunkelheit abzuzeichnen beginnen, traten Kafka, Benn, Trakl und Novalis hervor. Wenn Herr Fant mich nicht aus meinem Entdeckungsfieber gerissen hätte, wäre ich gar nicht mehr aus dem Staunen herausgekommen.

»Wie Sie sehen, sind sie alle hier versammelt, meine besten Freunde, die ich keinen Tag meines Lebens missen möchte. Aber als jene besonders guten Freunde will ich sie auch nicht unentwegt um mich herumhaben, es gehen nämlich die besten Freundschaften daran zugrunde, dass man nicht mehr den nötigen Abstand hat, sich zu nahe tritt und die kleinsten Dinge zu viel Gewicht bekommen. Die Ausgeglichenheit gerät aus den Fugen, und man überwirft sich wegen Nichtigkeiten. Deswegen besuche ich sie regelmäßig, auf dass wir uns gegenseitig nicht aus den Augen verlieren. Aber auch während der Zeit, da wir getrennt sind, ist uns beruhigend klar, dass wir, natürlich nur theoretisch, auch für eine Weile ohneeinander auskommen könnten, was die Seele versöhnlich stimmt.«

Ohne etwas dagegen tun zu können, sah ich seine Dichterfreunde an den Wänden aus ihren Büchern treten und mit Drinks in der Hand herumstehen wie auf einer Cocktail-Party, im anregenden Gespräch begriffen über den eher seltsamen Charakter dieser Buchsoirée, während ganz selbstverständlich im Zentrum des Raums Herrn Fants nackte Frau mit geschlossenen Augen sichtlich entspannt wie das Medium einer Séance auf dem Lichtsessel lag, aber von allen geflissentlich ignoriert, als sei sie eines dieser provokanten Kunsthappenings oder ein skandalöses Gemälde an der Wand, über das sich die Gäste bewusst nicht unterhielten.

Als ich, um irgendetwas zu tun, kurz davor war, mich ungefragt auf dem Sessel niederzulassen, schien es mir, als habe Herr Fant währenddessen meine etwas unkeuschen Gedanken gelesen und drängte mich, aus dem Nichts hastig werdend, zum Aufbruch, um die wahrscheinlich schon lange insgeheim geplante Vertreibung aus dem Leseparadies einzuleiten.

»Wissen Sie, es ist nun doch schon ein wenig später geworden als gedacht, und meine Frau muss gleich noch zu einer

Verabredung, warum gehen wir nicht einfach wieder hinauf zum Tee und den Themen?«

Während er das sagte, bewegte er sich geschickt mit ein, zwei Schritten direkt hinter mich, als wolle er mir im nächsten Moment unter die Arme greifen, um zielsicher jeden direkten Kontakt meines Körpers mit dem Lesefauteuil vor dem Verlassen des Raums zu verhindern, obwohl ich zu gern wenigstens den Stoff der Decke gefühlt hätte. Aber am Ende war das alles Einbildung, oder ich begann wirklich schon herumzuspinnen, sei es wegen dieses irren Lichts oder des erotischen Hokuspokus, den es mit mir anzustellen schien.

Bevor ich mich versehen konnte, standen wir schon wieder draußen vor der Tür, die wie ein Tresor mit gepolstertem Klang ins Schloss fiel. Weil ich es nicht fassen konnte, dass es das nun gewesen sein sollte mit Herrn Fants mythenumrankter Bibliothek, drehte ich mich noch einmal wehmütig um nach ihr, als ob mir dieser letzte Blick, den ich erhaschen konnte, eine gewisse Form von Klarheit verschaffen würde über die irrwitzige Installation, deren unangenehm überwältigende Wirkung ich gerade am eigenen Leib erfahren hatte.

Aber das Einzige, was ich erstaunt bemerkte, war eine verblüffende Fotografie an der Tür, die mir aus unerfindlichen Gründen bei meiner Ankunft in der Bibliothek nicht aufgefallen war. Sie zeigte Herrn Fant bei einem physikalisch fast unmöglich scheinenden Sprung in die Luft. Seine Beine waren in einem Winkel angespannt, der eine Elastizität verriet, die gar nicht zu seiner sonst zur Schau gestellten genuin akademischen Vernachlässigung alles Körperlichen zu passen schien. Die voluminösen Knie waren nach vorne gestreckt, das durch einen Knopf nur lose und gerade noch zusammengehaltene Sakko hob förmlich vom Körper ab, die Spitze seiner Krawatte zeigte waagerecht nach vorn, wobei seine Augen hinter den dicken Brillengläsern des Horngestells geschlossen waren, während sich über dem gesamten Gesicht ein Lächeln abzeichnete, das zu seinen wie zur Erfüllung eines Wunsches geballten Fäusten passte. Ein wissendes Lächeln, von dem nicht klar war, ob es den Moment der Fotografie bedachte, die womöglich in diesem Augenblick durch einen geheimen Auslöseknopf in einer seiner beiden Hände von ihm selbst so inszeniert und aufgenommen wurde, oder der unfassbaren Höhe von mehr als einem Meter über dem Fußboden geschuldet war, in der er wie ein yogischer Flieger schwebte.

Wie konnte das möglich sein? Was war es, das ich nicht erkannt hatte in ihm, wenn er zu solchen sportlichen Glanzleistungen fähig schien?

Als er sich nach mir umdrehte, weil ich wohl einen Moment zu lang stehen geblieben war, folgte er meinem Blick, machte ein diskret schmatzendes Geräusch, eine Art Ts-Ts-Ts mit der Zunge hinter zusammengebissenen Zähnen, und sagte einfach nur: »Lang, lang ist's her«, während er mich mit einer wedelnden Bewegung seiner Hand Richtung Kellertreppe vorwärts winkte. Weil er auf dem Bild einen Vollbart trug, der ihn älter aussehen ließ als er heute wirkte, war ich versucht, seinen Kommentar entweder als Übertreibung oder gleich als glatte Lüge zu verbuchen. Dieser Umstand brachte mein seelisches Gleichgewicht noch mehr ins Schwanken als der verstörende Malstrom an widersprüchlichen Gefühlen, in dem ich mich seit dem Aufenthalt in Dr. Fants geheimem *Buchbunker* befand. Das Wort hatte sich seit dem unerhörten Geräusch, mit dem die Tür zu seinem Refugium zugefallen war, in meinem Kopf festgesetzt, als wollte mir mein Unterbewusstsein mit der Buchstabenfolge den wahren Charakter dieses letzthin unwirtlichen Aufenthaltsortes überdeutlich entschlüsseln. Wer auch immer sich hier als letzte Zuflucht zu verschanzen suchte, musste das Draußen als derart große Gefahr empfinden, dass nur im völligen Ausblenden der Welt jenseits der Buchrücken ein Gefühl von Sicherheit und Schutz vor den Unbilden des Lebens vorstellbar war.

Ich hatte einen Tempel zur Feier der Kultur erwartet und lediglich in die Bewerkstelligung einer kleinen Flucht geblickt: Vermeidung von Drangsal. Im Grunde war es, als ob mein Besuch bei Herrn Dr. Fant nur einem einzigen Zweck dienen sollte: mich vom Gegenteil all dessen zu überzeugen, was ich von ihm hielt, und somit sein Denkmal, das ich selbst für ihn in meinem Herzen errichtet hatte, vom Sockel zu stoßen. Seltsamerweise bewirkte dies zugleich, dass ich ihn, je fremder er mir wurde in seiner ungewohnt neuen Wahrhaftigkeit, umso mehr bewunderte, weil er weitaus verquerer war, als ich es zu träumen gewagt hatte, eigentlich ein völlig abseitiger Kauz, vielleicht der eigensinnigste Mensch, der mir je begegnet war. Seine Einzigartigkeit erfüllte mich mit einer tiefen Bewunderung, ja Ehrfurcht, und ich ging ganz still hinter ihm mit gebeugtem Kopf wie ein Untergebener die steile Treppe hoch.

In der Wohnung hatte sich der Küchennebel gelichtet, und Frau Dr. Fant war gerade dabei, sich im Flur an der Garderobe einen für die Jahreszeit zu schweren braunen Pelzmantel anzulegen. Ihr Mann eilte sogleich neben sie und half ihr etwas umständlich hinein, während er abgewandt, wie ins Off zu mir sprach: »Ach, jetzt haben wir leider gar keine Zeit mehr für die Themen übrig, nicht wahr, aber Sie wissen ja ohnehin schon alles über Ihren *Faust*, unbedingt noch mal der Tragödie zweiten Teil lesen.«

Weil er mit dem Kopf nahezu im Kragen ihres Pelzmantels versank und ich den Blick nicht von dieser seltsamen Szene abwenden konnte, sah ich im Wandspiegel der Ankleide die schmalen Augen seiner Frau, die mich geradezu herausfordernd fixierten, als gälte es, mir insgeheim ein stummes Zeichen zum Stillschweigen zu geben, obwohl mich doch bisher nichts anderes mit ihr verband als meine blühende Fantasie. War ich noch bei meiner Ankunft fest davon überzeugt gewesen, dass ihre stark geröteten Wangen nicht den mitgebrachten Blumen, sondern vor allem der schwülen Dampfküche geschuldet sein mussten, beschlich mich nunmehr der Verdacht, die Erwartung meines schon länger angekündigten Besuchs könnte den eigentlichen Grund für ihre Aufregung dargestellt haben. Wahrscheinlich war sogar das Kochunglück allein ihrer Nervosität zu verdanken, durchfuhr es mich, und ich schloss schnell beide Augen, um nicht weiter ihrem forschen Blick standhalten zu müssen.

Als ich sie gleich darauf wieder öffnete, drehte sie sich gerade hektisch zur Seite weg, wobei ihr glatt geschnittenes dunkles Haar wie ein flugs ausgebreiteter Fächer kurz ihren Kopf verhüllte. Was danach zum Vorschein kam, war so überraschend wie atemberaubend: Sie hatte ein nahezu vollkommenes griechisches Profil, ihre gerade Nase setzte nahtlos den edlen Bogen ihrer ebenmäßigen Stirn fort, der dünn gezogene Strich der Augenbraue fügte sich harmonisch, wie von einem ambitionierten Zeichner erdacht, in das Bild. Einzig und allein die Krone fehlte, und ich hätte an das trügerische Werk eines allein für mich aufgestellten Zauberspiegels geglaubt. Ihr wohnte eine versteckte Vornehmheit inne, die sie über jeden ästhetischen Zweifel erhaben machte, und ich verstand zum ersten Mal vollends, was mein bewunderter Lehrer an ihr fand.

Ich schämte mich für den Hochmut, mit dem ich sie noch bei meiner Ankunft betrachtet haben musste, und war zutiefst entsetzt von der mangelnden Menschenkenntnis, die ich durch meine arrogante Wahrnehmung unter Beweis gestellt hatte, indem ich sie allein als Klischee eines Klischees zu betrachten imstande gewesen war: die überforderte Hausfrau und letztendlich gescheiterte Gastgeberin. Ich musste in diesem Moment ein enorm betrübtes Gesicht gezogen haben, denn Herr Dr. Fant, der, ohne dass ich es bemerkt hatte, die Szene im Vestibül verlassen und nun wieder betreten hatte, stand gütlich grinsend vor mir mit einer Tafel Schokolade in der Hand.

»Das Wichtigste in der Klausur ist aller Erfahrung nach ohnehin die Nervennahrung, und hier dazu meine private Geheimwaffe: *Porzellanschokolade*!«

Er hielt mir die lilafarbene Packung entgegen wie einen gezogenen Colt und zwinkerte kopfnickend mit dem linken Auge, als müsste er eine beiläufig übersehene Äußerung überdeutlich bestätigen, sodass auch der letzte Tor nicht umhinkonnte, es mitzubekommen.

»Ein kleines Zitat unserer Unterhaltung von vorhin, wenn Sie wollen: Während in der Regel der rare *Criollo-Cacao* aus Venezuela unter dem Siegel *Porcelana* firmiert, wegen der hellen glatten Frucht, die der Haptik einer Tasse aus Meissen in nichts nachsteht, zieh ich dieser, wie es protzig heißt, ›teuersten Schokolade der Welt‹ den weißen Kakao aus dem Piura-Tal in Peru vor, auch *Piura Blanco* genannt. Ich habe nach langem Suchen eine Manufaktur gefunden, die ausschließlich mit Bohnen aus diesem vorwiegend von Schmetterlingen bewohnten schattigen Tal arbeitet. Einer meiner Freunde ist Lepidopterologe und aus dem Staunen kaum mehr herausgekommen, als ich ihm die Spezies verriet, die dort zu Hause ist: *Pythonides amaryllis*. Er behauptete, es sei weltweit der einzige Falter, bei dem ihn das Blau der aufgefächerten Unterflügel sogleich an die Farbe eines erleuchteten Kirchenfensters in Chartres denken lasse. Seitdem sehe ich vor meinem inneren Auge nicht mehr die wunderbaren Albino-Kakaobohnen, wenn ich die Schokolade esse, sondern vor allem französische Kathedralgotik in den schrillsten Spektralfarben, hahaha. Wobei selbst das letztendlich Sinn ergibt, weil das allumfassende Gefühl der Dankbarkeit, das sich beim Genuss der Schokolade einstellt, unserer tief empfundenen Ehrfurcht vor den Meisterwerken der gotischen Kirchenbaukunst sehr nahe kommt. Wie heißt es immer so schön? *Ein ganzer, großer Eindruck füllte meine Seele.* Aber ach, was rede ich da, bitte verzeihen Sie, wir müssen ja längst los! Lernen Sie, und teilen Sie sich die Porzellanschokolade nur gut ein, so schnell bekommen Sie etwas Derartiges nicht wieder!«

Ohne dass ich es bemerkt hatte, war Frau Dr. Fant in der Zwischenzeit verschwunden und tauchte plötzlich auf wundersame Weise hinter mir mit meinem ausgebreiteten Mantel in ihren geöffneten Armen auf, sodass ich nur noch weich hineinzuschlüpfen hatte. Als ob wir uns schon ganz lange kennen würden oder wie eine sorgenvolle Mutter, die ihren Sohn auf eine lange Reise verabschiedet, strich sie mir die Schultern glatt, rückte den Kragen zurecht und wischte ein nur für mich unsichtbares Staubkorn vom Saum.

»Wohlan denn nun, auch alles Gute noch von mir, aber nach allem, was mein Mann mir von Ihnen erzählt hat, muss man sich ja um Ihre Prüfung nicht die geringsten Sorgen machen. War nett, Sie endlich einmal kennengelernt zu haben, seien Sie doch bald wieder unser Gast!«

Weil Dr. Fant vorgegangen war und hektisch vom Gartentor winkte, wo ein Taxi auf der Straße stand, eilte ich hinaus in die Dunkelheit, wand mich mit einer tiefen Verbeugung am »Meister« vorbei und lief eher ziellos nach rechts, von wo ich gekommen war. Mit den letzten Worten von Frau Dr. Fant im Ohr begann ich ein längeres Selbstgespräch, das eigentlich nur aus einem einzigen Satz bestand, den ich aufsagte wie ein auswendig gelerntes Gedicht der Kindheit: *Wie kann mich irgendjemand kennen, wenn ich mir nicht einmal selbst bekannt bin.*

15

Die Stunde der Wahrheit

Was ist das Allgemeine? Der einzelne Fall. Warum ich an diesem Morgen vor der Schule, als mich Carl zur folgenschwersten Lüge meines Lebens überredet hatte, unweigerlich an den Nachmittag bei Dr. Fant denken musste, ist mir schleierhaft. Vielleicht war es das diskrete Aroma von Schokolade, das vom Kölnisch Wasser unseres Direktors ausging, aber auch dieses Detail könnte ich nicht wahrheitsgetreu bestätigen.

Ich bemerkte es wohl überhaupt nur, weil ihn die Nachricht von Kirstens Verschwinden so fundamental erschütterte, dass er augenblicklich zu schwitzen begann. Das Bild, auf das er mit der herbeigerufenen Frau Hügel wie gebannt starrte, als ob ihn das der Pflicht entheben würde, etwas sagen oder sofort handeln zu müssen, war absolut perfekt geworden, wie auch nicht anders bei ihr zu erwarten. Die gespielte ernsthafte Sorge, mit der ich dreinblickte, wurde mir bald zu anstrengend, sodass ich mich wie Carl über den kopierten Millais beugte, um ihn genauer anzusehen.

Sie hatte am rechten unteren Rand des Bildes, wo Millais zum Entsetzen seines Malerfreundes William Holman Hunt während der Arbeit an *Ophelia* einmal dabei war, eine Wasserratte in das Bild zu malen, etwas zugefügt, was sich von den dort anstelle des räudigen Tiers schwimmenden Blumenzweigen deutlich absetzte. Wo bei Millais Blütenkelche prangten, hatte Kirsten neben den Zweigen zwei Details ergänzt, die, hatte man sie erst einmal entdeckt, unschwer als Pfauenauge und Muschel zu erkennen waren. Weil diese farblich in dem Blumenmeer, das um Ophelia herumschwamm, nicht weiter auffielen, brauchte ich einige Zeit, um sie überhaupt auszumachen, als wäre das eine der geschickt gestellten Aufgaben aus der Programmzeitschrift meiner Kindheit. Doch es war nicht, wie so manches Mal auf Gemälden seit dem Mittelalter, die berühmte *Fliege des Apelles*, mit der die Künstler frech etwas Wirklichkeit in ihre Malerei einbauten, um das Auge zu täuschen und die Betrachter dazu zu verleiten, auf sie hereinzufallen und die störende Fliege vom Gemälde verjagen zu wollen.

Vielmehr ging es Kirsten nach meinem Verständnis darum, *die* zwei Symbole in dem Bild zu verstecken, die für Schönheit in Kunst und Natur standen: Wo die schaumgeborene Venus von Botticelli aus der Muschel steigt, beeindruckt der Pfau, auf den der Schmetterling verweist, in der freien Wildbahn Feinde wie Freunde mit dem schön schimmernden Augenmuster auf dem Federkleid. Das Verrückte daran war, dass Carl und ich ununterbrochen der Entstehung des Gemäldes beigewohnt hatten. Wie konnten wir bloß nichts von diesen liebevollen und sicher zeitaufwendig eingearbeiteten Miniaturen mitbekommen haben, die Frau Hügels Kennerschaft ohne Zweifel sofort als subtile Hinweise auf den wahren symbolischen Hintergrund dieses Racheaktes interpretieren musste.

Als ich Carl vorsichtig von der Seite anstieß, um ihn auf das *corpus delicti* aufmerksam zu machen, flüsterte ich in sein Ohr: *Raben Ewig Chatwin Helium Tand Sonne/Undine Nabokov Tand Ewig Nabokov/Beatles Labsal Undine Milch Ewig Nabokov.*

Direktor Patt horchte auf: »Ah, Nabokov! Was lesen Sie

denn von ihm? Ein Großschriftsteller, der viel zu selten in unserer Schule unterrichtet wird, aber vielleicht ist er einfach zu abgründig in seiner Doppelbödigkeit. Falls Sie es noch nicht kennen, lesen Sie doch *Das wahre Leben des Sebastian Knight.* Wenn Ihnen da nicht schwindelig wird vor Verwirrung, wer jeweils spricht und um wen es genau geht, dann sind Sie wetterfest als Leser.«

Er wandte sich Frau Hügel zu, die ihm mit Sorgenfalten auf der Stirn das Kunstwerk zurückgab und abwechselnd behutsam nickte und ihren Kopf schüttelte, wobei sie ungelenk ihre Arme verschränkte. Carl zog eine Augenbraue hoch, während er das Detail fixierte, das nun seine Aufmerksamkeit erregt hatte, und nahm mich beiseite.

»Weißt du, vielleicht ist es ja das, was Tieck meinte, als er schrieb, dass der Künstler in seinem schönen Wahn die ganze Welt und jede Empfindung seines Herzens in seine Kunst ›verflicht‹ und sein Leben nur für die Kunst führt.«

Die Klingel rief zur ersten Stunde, und Frau Hügel sagte sehr bestimmt zu Direktor Patt: »Das sollten wir ernst nehmen, ich muss Ihnen etwas dazu erzählen, gleich nach dem Kurs komme ich in Ihr Büro, ginge das?«

Weil Carl und ich die Einzigen waren, die genau wussten, dass eigentlich gar nichts unternommen werden musste, um die Verschollene wiederzufinden, fiel mir die Untätigkeit der beiden gar nicht gleich auf, obwohl doch in einer so dringlichen Situation unmittelbarer Handlungsbedarf bestehen sollte, eventuell sogar Behörden zu benachrichtigen waren oder andere hektische Maßnahmen zu ergreifen. Vielmehr schienen sie nach dem Studium des Bildes gemeinsam in eine seltsame Apathie verfallen zu sein, aus der sie von der Klingel jäh herausgerissen wurden. Direktor Patt verabschiedete sich ins Sekretariat, und Frau Hügel ging vor uns her ins Treppenhaus hinauf zum Kunstraum. Dabei murmelte sie ein unverständliches Kauderwelsch, von dem ich nur die wiederkehrenden Silben »So, so!« und »Na ja!« halbwegs vernehmen konnte.

Carl hatte an diesem Tag seinen ersten großen Auftritt, und im Nachhinein kommt es mir vor, als habe er mit dem ausgedachten Verschwinden von Kirsten seinem Referat für Frau Hügel eine hochdramatische Note verleihen wollen. Weil an unserer Schule traditionell Musik gepflegt wurde, gab es keinen Leistungskurs in Kunst, was Carl dazu gezwungen hatte, vor dem Abitur zu Deutsch zu wechseln. Das änderte aber nichts an seiner Leidenschaft für die Kunst der Vergangenheit. Sein Referat »Ein gerade noch rechtzeitiger Aufruf zur Anonymisierung der Kunst« war eine verbitterte Abrechnung mit der Gegenwart. Das Manuskript liegt in meiner Schublade gleich unter den gesammelten Bleistiften von Kirsten, als habe Carl seine für mich fast unleserlichen Randnotizen insgeheim mit ihnen geschrieben.

Frau Hügel stellte sich zu Beginn der Stunde vor die Tafel und räusperte sich mehrmals, bis alle still waren. »Guten Morgen! Bevor wir zum Thema kommen, also Carl und seinem Referat über die Anonymität, habe ich ein besonderes Anliegen: Wie ich gerade eben vor Schulbeginn zu meinem Entsetzen erfahren habe, ist seit gestern Nachmittag ein Mädchen aus unserem Kurs verschwunden. Obwohl mir ihre Eltern mitgeteilt haben, dass so was wohl nicht zum ersten Mal passiert und ihr bis jetzt zum Glück noch nie etwas dabei geschehen ist, will ich trotzdem fragen, ob jemand Kirsten gestern nach der Schule gesehen oder etwas beobachtet hat, das uns helfen könnte, sie zu finden.«

In der letzten Reihe hob Gemurmel an, das aus der Ecke von Georg kam. Frau Hügel ging nach hinten: »Ja, Herr Klotz, haben Sie etwas zu sagen, das für alle von Belang sein könnte?«

Er boxte seinem Nachbarn in die Seite und sah mit gequältem Gesichtsausdruck zu ihr auf. »Nein, nein, ich musste nur an gestern denken, als sie aus dem Saal gelaufen ist, und habe mich gefragt, ob es vielleicht was damit zu tun hat?«

Sie kniff die Augen kurz wie schmerzverzerrt zusammen, ein Tick, den ich lange nicht mehr an ihr gesehen hatte, und schaute dann mit einem schmalen Blick zur Seite, fast so wie die Dame mit dem Hermelin.

»Ja, natürlich, daran habe ich ebenfalls gedacht, und auch das sollte man selbstverständlich, wie alles, in Erwägung ziehen. Hat jemand etwas dazu zu sagen?«

Frau Hügel blickte sich betont kurz um, als ob sie diesen Punkt unmissverständlich so schnell wie möglich abhaken wolle. Weil sie immer noch in der letzten Reihe stand, sah ich mir zum ersten Mal seit Langem die Gesichter von Georgs besten Freunden etwas genauer an, die seltsam betroffen in die Gegend starrten, als bewege sie etwas Verstörendes in ihrem Inneren, über das keiner unter ihnen selbst genau genug im Bilde war, um es zu fassen. Ich begann mich zu fragen, ob nicht sie es gewesen sein konnten, die Kirsten am Nachmittag zuvor so gemein bedroht hatten, bevor sie von mir mit Chopin in die übereilte Flucht geschlagen wurden. Aber kaum war ich dabei, die Namen der Jungen daraufhin in Gedanken durchzugehen, ob einer mit »Ede« abgekürzt werden konnte, begann Frau Hügel mit der Einführung in das Referat von Carl.

»Sie haben ja nachher noch Zeit, mir mitzuteilen, falls Sie Ihrer Erinnerung noch etwas auf die Sprünge helfen müssen.«

Ich bildete mir ein, dass sie in diesem Moment unvermittelt kurz in Georgs Richtung sah.

»Während wir uns in diesem Halbjahr mit dem *Selbstporträt* im Wandel der Jahrhunderte befassen, wagt das Referat von heute einen Blick über das *Porträt* hinaus zum *Selbst* der Künstler, wenn Sie so wollen, vor allem in der Jetztzeit. Ich freue mich, dass wir auf diese Art eine Auseinandersetzung mit der Gegenwartskunst kennenlernen können, und bitte daher um ungeteilte Aufmerksamkeit.«

Carl trat ruhig nach vorne, ordnete seine Blätter, indem er sie auf dem Pult demonstrativ nach unten fallen ließ und von der Seite mit den Händen ebenmäßig zu einem rechteckigen Konvolut zusammenfasste, das er behutsam vor sich legte und dann mit getragener Stimme langsam und deutlich zu lesen begann:

Anonymität ist das sine qua non unserer Zeit. Doch ihre Wertigkeit hat sich in den letzten Jahren stark gewandelt. Galt sie noch vor Kurzem als entschieden negativ besetzte Größe, von der Vereinsamung der Menschen außerhalb der Tradition des einstmals stabil bestehenden Familienverbunds in den Großstädten der Massengesellschaft über die verstörende Häufung sogenannter »anonymer Anrufe« bis zum globalen Terrorismus ohne Bekennerschreiben, kommt es in jüngster Zeit zu einer profunden Anonymisierung der Kommunikation, die alles andere als negativ bewertet wird.

Der psychohygienischen Wirkung, die von diesem Phänomen ausgeht, liegt das Desiderat einer Ich-Müdigkeit zugrunde, die auch der Gegenwartskunst gut tun könnte. Nach dem Denkmal für den unbekannten Soldaten, das die anonym gewordenen Kriege der Neuzeit produzierten, könnten zukünftig Denkmale für den unbekannten Künstler daran erinnern, dass das Ich nach dem Jahrhundert der Psychoanalyse auch in der Kunst eine willkommene Pause verdiente. Jene Sicherheit, die wir durch die lange geschulte Verortung des Künstlers in einen zeitlichen, ästhetischen und gesellschaftlichen Hallraum geschaffen haben, funktioniert plötzlich nicht mehr, weil neue Kategorien entwickelt werden müssen, um ein Urteil zu fällen, neue Maßstäbe angelegt und nicht zuletzt auch die Definition von Qualität in der Kunst schlechthin zu überdenken und infrage zu stellen ist.

Seit dem magischen Moment im Mittelalter, da abendländische Kunstgeschichte erstmals zur Künstlergeschichte wird, ist sie auch die Geschichte der Frage, welcher Künstler der Bessere sei, und somit gleichzeitig der Eintritt der Eitelkeit in ein vormals Gott allein zugeeignetes künstlerisches Schaffen, das seine makellose Vollkommenheit stets losgelöst wissen wollte von den Niederungen irdischen Daseins. Die mit der Entdeckung des künstlerischen Egos verbundenen tragischen Aspekte der Eitelkeit und der Vergänglichkeit des Ruhms werden bald als dramatischer Stoff für die Literatur entdeckt, und so ist es kein Wunder, dass wir die erste Darstellung der Geburt des Künstlers aus dem Geist des Wettbewerbs weit vor den biografischen Studien Vasaris lesen können, nämlich in der Göttlichen Komödie *Dantes, der zu Cimabue und Giotto im elften Gesang des Fegefeuers in Stanze 32 schreibt:* Als Maler sah man Cimabue blüh'n, Jetzt sieht man über ihn den Giotto ragen, Und jenes Glanz in trüber Nacht erglüh'n.

Es geht um den ›eitlen Ruhm des Könnens‹, dessen kurze Dauer, bis die Zeiten ›roher werden‹ und sich die fatale Hybris des Künstlers im Fegefeuer zu beweisen hat. Weit vor den mäzenatischen Exzessen der Medici findet sich hier also die Warnung an den Maler, dass sein Platz in der Kunstwelt nicht für die Ewigkeit bestimmt ist und Ruhm so schnell schwinden kann, wie er kam. In vielerlei Hinsicht gleicht heute die Situation der Kunst im demokratisch fundierten Hochkapitalismus nach einem Jahrhundert der Avantgarde und des Aufbruchs ins Abstrakte wieder der höfischen Zeit. Eine fröhliche Kunstwissenschaft feiert Künstler wie die Protagonisten eines neu-

artigen Unterhaltungsformats. Mit der Wiedergeburt des Mäzens aus dem Geist der Kunstwertanlage geht allerdings auch eine Übersättigung des Marktes einher, die nicht wenige Kritiker und Künstler inzwischen nach der Substanz jener Werke fragen lässt, da, so Neo Rauch, »jede drittklassige Leinwand verkauft ist, bevor die Farben getrocknet sind«.

Wir erkennen Kunst in vielen Fällen nur noch da, wo sie im Rahmen kritischer Kommunikation zu Kunst erklärt wird, und diese zugehörige Kommunikation tritt oft selbst die Nachfolge jener Kunst an und ersetzt sie fast, wenn aufgrund der inhaltlichen Schwäche die ins Kunstgewerbliche tendierenden Werke wieder einmal nur durch Auslegung bzw. ausführliche Erklärung mit enormem Imaginationspotenzial und Fantasie zu Kunst erklärt werden können. Wobei das Verhältnis von Interpretationsabhängigkeit und inhaltlicher Leere zumeist reziprok ist.

In einer zunehmend ästhetisierten Welt sehen Anzeigen aus wie Kunstwerke und umgekehrt, was der Kunst jene Ununterscheidbarkeit nimmt, die lange Zeit auch ihre gedankliche Schärfe bestimmte. Jean Baudrillard nannte diesen Zustand den »Xeroxpunkt der Kultur«: Mit diesem gegenwärtigen Stand der Dinge befinden wir uns in keinster Weise mehr in der heroischen Wendung, die Baudelaire mithilfe der Kunst der Warenwelt verleihen wollte. Wir geben der Welt, wie sie ist, nur mehr eine sentimentale und ästhetische Wendung, wie sie Baudelaire der Werbung vorwarf. Genau das ist die Kunst in weiten Bereichen geworden: Werbeprothese – und die Kultur eine allgemeine Prothese.

Bereits 1991 warnte Christa Bürger vor diesem Effekt und nannte das, was daraus entsteht, die »falsche Aufhebung der Kunstautonomie«. Nach der bis zur Ununterscheidbarkeit betriebenen Verschmelzung von Kunst und Ware – wie bei War-

hol – bleibt, so Jean Baudrillard, für die Erstere nur noch die Zurücknahme, »ihre Modernität liegt in der Kunst des Verschwindens«. Das Verschwinden des Künstlers in der Anonymität hat so gesehen einen reinigenden Effekt. Wo die Einordnung eines Werks und dessen Urhebers durch den Verzicht auf die Zuschreibung erschwert oder ganz unmöglich gemacht wird, erlaubt die Abkehr vom Markt und von den Namen die Rückkehr zur intellektuellen Qualität der Idee allein. Diese kann erst mit dem Verzicht auf das Ich erzielt werden, denn das Verlangen nach Anonymität ist die Geschichte eines alten Wunsches: *Ich will nicht mehr* ich *sein, ich will nicht mehr* als ich erkenntlich *sein.*

Das Aufgehen in einem größeren Ganzen hat in all seinen Widersprüchen niemand besser beschrieben als Edgar Allan Poe, der in seinem »man of the crowd« die Passion des Beobachtens mit der Faszination für das rätselhafte Abtauchen des unbekannten (= anonymen) Individuums in der Menge verknüpfte. Hier folgt der Erzähler für lange Zeit einem fremden Mann obstinat durch die Menschenmengen von London und staunt gebannt über all dessen widersprüchliche Manöver, seine Wege, seine Taten, bevor er ihn viele Stunden später am nächsten Morgen ratlos und erschöpft wieder in die Menge entlässt.

Poes Erzählung ist ein perfektes Bild für die Faszination, die von der Anonymität in der Moderne ausgeht. Der Blick des Erzählers auf den Fremden gleicht in seiner Neugier und Unvoreingenommenheit dem Blick des Betrachters auf die rätselhaften Werke anonymer Kunst. Bei Poe heißt es zu diesem Blick: »Ich bemühte mich sofort, noch während der ersten flüchtigen Prüfung, den Eindruck, den ich da empfing, etwas zu zergliedern, und es erhoben sich in meinem Kopfe die verwirrten und sich widersprechenden Vorstellungen von großer *geistiger Kraft, von Vorsicht, Armut, Geiz, von Kälte, Bosheit, Blutdurst, von Hohn, ausgelassenster Lustigkeit und tiefstem Schrecken, rasendster Verzweiflung. Ich fühlte mich sonderbar gefesselt, ergriffen, aufgeregt.«*

Das Nicht-Wissen entschlackt den Blick auf alles, was zu sehen, was wahrzunehmen ist, und bietet eine Projektionsfläche, die so weiß ist wie das Cover des »White Album« der Beatles, das damals auch die Platte selbst als große Projektionsfläche offen ließ. Weiß als Farbe ist eine geeignete Referenz, wenn man den interpretatorischen Kanon der Kunstkritik auf null zurückschalten will. So lässt sich auch der Anspruch an die Kunst neu definieren.

In seinem Buch »Culture and Anarchy« von 1869 schreibt der englische Kunstkritiker und Oxford-Professor Matthew Arnold, das gemeinsame Element aller Kunst sei »the desire to remove human error, clear human confusion and diminish human misery«. Verlangen, menschliche Fehler zurückzunehmen, Verwirrung zu klären und Elend zu mindern. Kunst, so sein Schluss, sei letzten Endes Kritik des Lebens und Kunstwerke »mögen als Anleitung zu einem viel wahreren, gerechteren und intelligenteren Verständnis der Welt dienen«.

Wer in fernen Zeiten einmal die heutige Welt des 21. Jahrhunderts analysieren wird, kommt möglicherweise zu dem Schluss, dass die größte Krux unserer Gegenwart die überhebliche, alles überschattende Dominanz des Egos gewesen ist. Das gilt für alle Bereiche des Lebens, aber vor allem für die Kunst. ›Ich bin Künstler.‹ Welche Hybris liegt in dieser Behauptung, die uns nicht gerade versteckt aus jedem Kunstwerk dieser Welt entgegenschreit? Fangen wir doch mit dem ersten Wort an.

1. Ich. Wer erhebt da die Stimme und führt alles auf sich selbst zurück? Es ist das Kind im Menschen, das bereits

sein Leben damit beginnt, Ich zu sagen. Jeder Schrei sagt: Ich.

2. Bin. Das kommt von Sein, Existieren. Das große Wort, wenn es darum geht, zu sagen, dass es jetzt ernst wird. »Haben oder Sein« nannte Erich Fromm sein Plädoyer für ein erfüllenderes Leben jenseits objektfixierten Habens an der Oberfläche. Aber während jeder Mensch zumeist noch genau sagen kann, was er HAT, ist die Kategorie des Seins weitaus schwerer bestimmbar. Und: »Bewusstsein, hat noch keiner gesehen«, antwortete ein Professor an der Universität auf die Marx-Frage, was das SEIN denn alles bestimme. Subjektivität ist nicht zu vermessen und doch unabdingbar, um sagen zu können: Ich. Bin.
3. Künstler. Das gilt von genuin geschaffenen Werken bis zu den Readymades von Duchamps, deren Bestimmung als Kunst sich ja auch immer noch der subjektiven Entscheidung eines Schöpfers verdankt. Gewiss, auch hinter anonymisierten Werken stehen Subjekte, aber solche, die sich nicht wichtiger nehmen als ihre Werke. Ich. Bin. Künstler.

Im Prinzip finden wir in der Anonymität Heideggers Forderung nach dem »eigensten Absehen des Künstlers« verwirklicht, wie er sie in seiner Theorie vom Ursprung des Kunstwerks formuliert: Das Werk wird, entgegen dem »Trieb der Modernen Kunst, sich selbst zu verwirklichen« (Balthus) »zu seinem reinen Insichselbststehen entlassen«, und der Künstler selbst verschwindet dahinter als Schöpfer, der seine Arbeit von da an ihrer Wirkung ohne Zutun überlassen kann.

Weil Carl nach den letzten Worten zum ersten Mal während des gesamten Referats von seinen Blättern aufsah, die er zuvor ruhig eines nach dem anderen zur Seite gelegt hatte, wusste keiner, ob er nur herausfinden wollte, wer ihm überhaupt zugehört hatte, oder ob er am Ende seiner Ausführungen angelangt war. Während ich seiner Stimme die gesamte Zeit über gefolgt war, sah ich in Gedanken nichts anderes als Muschel und Pfauenauge um die dahinströmende Kirsten, wie sie aus ihrem eigenen Bild hinausschwamm und eine Leerstelle der Schönheit hinterließ. Ich sehnte mich danach, sie einfach nur in Ruhe ansehen zu können, um mich genau so in ihren Anblick vertiefen zu dürfen, wie wir es vor der Stunde mit ihrem Selbstporträt nach Millais getan hatten, aber das Handklopfen des Kurses auf den Tischen als Applaus unterbrach meine Tagträumerei.

Da ein Großteil der Stunde dank des gemessenen Tempos, in dem Carl seinen Vortrag gehalten hatte, schon vorüber war, ging Frau Hügel an die Tafel und schrieb mit einem zu kleinen Stück Kreide zwei Wörter in Versalien nebeneinander. Links stand *ANONYM* und rechts *EGOMAN*.

»Das Leben, wie wir es kennen, das haben Sie vielleicht schon einmal bemerkt, ist eine einzige Ansammlung von schwierigen Entscheidungen, deswegen würde ich Sie als erste Reaktion auf das Gehörte nun vor eine Wahl stellen, ich führe die Strichliste. Wer für *ANONYM* ist, hebt bitte jetzt die Hand.«

Das Ergebnis war, wie ich fand, durchaus erwartbar. Fast alle Mädchen hatten ihre Arme in der Luft, nur die beiden, wie Herr Fant sie in meinem Deutschkurs gerade getauft hatte, *dauerkaugummikauenden Tunichtgut-Girls*, die stets nebeneinandersaßen und eher lose der Gruppe um Georg Klotz angehörten, schauten demonstrativ aus dem Fenster, zogen eine fiese Schnute und pusteten fast gleichzeitig lautstark, um ihre Missbilligung zum Ausdruck zu bringen. Danach war es nicht mehr überraschend, wer sich offenkundig aus Protest gegen Carl, sein Referat, den Rest des Kurses oder ganz einfach nur, um aus Prinzip gegen etwas zu sein, für das die verhassten *Gutmenschen* gestimmt hatten, sonst noch für *EGOMAN* meldete.

Ich sah, wie Carl sein Gesicht für einen Moment hochkomisch zu einer Grimasse des Entsetzens verzerrte, und als er sah, dass ich es auch sah, rollte er zusätzlich mit den Augen.

Georg meldete sich, was an sich schon eine kleine Sensation war, aber noch dazu als Erster von allen. »Ja, Herr Klotz, bitte!«

Bevor er zu sprechen begann, lehnte er sich betont selbstgefällig in seinem Stuhl zurück, allerdings ein kleines Stück zu weit, sodass er zur allgemeinen Erheiterung fast hintüber kippte und gerade noch von seinem treu ergebenen Sitznachbarn Gilbert, dem Adlatus, wie sie ihn nannten, aufgefangen wurde. Von der überlegenen Geste war danach nicht mehr ganz so viel übrig, er sammelte sich und setzte erneut an, wenn auch genervt von dem Missgeschick, der Schock stand ihm noch restbleich auf die Stirn geschrieben:

»Also, ich weiß nicht ganz genau, worauf Sie hier hinauswollen, Frau Hügel. Das ist doch reine Provokation, dass wir uns entscheiden sollen zwischen diesen beiden Unmöglichkeiten. Wer will denn allen Ernstes anonym sein? Da kann man ja gleich untertauchen oder so tun, als ob es einen nie gegeben hätte. Anonym ist doch nur cool, wenn man es macht wie diese Masken-Guerillas mit dem Grinsegesicht. Diese selbst ernannten Weltretter *müssen* wenigstens anonym bleiben, weil sie sonst für ihre gelebte Anarchie hinter Gittern landen würden. Aber von denen war ja nicht die Rede, wenn ich es richtig verstanden habe. Und das Gegenteil vom armen Schwein, das niemand kennt, weil es sich versteckt, ist dann die Rampensau, die sich auf der Bühne selbst bespiegelt? Ich glaube, das ist irgend so ein pädagogischer Trick, mit dem Sie uns hier beweisen wollen, was Ihrer

Ansicht nach moralisch richtig und falsch ist. Und fast alle sind brav darauf hereingefallen, so wie immer. So einfach ist es aber nicht. Außerdem haben Sie uns doch gerade ausführlich erklärt, wie die Künstler das Selbstporträt verwenden: als Auslotung des Ich, Erforschung ihrer Traumwelt im Inneren, Grenzvermessung der Persönlichkeit. Das ist doch nicht *egoman*, sondern einfach nur der Ausdruck von Individualität. Das, wie haben wir es in Latein gelernt, *Un-teilbare*, das, was uns von den anderen unterscheidet, das, was jeden von uns so besonders macht. Und das kann doch wohl kein Fehler sein, für den man bestraft wird. Was wir aber so und nicht anders gestern hier erlebt haben, und zwar durch Ihren Unterricht. Was nämlich bei der Form von Selbstbeschäftigung herauskommt, die Sie uns gezeigt haben, wenn man also, ausnahmsweise, hahaha, mal besonders genau in den Spiegel schauen muss, um sein Gesicht, so gut es geht, na ja, – abzumalen? –, ist eine Ahnung von, okay, großes Wort, Wahrheit. Und die können die meisten eben leider nicht ertragen. Weil sie das Fundament, auf dem unsere ganze Gesellschaft steht, die soziale Lüge, absolut infrage stellt. Wie ging das tolle Experiment in PoWi noch? Wenn wir uns alle nur einmal gegenseitig die Wahrheit sagen, würde niemand mehr miteinander reden. Also, Tat oder Wahrheit? Hat jemand zufällig eine Flasche dabei? Schau mich nicht so blöd an, Gilbert, du bist nicht gemeint. Stimmt's, oder habe ich recht? «

Bei Georg Klotz konnte man immer auf einiges gefasst sein, aber das, was er an diesem Morgen an den Tag legte, brachte nicht nur Frau Hügel sichtlich aus der Fassung, die seit einiger Zeit versunken auf den leeren Platz von Kirsten hinter mir starrte. So sehr ich Georg und seine idiotischen Freunde auch verachtete, was er in seiner von Carls Vortrag ausgelösten Rede gesagt hatte, veränderte mein Bild von ihm fundamental, weil ich ihm diese Art von Gedanken und den Mut, sie der Lehrerin ins Gesicht zu sagen, nie zugetraut hätte. Eigentlich war es ja eine Verteidigung von Kirsten, auch wenn Georg mit der Wahrheit wohl das Urteil und die Beleidigung von Kirsten gemeint hatte.

Bevor Frau Hügel irgendetwas entgegnen konnte, ging Carl schnurstracks von der Tafel zur Tür in den Steinflur und eilte davon, wie ein perfektes Deja-Vu von Kirsten am Tag zuvor. Weil ich in der ersten Reihe saß, nutzte ich die allgemeine Verwirrung von Carls überraschendem Abgang dazu, sein Manuskript vom Pult zu nehmen und ihm rasch zu folgen. Dabei begann ich die erste seiner Notizen auf dem Deckblatt zu entziffern, es begann mit den Worten *Was hindert mich*, weiter kam ich nicht, sonst hätte ich die erste Treppenstufe verpasst.

Unten im Foyer stand schon Direktor Patt mit Kirstens Meisterwerk in der Hand, als ob er auf uns gewartet hätte. Woher er wissen konnte, dass Carl und ich vor dem Ende der Stunde den Kunstraum verlassen würden, war mir unergründlich.

»Da sind Sie ja endlich, ich habe das Bild in der Zwischenzeit genauer unter die Lupe genommen und es von den Kunstlehrern vergleichen lassen mit ihren anderen Werken: Es stammt, wie von den Eltern vermutet, aus ihrer Hand. Natürlich ist es zunächst beruhigend, dass Fremdeinwirkung wenigstens in dieser Hinsicht auszuschließen ist. Wahrscheinlich kann man es als eine Art ernster Scherz sehen, aber bevor wir keinerlei Gewissheit haben, dass der morbide Inhalt nicht doch als mögliche Ankündigung, sie spiele mit dem Gedanken, sich etwas anzutun, zu verstehen ist, besteht keinerlei Anlass zu Entwarnung.«

Carl nickte mit gespitztem Mund und betont besorgter Miene und sah mich fragend an, als wäre es nun an mir, einer vorher abgesprochenen und eingespielten Szene zu folgen und lediglich meinen memorierten Text aufzusagen. Weil ich mich aber an keine Abmachung erinnern konnte, sagte ich, was mir gerade in den Sinn kam.

»Wir haben so eine Idee, wo wir sie finden könnten, zuletzt war Kirsten eigentlich nach der Schule zumeist im Park oder im Museum, wo sie sich immerzu das gleiche Bild angesehen hat, sie wollte uns nur nicht verraten, welches.«

Direktor Patt zog theatralisch die Augenbrauen hoch. »Aha, das ist ja vielleicht tatsächlich eine Spur. Sie kennen sie als Fehlpate am besten, ich stelle Sie beide einfach für den Rest des Tages frei, und Sie machen sich auf die Suche. Wir treffen uns nach der sechsten Stunde hier wieder, hoffentlich ist bis dahin der Spuk vorüber. Ich mache mir wirklich ernsthaft Sorgen. Ihnen viel Glück bis dahin!«

Auch wenn es vollkommen absurd war, dass die einzigen beiden, die wussten, wo die Verschwundene sich befand, sich auf die Suche nach ihr begeben sollten, war ich zutiefst erleichtert von dieser Wendung und fragte mich, ob es von Anfang an Teil von Carls Plan gewesen war, dass wir am Schluss als die großen Helden dastehen sollten, die mit der wiedergefundenen Kirsten in die Schule zurückkehren würden.

»So, jetzt haben wir uns erst mal ein ordentliches Frühstück verdient. Was hältst du davon, wenn wir unsere Gefangene auf zwei Eier im Glas mit Toast ins Café Rendezvous entführen? Das lief ja ausgezeichnet, was für eine grandiose Idee mit dem Park und dem Museum! Und du hast nicht mal gesagt, welcher Park und welches Museum – es kann uns also keiner folgen.«

Während wir wie am Tag zuvor die Allee hinaufgingen, fiel mir auf, wie viel sich seither in meinem Leben verändert hatte. Ich hatte nicht nur in Carl einen neuen Freund gefunden, mit dem ich durch unser Geheimnis nach so kurzer Zeit schon untrennbar verbunden war. Ihm war es auch zu verdanken, dass Kirsten, die anzusprechen ich mich zuvor nie getraut hatte, schicksalhaft in mein Leben getreten war. Noch dazu durfte ich vielleicht tatsächlich auf ihre Zuneigung hoffen, weil ich sie in gewisser Hinsicht aus einer bedrohlichen Lage gerettet hatte, und das sogar mit meinem Lieblingskomponisten Chopin!

Weil es in der Nacht den ersten Bodenfrost gegeben hatte, umrandete Raureif die bunten Blätter der Kastanien, und die Sonne stand noch so tief, dass sie nur bei den Querstraßen wie ein tastender Kegel unseren Weg durchkreuzte und das angefrorene Laub prächtig leuchten ließ. Es wunderte mich, dass Carl kein Wort über das erstaunliche Plädoyer von Georg verlor, aber wahrscheinlich war es ein Zeichen von Größe, über respektable Aktionen des Feindes einfach hinwegzusehen, um gar nicht erst ein Gefühl von Konkurrenz aufkommen zu lassen. Vielleicht war es das, was meine Mutter gemeint hatte, als sie mir für diese Art von schwierigen Situationen mit einem Augenzwinkern einst drei Worte empfahl: *einfach nicht ignorieren.*

Im Moment, da wir den Platz vor seinem Haus erreichten, erregte etwas Carls Aufmerksamkeit. »Schau mal, da!«

Er zeigte auf den Mezzanin, wo in etwa das *Kunstversteck* verborgen lag. Genau an der Stelle, von wo aus ich am Nachmittag die Schallplatte geschleudert hatte, stand nun die Luke nach innen offen und sah auch nicht mehr nach einem Lüftungsrohr aus, sondern war eindeutig als Fenster zu erkennen. »Irgendetwas stimmt hier nicht.«

Carl beschleunigte seine Schritte und rannte fast, als wir das Haus erreichten. Schon im Treppenhaus lagen zerrissene Papierschnipsel auf den Stufen verteilt, die er hastig aufsammelte und in seine Manteltasche steckte. »Nein!«

Die Tür zu seinem Reich stand mehr als einen Spalt offen und er stürzte fast hinein, sogar ohne erst seine Schuhe auszuziehen wie sonst, wie ich konsterniert bemerkte.

»Sie ist weg.«

Aber es war nicht sie allein, die weg war, es fehlte auch noch etwas anderes, was mir auffiel, weil die Schublade unter dem Teewagen, in die Carl das Selbstporträt von Kirsten gelegt hatte, offen stand. Seltsamerweise verlangsamt sich meine Erinnerung genau ab diesem Moment, als habe jemand den Motor des Vorführgerätes in einem Lichtspieltheater ausgeschaltet, und alles, was ich sah und gerade noch hektisch und übereilt ablief, wurde immer bewegungsloser, bevor mein Blick schließlich fast völlig an der Stelle anhielt, wohin er Carls Entsetzen gefolgt war: bei der einzigen geöffneten Kassette im Raum, die genau in der Mitte der Wand lag, und von der ich bis dahin nicht wusste, was sich hinter ihrem Paneel verbarg.

Es war ein Gemälde, das drei Personen in einer Landschaft zeigte. Ein Paar erging sich in einiger Entfernung, und im Vordergrund stand ein Mann, von dem ich nur die Umrisse erkennen konnte, die andeuteten, dass er einen Zylinder auf dem Kopf hatte. Zunächst dachte ich wegen der Dunkelheit der Figur an einen Leichenbestatter, aber dann wurde mir klar, dass ich nur den schwarzen Samthintergrund sah, vor den das Bild gehängt war, weil jemand die Hauptfigur wie einen Scherenschnitt aus dem Gemälde entfernt hatte. Die Worte, die Carl sagte, klangen fast niedlich angesichts des Zerstörungswerks: »*Jiminy Cricket, he flew the coop!*«

16

Hin und weg

Der Satz stand auf dem Manuskript von Carls Vortrag in winzig klein gekritzelter Schrift, die ich kaum entziffern konnte. Anderen wäre er kaum aufgefallen, weil es zu leicht war, ihn wegen seiner kryptischen Form einfach zu überlesen. Aber mich hatte gerade das besondere Ausmaß seiner Unleserlichkeit herausgefordert, nur so erkannte ich bald, dass der Satz mitten in der Ausführung des Gedankens abbrach, als sei der Verfasser überraschend dabei gestört worden, ihn zu vervollständigen. Der letzte Buchstabe hatte sich sogar zu einem krakeligen Strich abwärts verlängert: *Was hindert mich anzunehmen, dass dieser Tisch, wenn ihn niemand betrachtet, entweder verschwindet oder seine Form und Farbe verändert und nun, wenn ihn wieder jemand ansieht …*

Bis zu dem Moment, da wir das wie einen Tatort hinterlassene *Kunstversteck* betraten, war die Welt wenigstens in Umrissen noch vertraut für mich gewesen, nun war alles genau so, wie es der unvollendete Satz angedeutet hatte, den ich mir immer wieder aufsagte wie eine Selbstbeschwörung oder ein Orakel: Etwas, das sich ausgerechnet in jenem Moment, da man einen Augenblick nicht hinsah, verändern oder zuletzt vollständig abhandenkommen konnte.

Ich wusste anfänglich nicht, was schlimmer für mich war, das Ausmaß an subtiler Zerstörung, das Kirsten an diesem heiligen Ort hinterlassen hatte, oder ihr für Carl anscheinend weniger beunruhigendes denn überraschendes Verschwinden selbst, das eigentlich nur mit dem Entdecken des entwendeten Selbstporträts zu tun haben konnte. Und wer wollte es ihr verübeln? Sie musste ja, als sie es in der Schublade wie und warum auch immer entdeckt hatte, zunächst entsetzt gewesen sein über Carls Dreistigkeit, ihr Bildnis ungefragt an sich genommen zu haben, weil sie nicht ahnen konnte, dass es nur aus dem denkbar vornehmsten Motiv geschehen war: das *Corpus Delicti* sicherzustellen, um sie vor weiteren Anfeindungen in Schutz zu nehmen. Und darüber hinaus ihre Ehre zu retten, indem er einen weiteren Beweis ihrer Kunst dazu nutzte, sie zu rächen.

Als ich mir erneut vor Augen führte, was Carl alles für sie getan hatte, fühlte ich großen Stolz über den noblen Charakter meines neuen Freundes, der gewiss auch kein Problem darin gesehen hätte, sich notfalls öffentlich für sie zu duellieren. Er war wirklich jemand, der im vorteilhaftesten Sinn aus der Zeit gefallen war und sich in fast allem völlig von der unheldenhaften Gegenwart abhob, die er, so war ich mir sicher, genauso verachtete wie ich.

Allein die für Außenstehende vielleicht anachronistisch anmutende Sorgfalt, mit der er seine autonome Zone wieder akribisch in Ordnung brachte, sie wie ein japanisches Puppenhaus zunächst völlig auseinandernahm und in all ihre Einzelteile zerlegte, um sie danach mit der perfekten Prise Wabi-Sabi wieder zusammenzubauen. Aber wer konnte schon genau wissen, was in den wohl nur lähmend langsam verstreichenden Sekunden des Wartens in Kirsten vorgegangen war, als wir im Kunstkurs mehr oder weniger gebannt den Worten Carls folgten? Hatte irgendwann Neugierde über natürliche Diskretion gesiegt, sodass sie bald alle Mechanismen des Verstecks auszuprobieren begann, schließlich fast desinteressiert und aus der Pflicht, nichts unversucht zu lassen, die Schublade des Teewagens aufzog, um dort überraschend das beschämende Dokument ihrer Demütigung durch Frau Hügel wiederzufinden? Was mag in diesem Moment in ihr vorgegangen sein? War sie einfach nur schwer enttäuscht, weil wir ein Geheimnis vor ihr hatten, in das sie am Abend zuvor nicht eingeweiht worden war? Oder entfaltete sich da vielmehr in ihrer Vorstellung eine neue Theorie, wie all die am Anfang noch unzusammenhängend scheinenden Elemente, die zu Kirstens Aufenthalt im *Kunstversteck* hingeführt hatten, in ihrem Kern verbunden waren durch einen dunklen Plan, der sie nicht wie vordergründig angenommen zur bravourös und formidabel Gerächten machte, sondern zum Objekt der Rache selbst?

Mit einem vertrackten Drahtzieher im Hintergrund, der die gesamte Geschichte ihres vermeintlichen Verschwindens nur als vorläufigen Höhepunkt eines viel subtileren Konstrukts vorbereitet und naturgemäß noch einiges mehr für sie in petto hatte, weil er insgeheim selbst hinter der Stutzer-Bande stand und, am furchterregendsten von allem, am Ende gar die ursprüngliche Attacke von Frau Hügel orchestriert hatte? Kirsten sah möglicherweise, ausgelöst durch den Anblick ihres Selbstporträts und die erneut durchlebte Szene im Kunstraum, eine Doppelbödigkeit aufscheinen, die sie einerseits maßlos erhöhte, weil alles Geschehen in teleologischer Weise auf sie zuführte und gleichzeitig von ihr getragen wurde. Andererseits aber auch von Anfang an in das unheimliche Gefühl mündete, jemand anderem gegenüber völlig ausgeliefert zu sein, der etwas gegen sie im Schilde führte, wovon sie nicht wusste, was genau es war und warum es ausgerechnet mit ihr geschah.

Und dann erkannte sie auf seltsame Weise in dem kurz zuvor entdeckten Gemälde im Mittelpaneel das perfekte Symbol für die durchtriebene Figur ihrer Fantasie. Die Spuren des überstürzten Aufbruchs hatte sie wie eine Zeichensammlung ihrer Empörung hinterlassen, die ich etwas zu lang in meinen Gedanken studiert haben musste, da Carl sich hinter mir zu räuspern begann und auf das Bild deutete, das ich zum ersten Mal in Ruhe betrachten konnte.

Die schwarze Silhouette schien ihn fast zu amüsieren, er fuhr mit dem Zeige- und Mittelfinger seiner rechten Hand die Bewegungen nach, mit der Kirsten die Figur ausgeschnitten haben musste.

»Weißt du, im Grunde kann ich ihr nicht mal böse sein deswegen, obwohl es mein absolutes Lieblingsbild von Spitzweg ist, das sie da so präzise verstümmelt hat. Es gibt nur einen einzigen Menschen, der sich wirklich darüber aufregen würde: meine Mama, denn sie hat die Kopie akribisch für mich angefertigt, zu meinem 16. Geburtstag als Geschenk.«

Es war das erste Mal, dass Carl seine Familie erwähnte, und es fühlte sich ziemlich komisch an, als hätte er damit etwas ganz Intimes gestanden, das einem sofort die Schamesröte ins Gesicht treiben sollte, obwohl es ja überhaupt nicht so war. Ich war einfach davon ausgegangen, dass jemand wie Carl eigentlich nur völlig unabhängig und alleinstehend existieren könne, weil er es von vornherein gar nicht nötig hatte, sich wie ein normaler Mensch in irgendeinem vermaledeiten Generationenkonflikt zu verzetteln.

Es war seine eigene *Unbeeindruckbarkeit*, die mich in dem Gefühl bestärkte, es im Prinzip mit einem halben Fabelwesen zu tun zu haben. Er musste auf einer ganz anderen Ebene existieren als wir, weil er stets dazu in der Lage war, sich elegant den gemeinen Affekten zu entziehen, über die ich mit schöner Regelmäßigkeit schier ins Verzweifeln geriet. Nicht nur, dass an ihm nie so etwas Gewöhnliches wie extreme Wut oder unkontrollierte Freude zu bemerken war.

Das hätte auf ein erstaunlich hohes Ausmaß an Selbstkontrolle schließen lassen können, die einer sich antrainieren mochte, um so jederzeit auf alles gefasst zu sein. Mit dem Ziel, sich weder durch unnachgiebige Einflüsterungen der Vorstellungswelt irritieren zu lassen noch durch überraschende Situationen jedweder Art.

Bei ihm fehlten aber daher auch all die unangenehmen körperlichen Begleiterscheinungen, die in der Regel mit solchen Zuständen einhergehen, und unter denen ich oft besonders litt: Ich begann zu zittern, rote Flecken breiteten sich auf meinem Gesicht aus, ich geriet ins Schwitzen, was besonders schmählich war, wenn irgendein schönes Mädchen beteiligt war. Selbst der ungewohnte Gedanke, Carl habe wider Erwarten eine Familie, löste in mir derartige Beklemmung aus, dass ich mir erst mal ein paar Tropfen aus den Augenwinkeln wischen musste, bevor ich nachhakte: »Deine Mutter ist Malerin?«

Er nahm das Gemälde mit der dunklen Silhouette aus dem mit Samt ausgekleideten Paneel und legte es behutsam auf den Teewagen, als ob er etwas daran erklären wollte. »Ein Steckenpferd von ihr, ich empfinde das unschöne Wort *Hobby* als Beleidigung für jede ernst zu nehmende Tätigkeit. Der *Muff*, der einem Wort wie Hobby entströmt, ist oft von Menschen geprägt, die während ihres ganzen Lebens nicht dazu in der Lage sind, herauszufinden, wofür sie sich begeistern könnten, und ihre Zeit daher eben mit Makramee, Sudoku oder Laubsägearbeiten totschlagen. Nichts für mich. Man könnte auch sagen, sie hatte, gerade weil es *nicht* ihr Beruf war, eine beachtliche Passion für die Malerei. Die ruhig und präzise geführte Hand beim Pinselstrich kann ich getrost der gelernten Krankenschwester zuschreiben. Manchmal, wenn ich ihr als Kind beim Malen zusah, verwandelten sich die Farbtöpfe in Gefäße mit Jodtinktur, die leuchtete wie die Karamellsauce eines *pudim flan*, und statt ihres Pinsels tauchte sie dann ein dickes Wattestäbchen in die Lösung. Aber sie bereitete damit eben nicht die Korrektur einer noch nicht perfekt gelungenen Figur auf dem Gemälde vor, sondern ließ die Watte sich zunächst geduldig mit dem orangebraunen Elixier vollsaugen, um danach voll zärtlicher Hingabe die Naht einer Wunde nachzufahren und so die Heilung eines ihrer Patienten zu beschleunigen.«

Es hätte mich generell nicht überraschen sollen, was er mir da offenbarte, denn unter Umständen konnte es der medizinischen Pflege seiner Mutter geschuldet sein, dass er gegen viele Unbilden des Lebens so perfekt gewappnet schien, eine Immunität fast allem gegenüber besaß.

»Kennst du das Bild? Allein der Name ist hinreißend: ›Der Hagestolz‹. Was für ein herrlicher Begriff! Das Wort an sich ist eine Wonne, weil es einen so zielsicher vom A über das E zum O führt, so schön, dass man es sich nicht oft genug laut vorsagen kann. Versuch es mal, schon mit dem langen H am Anfang, das einen so verheißungsvoll anatmet, dann geht es mit dem verschluckten kleinen G sofort in das mächtig gewaltige STOLZ über, und das Ausrufezeichen ist eigentlich schon mit dem finalen Buchstaben des Schlusswortes unsichtbar gesetzt. Einer meiner Lieblingsschriftsteller hat in seinem ersten Roman den entscheidenden Satz gesagt: *Mein Glück, dass es das Wort HAGESTOLZ nicht mehr gibt. So kann ich in aller Ruhe einer werden, und trotzdem kann mich keiner einen schimpfen.*«

Carl hielt das Bild hoch und sah mich durch die ausgeschnittene Figur an, die er wie die Hand beim Kuckucksspiel hin- und herbewegte, was dem Bild eine kubistische Note verlieh, weil immer nur Teile seines fein geschnittenen Gesichts durch die schmale Öffnung zu sehen waren. Die lange schmale Nase, die direkt aus den wie eine kleine Welle geformten Augenbrauen zu entwachsen schien. Die nah beieinanderliegenden runden Augen, deren grüner Grundton bisweilen ins Grau oder Braun changierte und mit denen er einen hin und wieder so eindringlich ansah, dass man Angst bekommen konnte, etwas Falsches gesagt oder sich im Ton vergriffen zu haben. Aber im nächsten Moment zwinkerte er einem zur Erleichterung mit einem gehörigen Schalk im Nacken zu, und alles war wieder in Ordnung.

»Es ist wie bei allen Bildern von Spitzweg, sie scheinen auf den ersten Blick so erwartbar Genremalerei und vom Allgemeinplatz aus entworfen und durchgeführt, aber Tiefe besteht nicht nur im Raum, mit dem er generell den Hintergrund entgrenzt, sie ist das wesentliche Element seiner Kompositionen, was den Inhalt anbelangt. Nehmen wir den Hagestolz allein, den er mehr als einmal thematisiert und so in jedem Motiv mit mehr Substanz anreichert. Es hätte mir natürlich noch viel besser gefallen, wenn ich nicht die populärste Version hier hängen gehabt hätte, aber sie ist leider auch die schönste, weil sie die dunkle Figur mit dem Zylinder und der Zeitung so perfekt inszeniert.«

Der Kommentar ließ mich deswegen aufhorchen, weil Carl eigentlich helle Farben bevorzugte. An diesem Tag trug er ein mattgrasgrünes Hemd mit passender Krawatte, darüber einen Fair-Isle-Pullunder mit Rauten in Sand und Moos zu einer beigen Chino-Hose und Chelsea-Boots aus dunkelbraunem Wildleder.

»Im Prinzip hat sich Spitzweg weit vor den Impressionisten auf hochmoderne Abstraktionswege begeben, aber er geht damit nicht hausieren, er zeigt sie nicht jedem, sondern versteckt seine Meisterschaft lieber in den Details, wo die wahren Connaisseure sie aufspüren dürfen. Wenn ich mir das derzeit aus unerfindlichen Gründen tatsächlich *nicht* im

Belvedere ausgestellte Exemplar vom *Hagestolz* vor Augen rufe, verliere ich nahezu die Fassung vor Begeisterung. Es ist die einzige Darstellung, in der man die Figur von vorne sieht, zwar auch mit hinter dem Rücken verschränkten Armen, in dieser Geste, wie wir Schopenhauer und seinen Pudel vor Augen haben. Aber genau wie dieser hat auch er auf dem Bild einen vierbeinigen Begleiter, der vor ihm her streunt. Das jedoch nicht allein.«

Er schlug den Katalog auf und deutete auf das Werk, das mich sogleich in Staunen versetzte, weil es augenscheinlich einer jüngeren Epoche zu entstammen schien als sein zerschnittenes Pendant. Der Hagestolz trug darauf fast Carls Farben, dass er vorwärts ging, konnte man an seinen hellen Beinkleidern erkennen, von denen eines von der Sonne beschienen vorausschritt. Der braune Gehrock wirkte eher wie die lange Hippie-Wildlederjacke eines Soulfreaks, der passend zu seinem schwarzen Existenzialisten-Rolli einen Zylinderhut kombiniert hatte, um sich etwas makabres Flair zu verleihen. Am markantesten war jedoch der Schatten, den der Hut auf sein Gesicht warf, denn so wirkte es fast, als seien seine zur Seite blickenden Augen hinter der dunklen Maske eines Zorro versteckt.

Das Bild war mit dicken Farbklecksen und Strichen modelliert, wie die am Himmel hingetupften Wolken, und manche Details verschwammen dermaßen stark ins Abstrakte, dass sie gar nicht mehr identifizierbar waren. Wie ich entzückt feststellte, wäre das gewiss ein ideales Bild für *Original und Fälschung* gewesen, weil es dem Auge die höchste detektivische Arbeit abverlangen würde, nach zusätzlichen oder ausgesparten Flecken in einer derart elegant unscharf gestellten Landschaft zu suchen. Der einzige Beleg für die längst vergangene Zeit des Bildes schien mir ein angedeuteter Sonnenschirm bei einem der verstreuten Pärchen zu sein, die offenbar zwangsläufig als Kontrapunkt zum Motiv des einsamen Hagestolzes dazugehörten.

»Das Beste ist natürlich, wie er hier das altbekannte Thema von *Herr und Hund*, dass sich beide in Ausdruck und Haltung immer weiter einander annähern, allein mit den Farben durchführt: Sowohl dem, ja, was ist es eigentlich, Pinscher, Beagle oder eine Art Collie hängt der Kopf eher traurig nach vorne, wie der leicht gebeugte Gang seines Herrn, dessen Farben sein Fell zitiert vom Braun des Haars und der Jacke über das weißliche Beige seiner Hose bis zum Schwarz von Zylinder und Pullover. Und was für ein mit dem Hintergrund fast schon verschmelzendes Objekt trägt er denn da hinter dem Rücken? Stock oder Schirm? Auf nur 23 mal 30 Zentimetern entwirft Spitzweg Mitte des 19. Jahrhunderts im Prinzip die entscheidende Urszene des Hagestolzes: Ein Mann geht alleine durch die Landschaft, während alle um ihn herum alles andere als alleine sind. Und selbst diese Darstellung geht auf ein 1840 entstandenes Meisterwerk namens ›Der verbotene Weg‹ zurück. Da haben wir bereits alles enthalten, was später für die Hagestolze wichtig wird: die vereinzelte Figur, der versagt bleibt, was sie sich am meisten ersehnt und stets in ihrer Blickrichtung verraten ist: das vermeintliche Liebes- und Lebensglück der anderen, fast immer dargestellt durch einen Mann in Uniform mit seinem Treulieb im Arm beim Promenieren. Nur, dass Spitzweg das 1840 noch im frühen plakativen Stil macht. Da steht doch dieser durch seine Tracht als Jesuitenpater identifizierbare Kauz mit der aufgeschlagenen Bibel in der Hand vor einer Art Schranke, die behelfsmäßig mit Stöcken und Strohschleifen aus dem nahe gelegenen Feld zusammengebunden ist. Aber damit nicht genug, am Stock neben der Schranke hängt ein kleines viereckiges Schild, auf dem tatsächlich in Schreibschrift *Verbotener Weg* geschrieben steht.

Also eigentlich eine Warnung, die nur an den Protagonisten des Bildes gerichtet ist, gar eine Vision, die in diesem Moment dem verstockten Sonderling als Comic-Gedankenblase vor der Zeit das Weitergehen untersagt, was für ein wunderbarer Spaß. Das ist schon fast wie bei Kafka vor dem Gesetz, wo es am Schluss heißt: *Hier konnte niemand sonst Einlaß erhalten, denn dieser Eingang war nur für dich bestimmt. Ich gehe jetzt und schließe ihn.* Wenn man es genau nimmt, ist selbst ›Blumfeld, ein älterer Junggeselle‹ der Hagestolz schlechthin.«

Es gab offenbar kein gutes Buch, das ich je gelesen hatte, das Carl nicht auch kannte und liebte. Nur war er anders als ich dazu in der Lage, die Lektüren absolut beiläufig zu erwähnen und dabei gleichzeitig sein Wissen durchschimmern zu lassen, ohne einen damit vor den Kopf zu stoßen. Er holte aus der Schublade unter seiner Ottomane einen Bildband hervor, auf dessen Umschlag das Gemälde prangte, und stellte ihn so hin, dass wir es gut betrachten konnten.

»Auf einer frühen Fassung des Gemäldes ist es ein Kreuzweg, auf dem der Mann steht, und seine Schuhe weisen in die zwei möglichen Richtungen zum Weitergehen. Doch Spitzweg nimmt ihm in der finalen Version die Wahl ab, sodass eigentlich nur noch die Umkehr bleibt. Der Pfad, auf dem die zwei Liebenden weiterwandern, ist ihm versagt, er wird dank des unmissverständlich warnenden Schilds zum höchstpersönlichen Holzweg. Aber auch von der zweitürmigen Kirche rechts hinten, seiner religiösen Zuflucht, ist er im Bildaufbau durch einen aufragenden Baum (der Erkenntnis gerade erfahrener Versuchung?) deutlich abgeschnitten. Er ist abgetrennt von allem, aber auch selbst ein Trennender, sein Weg zurück hinterlässt eine Schneise, die vom Himmel – schau mal rechts von ihm über der Kirche dräuend und düster, links von ihm romantisches Abendrot und rosa

Gewölk, das an tiefblaue Fragmente grenzt – bis zur Erde reicht: da, wo im Vordergrund ein dubioser Stein mit einem eingemeißelten S aus dem Grund ragt, halb Wegweiser, halb Grabstein. Hat er sein Schicksal durch das Bedenken der Versuchung bereits besiegelt? Wie heißt es im *Faust*? *Und sich als Hagestolz allein zum Grab zu schleifen, das hat noch keinem wohlgetan.* Denn eins ist klar, er bleibt auf seiner Seite der Schranke zurück, auch wenn er die aufgeschlagene Bibel nicht studiert, sondern selbstvergessen hinter dem Rücken trägt wie der Hagestolz seine sorgsam gefaltete Zeitung.«

Nun fiel mir auch endlich auf, was »Der verbotene Weg« mit dem unter die Schere geratenen Bild zu tun hatte. Der Hagestolz stand wie sein strauchelnder Glaubensbruder im Geist einsam in der Mitte des Bildes wie ein Turm, der den fernen gebirgigen Hintergrund weithin mit seinem Kopf überragt, also alles gut im Blick haben sollte, was ihn umgibt. Und als ob Carl in diesem Moment die in meinem Kopf aufkommende Frage mit seinem übernatürlich entwickelten Sensorium gehört hätte, blätterte er den Katalog auf und zeigte mir den vollständig abgebildeten Hagestolz.

»Damit du weißt, was sie *mir* genommen, was sie mitgenommen hat. Eigentlich so gut wie gar nichts. Ein Blick zur Seite, mit Zylinder auf dem Kopf, Zeitung hinter dem Rücken und einem Buch unter dem Arm. Das Gesicht, nur dank Ohr und Bart als seitlich den flanierenden Paaren neben ihm zugewandt zu erkennen, sieht im Grunde über alles hinweg. Und ist wahrscheinlich sogar fixiert auf die in einiger Entfernung stehende Kirche und das sich sinnhaft direkt über ihr zusammenbrauende Gewitter. Was geschieht da? Spitzweg gibt uns zu verstehen, dass der Hagestolz hier weiß, woher ihm Unheil droht: genau von der Institution, die seinen Lebenswandel nur verurteilen kann oder zumindest infrage stellen muss: Das männliche Pendant der *Alten Jungfer*, der ewige Bachelor, folgt wie sie nicht Gottes Wort, wenn er seinen Segen spricht: *Seid fruchtbar und mehret euch und füllet die Erde und macht sie euch untertan.* Gewiss, der Hagestolz ist nicht arm, wie man sieht, vermögend ja, aber eben nicht reich genug, um eine Familie zu gründen, weil das kleine Stück Land, das ihm gehört, der sogenannte HAG, dafür nicht ausreicht, was man ja schon an dem abgeleiteten Adjektiv *hager* sieht.«

In diesem Moment begann der alternde Junggeselle mir leid zu tun, und Carl musste es an meinem Gesichtsausdruck gesehen haben, denn er schüttelte bestimmt den Kopf und zeigte auf die Figur, als handele es sich um ein insgeheim bewundertes Vorbild, dessen Ehre er zu retten habe.

»Versteh mich bitte nicht falsch, natürlich ist er wie der Jesuitenpater vor dem *Verbotenen Weg*, diese bildliche Spiegelung seines Kunstbruders im Zylinder, der einfach nur dem Paar hinterhersehen kann, zur Einsamkeit vedammt, aber darum noch lange kein hoffnungsloser Fall. Der Hagestolz, wie Spitzweg ihn malt, ist ja nur eine tragische Existenz, wenn man ihn vom Stammbuch aus denkt. Er ist ein wenig wie der kleine Hanno Buddenbrook, als er einen Strich unter seinen Namen in der Familienchronik setzt, weil er dachte, *es käme nichts mehr.* Oder Morrissey, wenn er singt, er sei *the end of the family line: with no complications/ fifteen generations (of mine)/all honoring nature/until I arrive (with incredible style).* Damit ist eigentlich alles gesagt, denn die Unabhängigkeit des Hagestolzes zeigt sich in seiner umso stärkeren Haltung, angedeutet durch das »Stolz« im Wort, das nicht vom überkandidelten Gefühl herrührt, sondern vom altdeutschen Verb *stellen*, der Vergangenheitsform *stalte.* Also geht es eher darum, wie sich jemand auf einer Stelle platziert, dasteht, sich entwickelt oder verhält, was für eine Einstellung der Hagestolz hat, von welcher Gestalt oder Beschaffenheit er ist. Und schau nur, wie er zwar auf den ersten Blick bemitleidenswert allein in der Mitte des Gemäldes steht, doch im selben Moment das Zentrum des Orbits darstellt, um den all die vermeintlich glücklichen Pärchen kreisen, weil er natürlich in sich all die Gedanken und Sehnsüchte vereint, die unausgesprochen in den Köpfen der vielleicht insgeheim hoffnungslos in schwerstem Liebeskummer versinkenden Gestalten im Bild umhergeistern.«

Ich sah ihn erstaunt an. »Du meinst also, sie würden sich stillschweigend nach der überblickenden Souveränität seines Ungebunden-Seins sehnen, weil sie unglücklich sind und ahnen, dass sich das nicht ändern wird, weil sie gefangen bleiben werden im Teufelskreis ihres irdischen Gefühlsreigens, gegen den er durch seine unabhängige Einsamkeit gefeit ist? Das Bild ist also eine versteckte Feier seiner Stellung in der Welt?«

Ein strahlendes Lächeln breitete sich auf seinem Gesicht aus. »Ganz genau so, praktisch philosophisch sozusagen: mein Schüler, mein Geschöpf!«

Was als Nächstes geschah, konnte ich nicht gleich verstehen, und im Nachhinein war ich versucht, es als Ausdruck von Carls allgegenwärtiger Selbstkontrolle zu deuten, weil er damit das Thema nachgerade bildlich vom Tisch räumte. Aber die resolute Art, mit der er die Bildbände zuschlug und behende unter der Ottomane verstaute, als vertraute er ihr damit ein Geheimnis an, schien mir ein Versuch zu sein, zu überspielen, dass er einen Moment lang seine Begeisterung für meine Erkenntnis gezeigt hatte. Wobei ich ja doch nur das in anderen Worten wiederzugeben imstande war, was er mir zuvor anhand der Gemälde selbst erklären wollte. Hatte ich ihn also bei einem genuin narzisstischen Manöver ertappt und so, ohne es zu wissen, meinen Finger in seine ureigene Wunde gelegt, ihn an der verletzlichsten Stelle getroffen? Und hatte Kirsten somit überraschend recht gehabt, die Figur aus dem Bild zu schneiden, weil der schmale Schatten, den sie so hinterließ, auf unheimliche Weise den Umrissen Carls glich, der letztendlich seit ihrem Verschwinden die ganze Zeit nur über sich selbst referiert hatte?

Ich fühlte mich an ein anderes, nicht minder dunkles Bild erinnert, in dem ich einst nur mit Mühe und Not meine geliebten zehn Fehler gefunden hatte: den *Narciso* von Caravaggio, wie er gebeugt über den Totenfluss des Styx zum perfekt symmetrisch gespiegelten Tempel seines Selbst wird, der Körper sich in Architektur verwandelt, in ein hermetisches Emblem, dem nicht einmal im Angesicht des Todes von sich abzusehen gegeben ist. Bevor ich mir indes die allfällige Antwort auf meine stumm gestellten Fragen geben konnte, hatte Carl den Schnitter seines Hagestolzes schon ins Paneel zurückgehängt, das er mit Verve schloss, und im nächsten Moment war er schon fast an der Tür auf dem Weg nach draußen.

»Was reden wir noch? Wir haben jetzt tatsächlich einen echten Auftrag, mein Lieber, Kirsten finden!«

17

Familienaufstellung

Irgendwer hat mal gesagt, es seien die ersten sieben Sekunden, in denen sich entscheide, wie wir eine neue Person in unserem Leben wahrnehmen. Vielleicht sogar nur die verschwindenden Bruchteile einer Sekunde: *Yay or nay*, hui oder pfui, *no or go*. So gesehen muss der Augenblick, in dem Kirsten zum ersten Mal vor mir in der Schule stand, als folgenschwerer Wendepunkt meines zu dieser Zeit angenehm ereignislosen Lebens gelten. Ich war durchschnittlich begabt und schrieb akzeptable Noten. Meine Tage verliefen in schläfriger Eintönigkeit, stets in der gleichen Abfolge: Nach der Schule ging ich gelangweilt nach Hause, warf mich auf mein Bett und starrte an die Decke.

Das war meine absolute Lieblingsstunde am Nachmittag, weil ich sie zum Praktizieren einer zutiefst beruhigenden Gedankenübung nutzte, die mir fast noch mehr Freude bereitete als *Original und Fälschung*: Die Zimmerdecke bestand zur Lärmdämmung aus quadratischen Kassetten mit einem filigranen Lochmuster, das dazu diente, den Schall des Fischgrätparketts im Stockwerk über uns zu schlucken, das ausgerechnet zu dieser Tageszeit besonders heftig von den zwei darauf herumtobenden Vorschulkindern in Anspruch genommen wurde. Ich lag da, döste vor mich hin und konstruierte aus den unzähligen kleinen schwarzen Löchern über mir imaginäre Bilder, die sich dank einer von mir erdachten Abfolge von Linien zu materialisieren begannen. Die Lage der Linien bestimmte sich durch das Verbinden aufeinanderfolgender Zahlen, die ich einzelnen Löchern zugeordnet hatte. Manchmal beließ ich es auch bei den Punkten, sodass die Linien mehr oder weniger unsichtbar blieben und vor meinen Augen nie gekannte Sternenbilder von sagenhafter Schönheit entstanden. Ich gab ihnen lateinische Fantasienamen wie *Caissavenia*, *Sorscornu* oder *Verbablanda*.

An dem Tag, als ich Kirsten zum ersten Mal gesehen hatte, es war direkt nach den Sommerferien, und der Unterricht begann erst zur dritten Stunde, kam ich nach Hause, legte mich auf das Bett, starrte an die Decke und sah gar nichts mehr, nur noch sie. Und zwar genau in dem Augenblick auf dem Schulhof, da sie vor mir stand. Ich hatte mich eigentlich weggedreht, weil mein nerviger Sitznachbar aus dem Tutorenkurs, der immer für einen schlechten Scherz gut war, mit mir gerade ein neues Spiel ausprobieren wollte, bei dem es angeblich darum ging, gemeinsam so lang die Luft anzuhalten, bis einer entweder aufgab oder die Besinnung verlieren würde. Aber was ich vor mir sah, als ich mich umdrehte und fast gegen die Wand der Turnhalle hinter mir gelaufen wäre, nahm mir tatsächlich und auf ganz natürliche Art den Atem.

Es waren zwei Augen, die mir ins Gesicht sahen, gerahmt von glattblondem Haar, das an den Spitzen in sanftem Bogen über den Schultern abstand. Sie musste sich das gescheitelte Haar gerade erst wie den Vorhang eines magischen Theaters zur Seite gestrichen haben, auf jeden Fall kam mir der gefestigte Blick ihrer von gedankenschwer schrägen Lidern betonten großen grünen Augen vor wie der Auftakt zu einer hypnotischen Veranstaltung, deren einziger Gast ich selbst sein musste. Die schmale Nase war von einer entzückenden Vielzahl von Sommersprossen gekrönt, ihr leicht geöffneter Mund gab zwei perfekte Vorderzähne frei, die sich wohl aus Versehen vor Kurzem auf der Unterlippe verbissen haben mussten. Jedenfalls war in der Mitte ein kleiner Abdruck zu erkennen, der die Farbe frisch getrockneten Blutes trug, als hätte sie diesen klassischen Mädchentrick angewendet, von dem man als Junge nie genug bekommen konnte: wenn sie manchmal selbstvergessen und im gleichen Moment völlig bewusst abwechselnd die eine und die andere Seite ihrer Lippe mit den Schneidezähnen fletschten, um die emotionale Abwägung einer schwierigen Entscheidung (Obstsalat oder Gemüsesmoothie? Küssen oder nach Hause gehen? Lippenstift oder Lidschatten?) darzustellen.

Muss ich noch die leicht zerbügelte weiße Bluse mit Kentkragen erwähnen, bei der lediglich der oberste Knopf geöffnet war, sodass aus ihrem zarten Hals das ebenmäßige Antlitz erwuchs wie der Blumenstrauß aus einer alabasternen Porzellanvase? Es war einfach alles zu viel, weswegen ich auch nur »Oh, Verzeihung!« stammelte, als wäre ich ihr zufällig zu nahe getreten, und mich vorsichtig wieder entfernte. Weil ich meinen Blick nicht von ihr lassen konnte, ging ich langsam tastend rückwärts weg, was, wie mir auffiel, extrem seltsam aussehen musste und allein deswegen nicht schieflief, weil der Idiot aus dem Tutorenkurs schon auf der Suche nach einem anderen Opfer weitergezogen war und niemand mehr hinter mir stand.

Weil im selben Moment die Schulklingel zum Pausenende ertönte, hatte ich keine Zeit mehr, mich ihr ordentlich vorzustellen, was sich aber dadurch erübrigte, dass sie den gleichen Chemie-Kurs belegt hatte wie ich und wir uns zwangsläufig im Labor wiedersahen. So erfuhr ich ihren Namen und sie meinen, und weil sich anscheinend alle anderen Teilnehmer in der nicht besonders großen Gruppe bereits zu kennen schienen, wurden wir von Herrn Schleifer als Fehlpaten zugeordnet. Am Ende würde sie vielleicht sogar meine *Laborpartnerin*, mit der ich *Potassium*, *Nitrogenium* und andere wohlklingende Elemente im Reagenzglas mit dem Bunsenbrenner erhitzen konnte, um sie gekonnt miteinander zu vereinen, zum Erstaunen von Schleifer, der damit nicht rechnen konnte. Dabei wollte ich erst gar nicht, ich musste zu Herrn Schleifer, weil all die anderen Naturwissenschaften sich an einem der Tage mit meinem Tutorenkurs überschnitten.

Guido Schleifer war eine Legende, aber keine, die man am eigenen Leib erfahren wollte. Seine Spezialität waren ausgemacht fiese Experimente, die selbst abgehärtete Nasen mit übelsten Schwefelnoten an den Rand eines echten olfaktorischen Kollapses brachten. Noch berühmter war, wie alle berichteten, die jemals bei ihm Unterricht gehabt hatten, seine Rückgabe der Kursarbeiten. Die fand ausschließlich in der letzten Minute der Stunde statt, weil er die 44 vorangegangenen lediglich dazu nutzte, an der Tafel vorzuführen, wie viele Punkte sämtliche abgegebenen Arbeiten insgesamt *hätten erreichen können* und *wie genau*. Das aber nur, um dann die von allen zusammen *tatsächlich erreichte* Zahl mit einem Kreidestumpen, der durch die von ihm empfundene Genugtuung in seiner Hand nahezu zersprang, aufzumalen, gekrönt von der größten inhaltlichen Fehlleistung, also der *dümmsten Antwort von allen*, mit der er endete, sodass sich jeder seine Arbeit bei ihm persönlich eigentlich bereits in der Pause abholen musste. Währenddessen stand er mit gequältem Lächeln hinter dem ziegelfarbenen Labortisch und strich mit seinen riesigen Händen unsichtbare Falten auf dem Stapel der Kursarbeiten glatt.

Dass ich ihm meine Rolle als Fehlpate Kirstens zu verdanken hatte, entschädigte mich eigentlich von vornherein für alle Demütigungen, die ich in Zukunft bei ihm erleiden mochte. So erfuhr ich im Anschluss an den Schultag nicht nur ihre Adresse, sondern auch gleich die Geschichte, die sie zu uns geführt hatte. Warum sie es auf der Privatschule in dem abgesperrten Bereich der Innenstadt *nicht einen Tag länger* ausgehalten hätte, obwohl es *der einzige Platz* gewesen sei, an dem ihre Eltern sie *wirklich in Sicherheit* wähnten. Wie sie einfach irgendwann genug gehabt habe von der *Statusangst der wohlstandsverwahrlosten Mitschüler*, die *sich nicht entblödeten*, die *an sich doch sehr schöne Schuluniform* aus reiner Baumwolle von ihren Eltern *unauffällig in exklusiveren Stoffen nachschneidern* zu lassen. Um dann auf dem Hof *großspurig anzugeben (Fühl mal, hier, Mädchen, Vikunja!)*, nur damit sie nach *einer rhetorischen Pause* den *entscheidenden Satz* nachlegen konnten (*Aber du weißt ja gar nicht, was das ist, Vikunja …)* Alles, aber auch wirklich alles, sei *bis ins Mark verderbt* gewesen an diesen *geistlosen Neo-Poppern.*

Genau an diesem Punkt unseres etwas einseitigen Gesprächs (Kirsten war entgegen meinem ersten Eindruck, als ich an Shakespeares schönen Satz denken musste, mit Augen zu hören sei der Feingeist aller Liebe, mitteilungsbedürftiger als ich dachte) waren wir schon vor ihrem Haus angekommen, das wie ein glücklicher Zufall beinahe auf meinem Heimweg lag. Ich verabschiedete mich, um nicht noch weiter aufzufallen, so unverbindlich wie möglich mit einem besonders tonlosen »Na, dann«. Ihre unmittelbare Reaktion auf die bewusst beiläufig abwinkende Hand, mit der ich den Abschied besiegelte, gab genug Anlass zur Hoffnung, um den Nachmittag zu überstehen.

»Ach gut, dass wir den gleichen Weg haben, dann können wir ja morgen genau da weiterreden, wo wir heute aufgehört haben. Tschüss, du neuer Fehlonkel, oder wie das heißt, hahaha.«

Was sie nicht wissen konnte, war, dass ich eben gerade nicht da weitermachen konnte, wo ich vorher aufgehört hatte, und dass es von da an vorbei war mit dem herrlich angenehmen Einerlei der Tage, dem Dösen und dem Starren an die Decke, den neuen Sternbildern am künstlichen Himmel des gedämpften Schalls. Weil nur noch eine Figur dort oben zu sehen war, nämlich die schockgefrorene *Pausenkirsten*, wie ich ihr Bild zu nennen beschloss, als sei sie etwas, das man in der Milchbar kaufen konnte wie die *Kaiserbrötchen mit Eszet-Schnitte*, von denen ich mich bevorzugt ernährte, oder die *Himbeermilly* im Tetra-Dreieck wie ganz früher *Sunkist*. Das wäre ja noch besser, wie mir beim Nachdenken sofort auffiel, *Sunkirsten*, dann kommt es wenigstens hin mit dem Stern und der Umlaufbahn und der Milchstraße, rotierte es in mir weiter, und der Verlust, dass ich nur noch sie sah, war schnell vergessen.

Wirklich vermisste ich aber, was auf das *Ruhestundenritual* in der Horizontalen normalerweise folgte: der kurze Spaziergang durch den nahen Park und meine anschließende Lektüre in der Dämmerung mit einer Kanne frischem Brühkaffee, den ich neben *Chokini*-Keksen und dem Notizbuch mit angespitztem Bleistift auf dem Tisch stehen hatte. Immerhin, den Gang über die Felder in den Park schaffte ich noch, auch wenn mit jeder weiblichen Silhouette unausweichlich Kirstens Umrisse vor mir auftauchten und ich kaum noch Zeit fand, ungestört meinen Gedanken nachzuhängen, die ich sonst beim Gehen wie sehnsüchtige Blicke über den Horizont schweifen ließ.

Und sogar die Lektüre, auf die ich mich so gefreut hatte, wollte nicht mehr wie gewohnt gelingen, als ich sie nach der Heimkehr begann. Der Kaffee schmeckte, als ob das gemahlene Pulver schon zu lang in einer Metalldose aufbewahrt worden war. Die Kekse hatten diese unangenehm mürbe

Konsistenz ohne jeglichen Biss, die entsteht, wenn man vergisst, die Plastikfolie wieder über die Box zu ziehen. Und auch meine sonstige Freude, das Buch an der Stelle aufzuschlagen, wo ich es am Tag vorher verlassen hatte, war dahin. Es waren die ungekürzten Sonderausgaben von Thomas Mann mit ihren verpixelten Bildern auf dem Karton-Umschlag und Buchtiteln, die aussahen wie vergessene alte Straßenschilder, die ich zu dieser Zeit eines nach dem anderen akribisch durcharbeitete. Vor allem das Verzeichnis mir unbekannter Fremdworte liest sich im Rückblick wie eine Aneinanderreihung aller Eigenschaften, die mich zu dieser Zeit treffend charakterisierten: von vexatorisch (*S. 22 quälend lat. Vexatio*) über ephemer (*S. 73 vergänglich – 1 Tag Dauer, gr. ephemeros*) bis zu inkohärent (*S. 102 unzusammenhängend*) reichte die Bandbreite, dazu hatte es mir besonders das Wort *chaperonieren* angetan. Nur der Ausdruck *in jokoser Weise* stammte bereits aus dem zweiten Teil des Mann-Bandes, den ich gerade las, »Die Entstehung des Doktor Faustus«.

Ich empfand diesen Trick, das Angenehme mit dem Nützlichen zu verbinden und mich so im weitesten Sinn auf meine Prüfung bei Herrn Dr. Fant vorzubereiten, als ziemlich ausgefuchst. Zumal ich dabei auf herrlich abwegige Titel wie die *Historia von D. Johann Fausten* stieß, aber es reichte eben leider nicht mehr bis zu *Dr. Johannes Faust's Magia naturalis et innaturalis oder Dreifacher Höllenzwang.* Denn trotz der musikalischen Untermalung durch das *Mahagonny-Songspiel*, das mir auf vertrackte Weise ungemein passend als Soundtrack zum Lektürethema erschien und das noch dazu wegen des flotten Tempos, in dem das *London Sinfonietta* es intonierte, zusammen mit dem Koffein ordentlich Adrenalinschub gab, hatte ich mit einem Mal allen Enthusiasmus für meine Studien verloren. Und all das nur wegen dieser folgenschweren Millisekunde in der Pause auf dem Hof im Angesicht der jungen Dame, die ich von da an *chaperonieren* wollte, also begleiten, um sie zu beschützen.

Und war es denn ein Wunder, dass diese Millisekunde ausgerechnet in dem Moment erneut durch mein armes Gehirn zuckte, als Carl mir von der Tür zu seinem *Kunstversteck* aus unmissverständlich mit Drama-Miene und hektisch im Kreis winkenden Händen zu verstehen gab, dass wir absolut keine Zeit zu verlieren hatten? Nein, denn der anzuzeigende Verlust war tatsächlich eingetreten.

»Ich gehe in den Park, du ins Museum? Oder andersherum?« Wir rannten, nein, wir flogen das Treppenhaus hinab. Ich tat es Carl gleich, der sich mit einer Hand auf dem blank polierten Holzgeländer abstützte, während er seine Beine in die Luft schleuderte, als würde er sich über eine Barriere schwingen oder zum Hochsprung ansetzen. Nie im Leben fühlte ich mich dem näher, was im Volksmund *der Ernst des Lebens* genannt wird. Im Nu waren wir im Vorgarten und auf dem Platz.

»Müssen wir nicht jetzt wirklich Kirstens Eltern informieren? Vielleicht ist sie ja auch einfach nur wütend nach Hause gegangen, um dem ganzen Verschwindibus-Zirkus ein Ende zu setzen.«

Carl hielt inne und sah mich überrascht an. »Daran hatte ich tatsächlich noch gar nicht gedacht, aber du hast natürlich völlig recht. Geh doch mal kurz vorbei, du kannst ja ganz unschuldig tun und nach ihr fragen.«

Ich wollte seinen Gedankengang nicht stören, war aber zum ersten Mal überrascht von der mangelnden Stringenz, unseren Plan zu Ende zu denken. Es war ja noch viel zu früh am Tag, um ganz normal nach Hause zu gehen, genau genommen begann gerade erst die dritte Stunde, und aller Wahrscheinlichkeit nach waren Kirstens Eltern zu dieser

Tageszeit nicht einmal zu Hause. Aber bei der Mutter konnte wegen ihrer seltsamen Allergie keiner so genau wissen, was sie durfte und was nicht.

»Ich durchkämme jetzt erst mal den Park und sehe dich einfach nachher im Museum, ob mit oder ohne Begleitung. Und du machst es ganz genauso. Viel Glück. J'adoube!«

Auf dem Weg zu Kirstens Elternhaus kam ich an einer der wenigen noch erhaltenen Litfaßsäulen vorbei und fragte mich, wie es wohl aussehen würde, wenn Kirsten nun wirklich und endgültig verschwunden wäre. Gab es überhaupt Fotos von ihr, oder müssten die Vermisstenplakate vielmehr das einzige Bild, das es zur Zeit gab, nämlich das Selbstporträt auf dem Bild nach Millais, verwenden? Aber wäre das nicht viel zu makaber, weil damit bereits nach einer halben Wasserleiche gefahndet würde? Wahrscheinlich entstünden im Lehrerzimmer am Kopierer ganze Debatten darüber, ob die Vervielfältigung eines derartigen Motivs durch den Nutzen, sie für die Plakate wiedererkennbar zu machen und damit zu ihrem Auffinden beizutragen, moralisch gerechtfertigt werden könnte oder nicht.

Ich stellte mir die apathisch abseits stehende Frau Hügel vor, der ja in der Realität trotz oder gerade wegen Carl genau dieses Schicksal erspart geblieben war: der Umstand, dass sie dank ihres vor dem gesamten Kurs in aller Öffentlichkeit geäußerten folgenschweren Kommentars nicht nur als vermeintlicher Grund für Kirstens Verschwinden gelten, sondern ein Gemälde ihrer hochtalentierten Schülerin auch noch an jeder Litfaßsäule auftapeziert sehen musste. Ich versuchte mir auszumalen, wie sie entgeistert aus dem Fenster starren würde und bei jedem Kollegen, der mit der lautstark einschnappenden Tür das Zimmer betrat, zusammenzucken, weil sie nichts mehr fürchtete als das Überbringen einer schlechten Nachricht. Sie tat mir eigentlich leid, weil ich es gut nachempfinden konnte, wie sich das anfühlen musste.

Seit meiner frühen Kindheit litt ich immer wieder unter Zwangsvorstellungen, die sich regelmäßig einstellten, wenn ich mich von Menschen, die mir sehr nahestanden, für eine Weile verabschieden musste. Und zwar nie dann, wenn ich wegging, sondern nur, wenn sie es waren, die mich verließen. Sie waren oft noch nicht einmal völlig aus meinem Blickfeld verschwunden, da fing ich bereits an, darüber nachzudenken, was ihnen Furchtbares zustoßen konnte. Ich sah grauenhafte Unfälle, die hinter der nächsten Ecke lauerten, gemeingefährliche Verbrecher, die auf der Flucht um sich schossen, von einer verheerenden Windböe aus dem Nichts erfasste Gerüste, die unschuldige Fußgänger unter sich begruben, oder einfach nur eine vom Morgengrauen versteckte Eispfütze, die tragisch das Genick der auf ihr ausgerutschten Person zu brechen drohte. Aber das Schlimmste daran waren nicht die Todesfälle selbst, die mich seltsam kaltließen, sogar mit dem verheerenden Verlust der geliebten Person, die ich nie wiedersehen würde, hatte ich mich bereits abgefunden. Am schrecklichsten empfand ich das Gefühl der Faszination und die Beruhigung, die von der Tatsache ausging, dass ich von diesem Augenblick an absolut allein auf der Welt sein würde und somit niemandem mehr etwas zu beweisen hatte oder Rechenschaft schuldig war.

Meine Genugtuung über das entgegengebrachte Mitgefühl der Trauergemeinde und das namenlose Entsetzen, das in ihre Gesichter geschrieben war, wenn sie mir bei der Beerdigung ihr Beileid aussprachen, erfüllte mich mit einem tiefen Frieden, der auch dadurch nicht mehr gestört werden konnte, dass mir in jedem Moment dieses Gedankenspiels klar war, dass es sich dabei um etwas Unerhörtes handelte, das ich mit niemandem zu teilen imstande war. Es war schon widerwärtig genug, etwas Derartiges auch nur zu denken, aber daran noch Gefallen zu finden, schlug dem Fass den Boden aus und ließ mich darunter ins Nichts stürzen.

Unheimlich an diesem *anderen Zustand*, wie ich die Momente, in denen ich mir solcherlei vorzustellen begann, bezeichnete, war für mich vor allem der befremdliche Wunsch, der sich dahinter verbarg: das Ende der Eltern. Es kam mir oft so vor, als sei mein Leben das eines Findelkindes, welches man einfach nur irgendjemandem vor die Tür gelegt hatte, der dann aus Empathie mit der Hilflosigkeit des ungeschützten Wesens beschlossen hatte, die ehrenwerte Aufgabe, sich selbstlos einer bedürftigen Existenz anzunehmen, bereitwillig und ohne zu zögern zu akzeptieren. Ich empfand Dankbarkeit für diese aufopfernde Geste, auch wenn ich ahnte, dass die wahren Motive dahinter vielleicht viel weniger altruistisch waren, als es zunächst auszusehen schien.

Wie oft geschah es, dass ein Kind nurmehr der allerletzte Versuch war, eine gerade zerfallende Beziehung zu kitten, weil es unausweichlich die gesamte Aufmerksamkeit des Paars in Anspruch nahm und so alles andere unwichtig wurde oder in den Hintergrund trat? Und Jahre später, wenn beide zum ersten Mal wieder ein wenig Zeit hatten, über sich selbst nachzudenken, waren die Gräben zwischen ihnen unmerklich so tief geworden, dass jeder Versuch, sich einander anzunähern, endgültig zum Scheitern verurteilt war, und das gerade erst im Aufwachsen begriffene Kind wurde ungefragt gezwungen, seine allerneueste Rolle zu lernen: Scheidungsopfer. Oder es war von vornherein so, dass nur einer den Kinderwunsch hegte und das neue Mitglied der Familie ein bereits vorhandenes Ungleichgewicht noch mehr aus der Balance brachte, als *genealogische Unwucht* sozusagen, die den Stammbaum in einen gefährlichen Neigungswinkel versetzte, der einem bereits schwachen Ast mit zu großer Last den Rest geben konnte, dessen Schicksal daher unausweichlich war: das sichere Ende der Familienlinie zu bedeuten.

In diesem Moment meiner Reflexion war ich vor Kirstens Haus angekommen, und als ob sich die Schwere meiner letzten Gedanken vollständig in meinen Arm verlagert hätte, schaffte ich es kaum, den schwarzen Klingelknopf aus mattem Metall ganz durchzudrücken. Ich konnte mich auch nicht gleich daran erinnern, dass es so anstrengend war, an der Tür zu läuten, weil es wegen der Allergie von Kirstens Mutter keinerlei Elektronik im Haus gab und die Glocke im Flur mit einem komplizierten unterirdischen Seilzugsystem ausgelöst werden musste. Kirsten hatte sich die Konstruktionszeichnung des Architekten für ihr Zimmer rahmen lassen, weil darin für sie ein Geheimnis der Mechanik dargestellt war: die Anmutung eines Regelkreises entstehen zu lassen ohne jede Zugabe von Strom, also eine Art *Perpetuum mobile,* wenngleich mit Anlauf.

Ich fand das schon beim ersten Mal, als sie es mir erklärt hatte, phänomenal und musste auch dieses Mal daran denken, als die Glocke nach nur einem Druck auf den Klingelknopf ewig nachhallte. Kirstens Mutter war so schnell an der Tür, dass ich nicht mehr wusste, welche Frage ich mir zurechtgelegt hatte.

»Oh, Sie sind das. Kommen Sie doch herein!«

Ich winkte ihr zu, als ob ich mich verabschieden wollte, und ging ihr zur gleichen Zeit durch das Tor entgegen, was ihr, wie mir auffiel, völlig sonderbar vorkommen musste, aber sie lächelte mich einfach weiter an wie beim ersten Mal, als ich der kranken Kirsten ihre Hausaufgaben ans Bett bringen wollte.

»Ja ist denn schon Schule aus, oder was führt Sie zu uns?«

Das reichte, ich konnte jede weitere Frage nach Kirsten vergessen, sie war nicht hier, mein Gehirn lief augenblicklich auf Hochtouren, die richtigen Worte zu finden, um, wie es hieß, nur keine schlafenden Hunde zu wecken.

»Nein, leider nicht.« Ich lächelte gequält, weil ich mich augenblicklich dafür verachtete, dieser vorgefertigten Rolle entsprechen zu wollen, der des Schülers, dem die Schule prinzipiell nicht mehr bedeutete als ein notwendiges Übel zum baldigen Erlangen der Freiheit nach dem Abitur. Dabei war das Gegenteil der Fall und *leider* eine einzige Lüge, ich wäre ja nicht nur in diesem Moment, sondern eigentlich immer, viel lieber in der Schule geblieben und hätte dort Unterricht gehabt und einiges darum gegeben, bloß nicht Teil dieses *Dramas* zu sein, das mir zusehends über den Kopf wuchs.

»Wissen Sie, wir haben in Deutsch gerade als Thema *Dokumentarerzählung*, und unser Tutor Dr. Fant hat uns die Aufgabe gestellt, die heutige Doppelstunde dafür zu nutzen, so viel wie möglich über eine einzige Person herauszufinden, und dafür alle Quellen hinzuzuziehen, nur nicht die Person selbst. Und weil Kirsten meine Fehlpatin ist, war ich auf die Idee gekommen, ich könnte Sie eventuell zu ihr befragen. Ich hoffe, ich trete Ihnen damit nicht zu nahe.«

Sie wich etwas vor mir zurück, aber nicht als Antwort auf das gerade Gesagte, sondern um Platz zu machen, damit ich vom Foyer in den Flur mit dem sagenumwobenen Treppenhaus eintreten konnte. Was auch immer ich mir da gerade ausgedacht hatte, musste für sie überzeugend genug gewesen sein, um mich nicht gleich wieder vor die Tür zu setzen. Im selben Moment fiel mir eben noch rechtzeitig das strenge *Schuhritual* in Kirstens Haus wieder ein, und ich beugte mich vor ihr nieder, um meine braunen Wallabees auszuziehen und draußen im Foyer stehen zu lassen. Auch sie verneigte sich kurz, und plötzlich kam es mir so vor, als würde nach diesen gegenseitigen Respektsbezeugungen unsere Konversation wortlos und lediglich mit an Japan erinnernden Gesten fortgesetzt.

Ich folgte ihr an der aufwärtsführenden Treppe entlang in das Wohnzimmer, als sie innehielt und die rechte Hand wie warnend hob. Weil aus dem hinteren Teil des Hauses dank der vollverglasten Fassade eine Überdosis Licht einfiel, bekam die schattenhafte Gestalt von Kirstens Mutter in ihrer seltsam erstarrten Geste etwas ungemein Archaisches. Ich hielt die Luft an, weil ich dachte, sie habe etwas gehört, und was auch immer es war, bedeutete, dass wir kein Geräusch von uns geben durften. Wie mir erst jetzt klar wurde, standen wir an derselben Stelle, die mir beim ersten Besuch in ihrem Haus schon so gespenstisch aufgefallen war, aber ich traute mich nicht, auch nur ein Wort zu sagen.

»Natur. Glauben Sie daran?«

Erleichtert atmete ich aus und versuchte mich zu beruhigen, um das Gespräch wieder aufnehmen zu können.

»Ich weiß, ich habe Ihnen bereits damals, als Kirsten so unglücklich gefallen war und wir zusammensaßen und Tee tranken, davon erzählt, aber nicht alles, die sogenannte *ganze Wahrheit* habe ich Ihnen vorenthalten.«

Sie drehte sich zu mir um und ließ die Hand sinken. »Sehen Sie das?«

Sie blickte auf zur Wand des Treppenhauses, und ich folgte ihren Augen, wobei ich mich nach dem überstrahlenden Licht hinter ihr an die Dunkelheit der massiven Holzkonstruktion vor mir gewöhnen musste. An der Wand hing ein Bild, das mir beim ersten Besuch nicht aufgefallen war, obwohl ich mich im gesamten Haus an keinerlei Dekoration erinnern konnte. Es war ein Kinderbild, und weil der Pullover des darauf abgebildeten Mädchens ein fast schon antiquiertes Norwegermuster zierte, war es schwer zu erraten, ob es sich um Kirsten oder ihre Mutter handelte, zumal beide die gleichen großen Augen mit diesen unglaublich attraktiven melancholisch hängenden Lidern hatten. Die glatten blonden Haare trug das Mädchen hinter ihre Ohren gesteckt und blickte mit völlig erwachsen wirkendem Ernst und geschlossenem Mund zur Seite aus dem Bild hinaus.

Da die Fotografie noch dazu in Schwarz-Weiß abgezogen war, das vielleicht nur durch den Mangel an Licht einen körnigen Gesamteindruck vermittelte, schien es noch schwerer, die Epoche genau zu bestimmen, in der sie aufgenommen worden war.

»Es ist tatsächlich das einzige Foto, das wir von ihr haben, und trotzdem sagt es alles, was ich Ihnen von Kirsten für dieses Projekt erzählen könnte, beredter, genauer, vollendeter und schöner als jedes Wort, das mir einfallen würde. Und wäre das Bild nicht so wichtig für mich, weil es meine Tochter zeigt, wie mein Mann sie gesehen hat, würde ich es Ihnen mitgeben, damit Sie es einfach nur an die Tafel hängen, wenn Sie an der Reihe sind, und statt irgendetwas darüber zu sagen, Ihre Mitschüler dazu aufzufordern, anhand dieses Bildes sehen zu lernen, dieser Aufnahme alles abzulauschen, was sie zu erzählen vermag. *To hear with eyes, belongs to love's fine wit.* Kennen Sie das Sonett? Ich nehme an, Sie haben es in Englisch gelesen. Das war mein Ideal als junges Mädchen, *fine wit* zu haben, und ich habe mich immer gefragt, wie man diese wunderbare Eigenschaft erlangen kann, aber Kirsten hat sie auf diesem Bild, sie trägt sie in sich, und ich habe sie möglicherweise nur nie erreicht, weil es so lange in meinem Leben niemanden gab, der sie zu erkennen gewillt gewesen wäre, sie zu schätzen gewusst hätte.

Als Sie das erste Mal unser Haus betraten, habe ich es fast unmittelbar bemerkt, dass Sie anders sind als die anderen.

Ich habe Ihnen ja von diesem gesundheitlichen Problem berichtet, das ich seit der Schwangerschaft mit Kirsten habe, diese physische Intoleranz allem Künstlichen gegenüber.«

Ich nickte furchtsam und stumm, weil ich wegen der zunehmenden Intimität ihrer Bekenntnisse nachgerade körperliche Angst vor dem großen Unbekannten bekam, das sie mir anscheinend zu offenbaren hatte.

»Jedenfalls kann ich deswegen, wie Sie wissen, keinerlei Menschen um mich herum ertragen. Als Sie aber vor mir standen, hatte ich sofort das Gefühl, ein völlig natürliches Wesen zu sehen. Es war, und bitte entschuldigen Sie, wenn das jetzt zu viel für Sie sein sollte, ein Erlebnis, das ich nur als vollkommen synästhetisch beschreiben kann. Ich roch, als Sie die Tür öffneten, einen frisch beregneten Nadelwald, den ich seit meiner Kindheit nicht mehr betreten hatte. Ich sah den mit Moos bedeckten Boden, auf dem Sie liefen, während Sie ja tatsächlich nur bei uns zur Tür hineinkamen. Ich hörte die Regentropfen, wie sie Tannennadeln herabrollten und auf den von Tieren ausgehöhlten Boden fielen. Kurzum, ich war mir sicher, in Ihnen den Menschen vor mir stehen zu haben, der dazu in der Lage sein würde, uns von dem Ungemach zu erlösen, das über uns gekommen war, seit ich unter dieser Krankheit leide.«

Ich merkte, wie mir aus unerfindlichen Gründen eine Träne über die Wange rollte, nahm ihre rechte Hand in meine beiden Hände und sagte in einem verzweifelten Ton, den ich noch nie zuvor in meiner Stimme vernommen hatte: »Es tut mir so leid.«

Sie sah mich erschrocken von unten an, als hätte ich etwas Falsches gesagt. »Sie wissen es also.«

Ich schüttelte den Kopf. »Nein, was denn?«

Und während sie so gedehnt ausatmete wie ein erschöpftes Tier, das nach einem viel zu langen Irrweg durch unwegsames Gelände in den heimischen Bau zurückgefunden hat, umarmte sie mich und seufzte es fast in meine Ohren, sodass ich erstarrte: »Mein Mann. Der Verschollene.«

18

Leerstelle

Die Wetterküche des Traums war ständig in Bewegung. Wolkenfetzen gleich, die sich unentwegt aus dem Zentrum der Sturmspirale wegdrehten, um von einem angrenzenden Hochdruckgebiet wieder in eine andere Richtung geschoben zu werden, tauchten Motive auf und wieder unter, nahmen kurzfristig bizarrste Formen an oder lösten sich in einem friedlichen Fließ aus kleinen Haufenwolken wieder auf, das von einer der Fronten vor sich hergetrieben wurde. Aber was alle Szenen im Verlauf des Traumes einte, war der Schauplatz, ein turmartiges Gebäude, in dem ein Großteil der Handlung stattfand. Immer wieder rannte sie die Gänge ab, die wie in einem alten Warenhaus mit Wegweisern ausstaffiert waren, auf denen aber statt Produktkategorien oder den einzelnen Abteilungen die Namen von Künstlern standen, für die sie sich in ihrem Leben einmal begeistert hatte.

Jedes Mal, wenn sie in einen neuen Gang einbog, weil sie von dort aus eindeutig lautes Gerede und geselliges Treiben gehört hatte, leerte sich die Regalallee zu beiden Seiten hin mit einer huschenden, nur als Schatten wahrnehmbaren Bewegung. Was auch immer sie gehört hatte, war ganz sicher da gewesen, eine Art Präsenz, von der sie nur nicht sagen konnte, um was für Wesen es sich genau bei dieser sonderbaren Feiergemeinde handelte.

Im nächsten Moment nämlich war die Gesellschaft, die

sich ganz offensichtlich bestens amüsierte, schon wieder dabei, sich sozusagen rechts und links des Ganges in die Büsche zu schlagen, und augenblicklich herrschte nahezu aseptische Ruhe. Wenn sie dann die Gänge hinabsah, glichen beide Seiten einer Ansammlung bis zum Rand gestapelter alter Stereoanlagen, deren Lämpchen, ohne erkennbar einem bestimmten Rhythmus zu folgen, hektisch in Gelb, Rot und Blau vor sich hin blinkten. Es war nur die Farbe Grün, die sie dabei vermisste, und als sie in einen Gang einbog, um nachzusehen, wo das Grün war, machte sie eine zutiefst beunruhigende Entdeckung: Noch im selben Moment, da sie zur Seite sah, waren die elektronischen Wände, die ihr trotz der Allergie keine Angst machten, verschwunden, und sie sah im Dunkel der Abseite unzählige Lebewesen kauern, die alle voneinander abgewandt in der gleichen Pose verharrten: über ein flackernd leuchtendes Instrument in ihrer Hand gebeugt, das sie teilnahmslos in einem fort anzustarren schienen.

An dieser Stelle erinnerte sie sich an einen Auftrag, der ihr vor dem Betreten des Turms gegeben worden war und etwas damit zu tun haben musste, was auf den flimmernden Objekten in den Händen der bucklig gekrümmten Gestalten zu sehen war. Daher nahm sie all ihren Mut zusammen und duckte sich in die Abseite weg, um über die Schulter der erstbesten Figur zu spähen. Doch das, was sie sah, erschreckte sie noch mehr als der Geruch, der dem Kopf entströmte, der nun ganz nah neben ihrem war. Während sie fast hysterisch zusammenzuckte, weil es ihr eigenes Gesicht war, das sie sah, in rasender Abfolge von Stationen ihres Lebens in Fotografien von Eltern, Freunden, Geliebten, Bekannten und Verwandtem, die wer auch immer aus den verschiedensten Alben oder Boxen zusammengestellt hatte, nahm der verkokelte Duft, der sich immer stärker um sie verbreitete, ihr mehr und mehr den Atem. Es war eine wilde Mischung aus verglühendem Draht und Steppenaromen wie Leder, Tabak und dem beißend holzigen Rauch eines ersterbenden Lagerfeuers aus Engelwurz und Amberbaum.

Der Ekel vor ihr selbst, der durch das Betrachten der nicht abreißenden Bilderfolge ausgelöst wurde, mischte sich mit dem unerträglichen Odeur, und als sie ängstlich zur Seite blickte, um in das übel riechende Gesicht zu sehen, bekam sie keine Luft mehr und erwachte jäh mit der Erkenntnis, es handele sich bei dem Duft um nichts Geringeres als das Parfum des Todes selbst.

19

Platzhalter

Das, erzählte sie mir, war ihr Traum der Nacht gewesen, in der ihr Mann verschwand. Sie löste langsam ihre Arme von meinem Rücken, griff mir dann aber an die Schultern, als müsse sie mich auf Abstand halten, und sah von unten direkt in meine Augen, wobei mir auffiel, dass Kirsten ihrer Mutter tatsächlich wie aus dem Gesicht geschnitten war. Nur eben eine blasse und übernächtigte Version von ihr.

»Wir haben nichts unversucht gelassen, nur die Polizei, das war von Anfang an klar, würde außen vor bleiben, weil wir bis heute die Hoffnung nicht aufgegeben haben, dass er wiederkommt. Ich bin mir eigentlich absolut sicher, dass ihm nichts zugestoßen ist, weil es keinerlei Anzeichen dafür gab, dass er nicht freiwillig verschwunden ist. Eigentlich hatte ich fast erwartet, dass er irgendwann gehen würde, obwohl er uns nie zu verstehen gegeben hatte, dass es zu viel für ihn gewesen sei. Auch die Musik und die ganzen Sozialkontakte wegen des Orchesters hatte er *nie vermisst*, vielmehr versicherte er mir immer wieder, dass meine Krankheit *eigentlich das Allerbeste war, was ihm je in seinem Leben passiert* sei.

Weil ihn das Gesellschaftsleben an sich *angewidert* habe, mit dem idiotischen *Small Talk auf den endlosen Partys* oder Abendessen, wo es ja doch nur um *Selbstdarstellung* und *Bla Bla* gegangen sei, bei dem ihm nie klar gewesen war, was er eigentlich schlimmer gefunden hätte: die *Selbstbeweihräucherung der unerträglichen Künstler* und ihr *eingebildetes Warten auf heuchlerisches Gegenlob* oder das *klatschsüchtige Lauern auf berichtenswerte Anekdoten und Ausrutscher.* Diese *furchtbare Mischpoke für immer* hinter uns gelassen zu haben, das wäre die *größte Erleichterung* für ihn gewesen. Das *Sozialsibirien*, in das meine immer schlimmer werdende Allergie uns nicht nur als *Familie innerhalb der Verwandtschaft*, sondern *generell im Leben* verbannt habe, sei gerade wegen der *absoluten Isolation vom Rest der Welt*, in der unser Alltag daher stattfand, sein ganz persönlicher *Locus amoenus*, der liebliche Ort für ihn *per se*. *Endlich allein* sein zu dürfen, *mit den zwei mir liebsten Menschen*, das war für ihn der *Idealzustand*, auf den er *sein Leben lang hingearbeitet* habe.

Er vermisse *nichts, aber auch gar nichts* in seiner *Existenz*, seit er das Haus mit seinem Erfinderreichtum in den *absoluten Naturzustand* versetzt hatte, um mir die *wunderbarste aller Umgebungen* zu erschaffen, die mich meine *Krankheit nach und nach gänzlich vergessen lassen* würde.

Diese, wie er immer wieder betonte, um mich aufzuheitern, von ihm so genannte *elektrische Besessenheit*, die *genial instinktgewordene Aversion des Artifiziellen*, das *reaktionistische Detektieren selbst kleinster Spuren verachtenswerter Künstlichkeit* und, was ihn am meisten erstaunte, *sogar der Künstlichkeit im Menschen selbst*, die *als Krankheit getarnte Auflehnung gegen jede Form von affektierter Effekthascherei*.

Wir hatten es ja allein seinem Verhandlungsgeschick bei Tantiemen *und* Aufführungsverträgen zu verdanken, dass wir uns den totalen Rückzug aus dem Konzertbetrieb überhaupt leisten konnten, als ich krank wurde, und das ohne jeden Zwang, uns beruflich neu zu orientieren oder eine Alternative ausfindig machen zu müssen. Dass er Kirsten und mich in absolut sicheren finanziellen Verhältnissen wusste, muss ihm den Abschied leichter gemacht haben, er war ja voller Liebe und Fürsorge und gleichzeitig praktisch so unglaublich begabt für einen geborenen Musiker, dass er das Haus eigentlich im Alleingang umgebaut hat.«

Ich schüttelte immer wieder den Kopf, aber als Zustimmung und Bewunderung für das, was sie mir über Kirstens Vater berichtete, in dem ich natürlich viel von ihr selbst wiedererkannte: ihre philosophische Radikalität, ihr künstlerisches Talent, aber auch ihren großen Humor und das Ausfallende, wenn sie sich einmal von einer Sache oder einem Menschen abgewandt hatte. Dass Kirstens Mutter mir während ihres Monologs eine Art Massage verpasst hatte, mit in das Schlüsselbein gedrückten Daumen, verwunderte mich erstaunlicherweise kaum, ich empfand es auch nicht als unziemlich, weil es sich so, wie sie es tat, völlig natürlich anfühlte, wie eine Mutter, die ihren geliebten Sohn massiert, wenn er verspannt vom Sport nach Hause kommt.

»Er hat sich während des Umbaus nie über den Aufwand an Arbeit beschwert, die zahllosen Dispute mit den Behörden, das Abmelden von allen öffentlichen Systemen und Leistungen, die Auflagen des Bauamts wegen der fehlenden Zulassung natürlicher und völlig unbehandelter Materialien und der komplizierten Umstellung unserer Kanalisation auf elektrizitätsfreie Kontrollmodule. Er nannte es seine *innere Emanzipation von der allmächtigen Bürokratie um uns herum*, aber er sagte das so, dass ich es gar nicht erst missverstehen konnte. Beim Richtfest sprach er einen feierlichen Toast auf *das Proömium des Burgfriedens*, der Moment, da das Haus fertig war, war für ihn der *weltweit erste und einzige Independence Day, der es verdiente, gefeiert zu werden*.

Es ging ihm aber nicht nur um die *Loslösung von der allgemeinen Gesellschaft*, auch dem *von uns immer wieder unge-*

fragt hingenommenen Terror der Beleuchtung wollte er mit seinem *Naturtheaterhaus* entkommen. *Wir brauchen die Dunkelheit so nötig wie das Licht*, hat er immer wieder gesagt, es gebe kaum noch Gegenden, in die das *künstliche Licht* nicht vorgedrungen sei, was nicht nur *fatal für die gesamte Tierwelt* war, sondern auch *die Menschheit zunehmend krank* machte. Deswegen empfand er den *vom natürlichen Licht gesteuerten Tagesablauf*, wie ihn auch die *innere Uhr dank des circadianischen Rhythmus* bemessen würde, als überlegenes Modell für unseren Alltag. *Early to bed, early to rise, makes a man healthy, wealthy and wise*, zitierte er Benjamin Franklin, den *Mann, der schon mit der Erfindung des Blitzableiters bewiesen hat, dass er mehr von der Natur verstand als die anderen.*

Ihn hatte er sich auch zum Vorbild genommen, als er die Solarpaneele auf dem Dach so geschickt modifizierte, dass sie nicht wie gemeinhin erst Strom, sondern stattdessen direkt Wärmeenergie produzierten, die in ein Speichersystem einfloss, das er in alle Hauswände eingezogen hatte. Als Muster dazu diente ihm die Struktur einer traditionellen Kolter-Decke mit ihren Steppkammern, die mit einem Gemisch aus Zirbe und Stroh gefüllt waren und im Winter die Wärme abgaben, die sie im Sommer zuvor aufgenommen hatten wie eine Ganzjahresdecke. Er hatte es uns täglich vorgemacht mit dem natürlichen Rhythmus *vom Aufgang der Sonne bis zu ihrem Niedergang*, nur wir haben uns nicht daran gehalten.

Er hat sich immer pünktlich zur *Blauen Stunde*, wenn es dunkel wurde, an den Bechstein-Flügel im Wohnzimmer gesetzt und ein paar *Nachtstücke* für uns gespielt, die dank der *akustischen Entkoppelung*, der das Konstruktionsprinzip des *Naturtheaterhauses* zugrunde lag, in allen Zimmern gleich angenehm zu hören waren, so als käme die Musik aus *versteckten Lautsprechern.* Es waren die weniger bekannten Stücke von John Field und Gabriel Fauré, die er den gängigen Nocturnes von Chopin vorzog, weil beide ihn *als Einfluss und Wirkung zeitlich umrahmten und gleichsam zu transzendieren verstanden.* Danach zog er sich bald zurück, stets mit den gleichen Worten, die ich am meisten vermisse: *Vergesst mir die Bienenwachskerzen nicht!* Und am nächsten Morgen war er pünktlich mit dem ersten Vogelzwitschern in der Dämmerung wach und wieder am Werk.

Obwohl ich nie zuvor bewusst irgendeine Form von Unruhe an ihm bemerkt hatte, mehrten sich nach Vollendung des Hauses Zeichen dafür, dass die Begeisterung, mit der er seine, wie er es nannte, *Herkulesaufgabe* vorangetrieben hatte, in eine, wie soll ich sagen, unentspannte Gelassenheit umgeschlagen war, deren Hauptmerkmal das Antriebslose war, was all sein Tun betraf und nicht nur Kirsten und mich nachgerade nervös machte. Es schien uns, als ob mit der Erfüllung seines Traums dieser privaten Utopie eines *Naturtheaterhauses* auch die Freude daran erschöpft war, weil es weniger um das tatsächliche Leben darin ging als um die Arbeit an der Verwirklichung desselben, seinen vielleicht größten *Liebesbeweis* mir gegenüber, wie er es einmal formulierte. Was sollte für ihn noch kommen, da das Haus fertig war? Sein Rückzug, zum Abschied, unser Anfang vom Ende?

Als wir ganz frisch verliebt waren und noch im Orchester zusammen musizierten, er am Klavier, ich am Cello, hat er mir in einer seltsam melancholischen Stimmung nach Konzertende, es war sogar ein ganz besonders gelungenes Konzert, wenn ich mich erinnere, es war in Lissabon auf einem Schubert-Festival, und wir saßen unten am Fluss vor diesem riesigen Platz, der einem das Herz ohnehin so weit macht. Genau da hat er also gesagt, es gebe so viel in unserem gemeinsamen Leben, auf das er sich freue, aber *dieses Kli-*

schee, zusammen alt zu werden, vor allem wenn man *merkt, wie einen körperlich die Kräfte verlassen und man sein Instrument nicht mehr beherrscht, das gemeinsame Spiel also ein für alle Mal unmöglich ist von da an*, das wäre für ihn *als Vorstellung so unerträglich*, dass er sich wünschen würde, unser Schicksal möge uns davor bewahren. Ich habe damals zu weinen angefangen, weil ich es natürlich nicht verstanden habe oder, besser, weil ich es natürlich verstanden habe.« Sie seufzte tief und schaute mich an.

»Ich weiß, dass er einfach nur woanders hingegangen ist. In den Wald, in die Einsamkeit, in seine Bestimmung. Und ich weiß, dass er weiß, dass ich es weiß. Und dass er sich deswegen auch keine Sorgen machen muss, weil wir ihm nicht böse sind, weil er alles in seiner Macht Stehende ja für uns getan hat, damit wir haben, was wir brauchen. Und dass er jederzeit, wenn er will, zurückkommen kann, weil er weiß, dass es dann so sein wird, als ob er nie weg gewesen wäre, für ihn genauso wie für uns.«

Ich schaute auf meine Uhr. »Oh, es tut mir leid, meine Zeit ist schon lange um, ich fürchte, ich muss jetzt zurück in den Unterricht.«

Sie sah mich entsetzt an. »Jetzt habe ich Ihnen noch nicht einmal etwas zu trinken angeboten, und wir sind die ganze Zeit hier im Flur gestanden, wie unhöflich von mir, bitte entschuldigen Sie, aber die Geschichte hat mich im wahrsten Sinn des Wortes alles um mich herum vergessen lassen, sogar meine ganze Gastlichkeit, Verzeihung! Hoffentlich können Sie irgendetwas von all dem überhaupt für Ihr Projekt mit Kirsten gebrauchen. Bitte tun Sie mir doch den Gefallen und kommen Sie uns bald wieder besuchen, ja?«

Als ich vor Verlassen des Hauses nochmals das Bild von Kirsten ansehen wollte, stellte ich entsetzt fest, dass die Wand an jener Stelle leer war. Nachdem sie meinem Blick gefolgt war, winkte sie mir theatralisch vor den Augen herum, als müsste sie mich aus der Hypnose holen, und begann gleichzeitig zu lächeln.

»Kein Grund, an sich selbst zu zweifeln, wieder so ein Detail, das sich mein Mann ausgedacht hat. Er konnte die Übermacht der Bilder allgemein nicht ausstehen, aber vor allem nicht in und an seinen vier Wänden. Deswegen gibt es im ganzen Haus keine, außer bei Kirsten im Zimmer, wie Sie wissen. Er war ihm ja ganz unerträglich, der *Bilderwahn unserer Zeit, dass wir unentwegt alles festhalten müssen im Bild, nur weil wir es können*. Aber es ging ihm nicht nur um das Fotografieren, also wie er immer wiederholt hat, die *fortwährende Weltausschnittssuche*, die es den Menschen *nicht einmal mehr erlaubt, eine Landschaft oder eine Situation ohne Rücksicht auf deren Motivcharakter anzusehen*. Er sah darin das *Ende der Wahrnehmung* gekommen, den *tragischen Verlust des Ästhetischen* an sich, das im Grunde nichts anderes sei *als die Kunst der Wahrnehmung des Schönen*. Sein Ideal war das *reine, absichtslose Sehen*, und das sah er in jeder bildlichen Darstellung verraten, ob Kunst oder Fotografie, Gemälde oder Film. Die einzige Aufnahme seiner Tochter stellte in diesem Zusammenhang natürlich eine Ausnahme dar, für die er sich etwas ganz Besonderes hat einfallen lassen. Es war mein alleiniger Wunsch an ihn, was die Dekoration des Hauses anbetraf, das schöne Bild von Kirsten irgendwo aufhängen zu dürfen, aber weil es ihr unangenehm war, sich selbst anzusehen, hat er extra einen Mechanismus wie bei einer Kuckucksuhr eingebaut. Kirsten ist deswegen nur eine Stunde am Tag zu sehen, und zwar nur für uns, genau zu der Zeit, da sie normalerweise in der Schule ist oder bei ihrem Pferd auf der Koppel, von 10 bis 11. Danach ist sie wieder verschwunden, weil das Bild sich dann dreht wie eine verborgene Tür in der Wand und die Rückseite des

Rahmens allein das Holzpaneel des Treppenhauses zeigt. Manchmal nehme ich mir einen Stuhl und sehe ihr Gesicht die ganze Stunde lang einfach nur an, als säße ich auf einer Bank im Museum und studierte mein Lieblingsgemälde. Aber so oft ich es versucht habe, dieses unvermittelte Schauen zu erlangen, das von Absichtslosigkeit geprägte Wahrnehmen, es ist mir nie gelungen. Wie sollte es aber auch, wenn die Dargestellte doch meine Tochter ist und bleiben wird, solang ich lebe?«

Es war eine jener Fragen, die eigentlich keine Antwort mehr erforderten, weswegen ich mich ein weiteres Mal verabschiedete, indem ich mich, wie sie es mir gegenüber bei meiner Ankunft getan hatte, leicht verneigte und vorsichtig rückwärts das Haus verließ. Als ich mich umdrehen wollte, weil ich fast schon das Gartentor erreicht hatte, trat sie vor die Tür und hob wieder ihre Hand, aber diesmal war es keine Warnung wie zuvor, auch kein Abschied im Grunde, die Geste kam mir vertraut vor, es fiel mir aber nicht gleich ein, woher ich sie kannte, obwohl es eigentlich so offensichtlich war, wenn man sie erst einmal erkannt hatte, weil gänzlich unverwechselbar: Es war die zärtliche Handhaltung des Engels der Verkündigung, wie Leonardo ihn verewigt hatte.

20

Rahmenhandlung

Jedes Mal, wenn ich ein besonders schönes Gemälde, das ich schon lang kenne, genau betrachte, entsteht in mir die Sehnsucht, es noch einmal anschauen zu können wie an dem Tag, als ich es zum ersten Mal gesehen habe. Die gleiche Überraschung zu empfinden angesichts der kleinsten Details, die einen wie sorgsam gesetzte Wegweiser durch das Bild zu führen imstande sind, als befände man sich nicht im Museum, sondern auf einer enthusiastisch unternommenen Expedition ins Ungewisse: das gerade neu entdeckte Universum eines schöpferischen Geistes.

Es war eine der Eigenschaften, die ich an Carl am meisten bewunderte, dass er tatsächlich dazu in der Lage war, die Kunst so zu betrachten, dass man dabei das wunderbare Gefühl bekam, ein Bild völlig neu kennenzulernen, obwohl man es vielleicht schon unzählige Male vor ihm und vor allem ohne ihn gesehen hatte. Es war, als ob mit einem Schlag alles vergessen war, was sich dazu im Kopf über Jahre gesammelt und gestapelt hatte, die tief eingegrabenen Gedankengänge der Urteile und Wissensarchive, und man sähe das Ganze mit einer Sensation, die einen sonst nur im Angesicht überwältigender Naturschauspiele erfasst.

Ich wünschte mir vor Kirstens Haus nichts sehnlicher, als zu hören, was Carl über die Verkündigung von Leonardo zu sagen hatte. Das Bild selbst hatte ich, wie so viele, vor langer

Zeit im hybriden Wechselspiel von *Original und Fälschung* kennengelernt. Weil es so komplex und detailverliebt war, erinnerte ich mich nur noch an zwei Abweichungen: ein Finger an der linken Hand des Erzengels Gabriel und ein Astkranz des Nadelbaums, der direkt über dem Engelsflügel am Horizont zu schweben schien. Und wie verblüfft ich war, als ich erfuhr, dass es kein weiblicher Engel war, um den es sich hier handelte, sondern um einen Mann, der die anmutige weiße Madonnen-Lilie hochhielt.

Doch wie es sich so oft verhält mit dem Wissen, es ist unumkehrbar und stellt unsere gesamte Wahrnehmung auf ein neues Fundament. Nachdem sich eine solche Erkenntnis erst einmal unserer bemächtigt hat, ergeben alle zuvor fatalistisch akzeptierten Ungereimtheiten plötzlich Sinn: von den dunklen, so wenig damenhaft anmutenden Augenringen über die robusten Handgelenke bis hin zum Fehlen deutlich fraulicher Rundungen. Aber es war nicht der einzige Effekt, vielmehr gab es auch einen eher traurigen Aspekt: Meine Begeisterung für die reine Schönheit der verkündenden Geste, die mich das fast schon überzeichnete griechische Profil mit der nahtlos aus der Stirn wachsenden Nase hatte, wenn nicht vergessen, dann zumindest gütig hinnehmen lassen, war nie wieder dieselbe wie zuvor. Ich war so angetan gewesen von der Idee, dass Leonardo seinen weiblichen Engel eher abseits der klassischen Idealfiguren gestaltet hatte, dass ich ein fast schwärmerisches Verhältnis zum Kleid und seinen mannigfaltigen Samtlagen in Herbstmoosgrün und Portweinrot entwickelte und fest davon überzeugt war, es über dem Engel mit einer Strohkrone zu tun zu haben, als bescheidene Spiegelung des Sonnenrads in Gold über Maria auf der gegenüberliegenden Seite.

Überhaupt war mir der, wie ich annahm, von seiner weiten Reise übernächtigte Engel immer näher gewesen als die

Jungfrau, der er die Botschaft überbrachte. Die seltsam durchsichtig scheinenden Bibelseiten, die sie mit ihren an Spinnenbeine erinnernden Fingern zu fixieren suchte, flößten mir an weniger guten Tagen zusammen mit ihrem erblassten, ausdrucksarmen Gesicht Furcht und Schrecken ein. Dann grauste es mich vor dem Sarg zu ihren Füßen, der wie die drei Bäume über der verkündenden Hand ein Gesicht bekam. Entstand aus der Baumgruppe durch zwei Lücken im Gezweig ein grimmiges Fabelwesen mit drei Beinen, so wuchs aus den Füßen der steinernen Totenlade plötzlich Fell wie auf den Pfoten eines Werwolfs. Und die zwei Blumen wurden zu schielenden Riesenaugen einer angedeuteten Eule. Aber was alles am Ende rettete, war die zärtlich geöffnete linke Hand Marias, mit der sie die Verkündigung des Engels annahm.

Ich versuchte so etwas in der Art als Antwort auf das Abschiedswinken von Kirstens Mutter, was mir in Erinnerung rief, dass ich eigentlich schon mit fast genau der gleichen Geste angekommen war. Verrückt, flüsterte ich vor mich hin, als ich außer Hörweite war, alles war ja noch mal ganz anders, als ich es mir je vorzustellen gewagt hatte, und ich bekam großes Mitleid mit Kirsten, der wir mit der ganzen Geschichte wahrscheinlich nichts als unnötige Sorgen bereiteten, wobei der Irrsinn an Problemen, mit dem sie zu Hause jeden Tag konfrontiert sein musste, bestimmt weitaus mehr als genug war.

Der Weg zum Museum führte quer durch den weitläufigen Park und dann am See entlang, an dessen Ufer es lag. Falls Carl dort wider Erwarten immer noch nach Kirsten suchen sollte, konnte ich ihn kaum verfehlen. Nachdem ich eine ganze Weile gegangen war, fiel mir auf, dass ich gar niemandem begegnete trotz des mehr als angenehmen Wetters, was ich weniger verwunderlich fand, als mir klar wurde, dass ich zum ersten Mal um diese Stunde im Lustgarten unterwegs war. Erst als ich in die Nähe der Pappeln gelangte, sah ich von Weitem einen Mann mit Hut seltsam starr in der Gegend stehen.

Da ich näherkam, merkte ich, dass er nicht weit vom mit hohem Schilf bewachsenen Seeufer stand und möglicherweise den ruhigen, nahezu windstillen Herbsttag unter fahlblauem Himmel mit nur wenigen hohen Schleierwolken zum Angeln in der Mittagssonne nutzte. Er wirkte in dem flimmernden Spätvormittagslicht wie einer der statischen Müßiggänger in Georges Seurats pointillistischem Inselporträt *Grande Jatte*, obwohl es hier keinerlei Schatten gab, nur Schilfstauden und Trauerweiden am anderen Ufer.

Als ich ihn fast passiert hatte, drehte er sich mir zu und sprach mich überraschend an. »Halt, halt, wohin so eilig? Schauen Sie doch lieber, was der Tag *hier* für Sie sonst noch so in petto hat.«

Während ich ihn von hinten als Mann im mittleren Alter eingeschätzt hatte, wegen seiner kerzengeraden Haltung, mit der er zuvor in die Ferne gesehen hatte, sah ich nun in das vornehme Gesicht eines Greises, der mich mit wach blickenden hellgrünen Augen hinter seiner altmodischen randlosen Rundbrille fixierte. Von seinen Brauen waren nur noch ganz wenige weiße, viel zu lange Haare übrig, die wild über den Rand der Gläser hinwegragten. »Ja, ja, ich weiß schon, Reisende soll man nicht aufhalten, aber darf ich Sie trotzdem etwas fragen?«

Und bevor ich etwas antworten konnte, fuhr er fort. »Warum sehen Leute, die Dostojewskij lesen, immer aus wie: Dostojewskij? Tja, genau das hat mich ein kluger Mann in einem Zugabteil gefragt. Was meinen Sie?«

Unter seinen Ohren blitzte etwas in der Sonne, und ich war schon völlig entgeistert, weil ich dachte, er würde am

Ende Schmuck tragen, aber es war nur der gebogene Bügel seines antiken Gestells.

»Wenn ich nur überhaupt mal irgendwo jemanden lesen sehen würde, und dann noch Dostojewskij, gäbe das vielleicht Anlass zur Hoffnung. Aber Sie haben recht. Lektüre kann einen maßgeblich verändern.«

Seine zuvor stoische Miene hellte sich merklich auf. »Irgendwo in einer Erzählung habe ich mal gelesen, wie jemand den *Idiot* so sehr verehrt, dass er sich wie Fürst Myschkin persönlich verhält. Irgendwas scheint Dostojewskij in den Menschen auszulösen, wenn sie sich mit ihm so sehr identifizieren, dass sie zum Personal seiner Romane werden oder gleich zu ihm höchstselbst.«

Erst jetzt fiel mir auf, dass der betagte Mann einen Wollmantel mit Pelzkragen trug, der gar nicht zu dem warmen Wetter des Frühherbsttages passte. Er lüftete nun zum Gruß seinen Hut und verbeugte sich etwas gekünstelt, wobei ihm das glatt nach hinten zurückgekämmte schlohweiße Haar kurz vornüberfiel. Er fuhr sich ordnend mit der Hand durch die Frisur und musterte mein Gesicht.

»Ich erspare Ihnen die Last, sich mir vorzustellen. Mein Name, so heißt es anderswo, ist für meine Freunde. Übereilte Vertraulichkeiten verbietet schon der gute Geschmack.«

Er deutete auf seine Angel, die in einer grotesken Installation aus seinem abgewetzten Lederkoffer ragte. »Das wird wohl nichts mehr heute mit dem großen Fang. Und das, obwohl es außergewöhnlich still ist. Manchmal überkommt es mich, und ich will unbedingt fischen wie ein unheimlicher Held im Stummfilm, der mit seinen ins Weiße verdrehten Augen einfach nur die Arme von sich streckt, ins dunkle Wasser vor ihm greift und diesen riesigen Fisch mit beiden Händen triumphierend aus dem Nass zieht und ihn zappelnd in die Luft hebt. Aber das hat natürlich nichts mit der

Idee des Angelns zu tun, wie ich sie verstehe. Die Kunst besteht vielmehr im absoluten Gegenteil dieser aktionistischen Schaustellerei: Es geht allein darum, das Nichtstun aushalten und bewegungslos neben sich zu stehen, am Ende selbst zur reinen Beobachtung zu werden, der nichts entgeht, was um sie herum geschieht. Noch das kleinste Geräusch dringt an meine Ohren, ein Plätschern am Ufer oder das Säuseln des Winds in den Gräsern und Blättern. Das leichteste Flackern des Lichts, das sich im Wasser des Sees spiegelt, erreicht als Reiz meine Augen, aber ich nehme es lediglich wahr und lasse es mir nicht anmerken. Am tätigsten bin ich also, wenn ich von außen betrachtet völlig teilnahmslos wirke, nachgerade apathisch. Hinter der trügerischen Ruhe arbeitet der Geist ununterbrochen weiter, unter der spiegelglatten Oberfläche gleiten die kalten Fische in eleganter Stromlinienform dahin.«

Mit dem letzten Satz hob er sein Kinn und schaute in mein Gesicht, als erwarte er von mir eine Reaktion auf das Gesagte, besann sich aber anscheinend und schlug stattdessen mit der flachen Hand Richtung Stirn, aber ohne sie zu berühren. »Doch was rede ich da, Sie müssen weiter, das sehe ich Ihnen doch an. Sie haben einen Plan, das weiß ich, seit ich Ihren entschlossenen Gang gesehen habe. Und keine Angst, ich werde Sie nicht danach fragen, ich will Ihnen nur etwas mit auf den Weg geben: Wann immer Sie sich einer Sache nicht sicher sind, denken Sie an mich und was ich zu Ihnen gesagt habe. Nehmen Sie sich aus der Sache heraus, treten Sie einen Schritt von sich selbst zurück, und betrachten Sie alles einen Moment lang mit der Stille, wie sie gerade hier herrscht, so kurz vor der Stunde des Pan. Und eines noch.«

Er kramte aus seiner Manteltasche ein sorgsam gefaltetes Stück Papier hervor und reichte es mir. »Öffnen Sie es nur im Notfall, wenn Sie gar nicht mehr weiterwissen. Das müssen Sie mir versprechen, und obwohl Sie wie jeder von uns neugierig sind, wird Ihnen das gewiss nicht schwerfallen. Denn wenn Sie es ohne Dringlichkeit öffnen, verändert das den Inhalt, und Sie werden es im entscheidenden Moment nicht mehr gebrauchen können, wenn Sie es wirklich benötigen. So schlau sind Sie allemal, dass Sie das nicht riskieren. Und nun ab dafür.«

Er verbeugte sich kurz höflich, setzte den Hut auf und wandte sich erneut dem See zu, sodass er nun genau wieder an jener Stelle stand, an der ich ihn vor einiger Zeit entdeckt hatte. Und ich war mir nicht mehr sicher, ob die Unterhaltung überhaupt stattgefunden hatte oder nur das verstörende Werk meiner inzwischen hoffnungslos überreizten Einbildungskraft gewesen war. Schon allein die Vorstellung eines Pelzmantels, wie ihn der Greis trug, ließ mich die erstaunliche Kraft der Herbstsonne noch mehr spüren, und ich war froh, bald im Schatten der Pappeln wandeln zu können.

Von Carl und Kirsten fehlte natürlich weit und breit jede Spur, sodass ich mich schnurstracks ins Museum begab. Der Eingang lag auf der anderen Seite des Sees, und weil die Front des Gebäudes ziemlich genau gegen Norden ging, tauchte man in dem bereits verschatteten Vorgarten fast in eine andere Klimazone ein. Auch die strenge Fassade des Baus mit ihren dorischen Riesensäulen wirkte ohne die aufhellende Wirkung des Sonnenlichts eher abweisend und herrschaftlich düster. Frau Hügel hatte es im Unterricht so erklärt: Anders als bei dem zur gleichen Zeit entstandenen Institut für Naturkunde am anderen Ende des Parks, für das sich der Architekt am *Niketempel der Akropolis* orientiert zu haben schien, *so hell und luftig, wie er es proportioniert hatte*, erinnere sie das Kunstmuseum *als Ganzes* in seinem *harschen Neoklassizismus* an lichtarmen Tagen *eher an eine ägyptische Totenkammer*, und das müsse auch an den Besuchern und den von ihnen dort betrachteten Werken *zwangsläufig seine Spuren zeitigen*.

Mit jeder Treppenstufe verlangsamte ich instinktiv meine Schritte, weil ihre Worte in mir einen gewissen Schauder hinterlassen hatten und ich ohnehin seit der Begegnung mit dem sonderbaren Greis ein diffuses Gefühl von Bangnis verspürte, dessen ich nicht mehr richtig Herr wurde. Der Pförtner, der anscheinend kurz eingenickt war, schreckte hoch, als ich an die Scheibe klopfte und um eine Eintrittskarte bat. Da das Gebäude seit der Nachkriegszeit im Inneren weitgehend unverändert geblieben war, gab es eine antiquierte Drehscheibe, auf deren geripptem schwarzen Gummiboden man sein Kleingeld legte, um nach einer Handbewegung, wie sie sonst nur Straßenbahnlenker vollführen, im Austausch die ebenfalls aus uralten Beständen übrig gebliebene perforierte Abreißkarte in Altrosa zum Eintritt zu bekommen. Ich war überhaupt erst einmal im Museum gewesen, bei einem Ausflug mit der Schule, der auch schon einige Zeit zurücklag, und es überraschte mich, wie wenig sich seither verändert hatte.

Trat man erst einmal aus dem dunklen Steinfoyer, einer verlängerten Säulenhalle, in den Vorraum des Museums, verwandelte sich die Atmosphäre spürbar. Das runde Dachglas spendete angenehm milchiges Licht, weswegen ich mich bereits beim ersten Besuch länger als unbedingt nötig bei den langweiligen Exponaten aufgehalten hatte, die als Einführung in die Sammlung den Bau historisch erläuterten, und auch diesmal dort verweilte, obwohl mir alles hinreichend bekannt war.

Meine ganze Aufmerksamkeit galt nicht dem ersten erblickten Gemälde, sondern all den Nebensächlichkeiten, die für mich die einzigartige Aura des Museums ausmachten und sofort zu wirken begannen: sei es das monotone, kaum vernehmbare Kratzen des Bleistifts auf kariertem Papier im Thermo-Hygrografen, der wie mit zittriger Zeichnerhand noch die geringste Abweichung der idealen 50 Prozent in der Luft protokollierte, als handele es sich um eine ungesunde Rhythmusstörung im Herzschlag des Museumskörpers; oder das leise Klopfen der hinter Holzgittern mit ausgesägten Lilienmustern versteckten Heizkörper, welche die Temperatur konstant bei 20 Grad hielten, dazu das entfernte Geräusch der unter harten Ledersohlen nachgebenden Dielenböden, die abwechselnd knarzten und quietschten; das helle Zischeln eines wispernden Gesprächs im Raum nebenan, das nur ab und zu eine gutturale Note annahm, wenn sich zwei ganz alleine wähnten.

Aber was mir nahezu am besten gefiel, war das besondere Aroma, das vor allem den Gemäldesälen entströmte. Obwohl ja alle Bilder schon lange getrocknet und vollendet waren, bildete ich mir ein, Atelierluft um mich zu wittern: Geruch frisch getrockneter Ölfarbe, versetzt mit den Terpentinölen der Pinseltücher, dazu das staubige Parfum arbeitenden Holzes in den Türrahmen der Raumfluchten und das in die Nase steigende Bohnerwachs des honigfarbenen Versailler Tafelparketts aus Eiche, mit dem die Säle ausgelegt waren.

Das Museum war nahezu völlig menschenleer, ich hatte schon fast alle Räume durchschritten und die Hoffnung aufgegeben, Carl und Kirsten noch zu finden, als mir direkt nach den Alten Meistern etwas auffiel: Die schmale Seitentür zu einer Abseite war weit geöffnet, der Eingang in das Zimmer dahinter aber mit einer tiefroten Absperrkordel verhängt. Leider war der Raum völlig dunkel, sodass ich nicht sehen konnte, was darin verborgen war. Weil ich niemanden in den zwei angrenzenden Sälen ausmachen konnte und auch keine Schritte vernehmbar waren, bückte ich mich vorsichtig unter der Kordel durch, blieb aber, um nicht einen möglichen Alarm auszulösen, direkt dahinter stehen.

Eigentlich war es fast schon paranoid, angesichts der altertümlichen Technik, die sonst überall im Museum herrschte, überhaupt Bewegungsmelder oder ähnliche Gimmicks der Gegenwart zu erwarten. Ich wollte trotzdem kein Risiko eingehen und tastete mich extrem behutsam in die Dunkelheit vor mir. Wie erwartet, begannen sich schon bald die ersten Konturen meiner Umgebung abzuzeichnen, und ich stand dem Anschein nach in einem langen Flur, der in etwa, wie ich ertasten konnte, nur knapp einen Meter breit war.

Zu meiner Überraschung stieß ich etwas weiter in den Gang hinein mit den Händen bald an die abgerundeten Kanten von Rahmen, zu beiden Seiten des beengten Flurs hingen Gemälde an der Wand, allerdings eher dicht gedrängt, ohne ihnen gebührenden Abstand voneinander zu geben, der es erlauben würde, sie losgelöst und für sich zu betrachten. Es war eine Art klassische Petersburger Hängung, nur reduziert auf zwei Reihen, und das in Augenhöhe.

Bei dem Versuch, herauszufinden, um was für Bilder es sich handeln könnte, näherte ich mich dem ersten Bild von der dunkleren Seite des Flurs her, um so viel Licht wie möglich darauf fallen zu lassen. Ich erkannte schattenhaft eine Zeichnung, die drei Personen darstellte. Bald materialisierten sich ein Mann und eine Frau, die in inniger Geste am rechten Rand ineinander geschmiegt standen. In der linken Hälfte lehnte ein weiterer Mann an einem Baum, dessen Arm die Frau ergriffen hielt. Mehr konnte ich nicht erkennen.

Weil auf die andere Seite des Flurs durch den Winkel mehr Helligkeit fiel, wandte ich mich dem dort hängenden Gemälde zu. Es war genauso hoch wie die Zeichnung, also etwa 20 Zentimeter, nur handelte es sich um ein Längsformat. Ein Kanonier stand mit seinem Gewehr auf einer Feste oder Burg, auch eine Fahne war am dunkleren Rand hinten zu erkennen. Da das Rechteck in der Mitte des Rahmens mit dem Titel des Bildes und dem Malernamen relativ groß geraten war, kniff ich meine Augen stark zusammen, um die in Gold gefassten Buchstaben lesen zu können. Ich traute mich kaum zu verstehen, was da stand: *Gähnender Wachposten, Carl Spitzweg.*

21

Das unsichtbare Meisterwerk

Die Schritte waren schnell, deutlich zu hören, und sie kamen unerbittlich näher. Sie ließen mir keine Zeit zu überlegen, wie ich es am raschsten aus der Abseite herausschaffen sollte. Weil die Situation einfach nicht abschätzbar war, zog ich mich in die Dunkelheit des Gemäldegangs zurück und versuchte, mich am Boden so klein wie möglich zu machen. Der Flur machte gleich am Anfang einen leichten Knick nach hinten, sodass ich da, wo ich nun kauerte, kaum entdeckt werden konnte, aber an den Schatten auf der gegenüberliegenden Wand war in etwa zu erahnen, was im Licht draußen vor sich ging.

Zunächst glaubte ich, eine Person eiligen Schrittes vorbeilaufen zu sehen, deren klackende Schuhsohlen sich rasch wieder entfernten, und dachte schon, die Gefahr sei vorüber. Aber dann hörte ich Stimmen, die lauter wurden, und dazu die vertrauten Schritte, die aus einer anderen Richtung wieder näherkamen. Inzwischen war ich mir auch nicht mehr sicher, ob es der Schall war, der die Trittgeräusche verdoppelte, oder ob es von Anfang an zwei Menschen gewesen waren und die Stimmen, die jetzt fast direkt an der Abseite zischelten, vielleicht doch zu ihnen gehörten. Was mir am wenigsten gefiel, war der Umstand, dass sie innehielten und einer der beiden *Psst* machte, um den anderen zum Schweigen zu bringen.

Danach war unerträgliche Momente lang gar nichts mehr zu hören, was ich zusammen mit den unbeweglichen länglichen Schatten nur so deuten konnte, dass, wer auch immer da stand, keine Anstalten machte, sich wegzubewegen. Ich hielt die Luft an und zählte still, um mich zu beruhigen. Leider hatte ich wohl Hunger oder Durst oder beides, was ich an dem unerträglich lauten Glucksen in meinem Magen bemerkte, das durch die fast totale Stille so laut in mein Ohr dröhnte, dass ich mir absolut sicher war, deswegen sofort aufzufliegen.

Das Flüstern, das wie eine Antwort auf meine Körpersäfte anhob, kam allerdings nicht wie erwartet näher, weil man mich entdeckt hatte, sondern veränderte seine Tonlage in vorher ungeahnte Höhen, sodass ich davon ausging, dass es sich um eine weibliche Stimme handeln musste. Alles, was ich nun sah, war, dass sich die Schatten sehr langsam zu bewegen begannen, als wäre ein arbeitslos gewordener Marionettenspieler auf die grandiose Idee gekommen, ein völlig grundlos in Vergessenheit geratenes Spektakel aus eigens hierfür angefertigten Scherenschnitten wiederzubeleben.

Die Silhouetten der zwei Gestalten, die vermittels ihrer Frisuren eindeutig als Frau und Mann in wohlproportionierten Profilen zu erkennen waren, näherten sich einander an, indem sie mit den Händen jeweils den Unterarm ihres Gegenübers ergriffen, sodass eine innige Verschränkung entstand, die es bald unmöglich machte, ihre Extremitäten einer einzigen Person zuzuordnen. Als sich dann noch ihre Lippen in sehnsüchtigem Nicken immer näher kamen, als seien die gespitzten Münder Schnäbel, die sich auf die Liebesgabe von ungeduldig erwartetem Futter vorbereiteten, befiel mich ein furchtbarer Schwindel, weil die zweidimensionalen Figuren in meiner Vorstellung raumfüllend zu plastisch wahrnehmbaren Stoffpuppen wuchsen, die ich unmissverständlich als Kirsten und Carl identifizieren konnte.

Ein stiller Schrei entrang sich meiner Kehle, als die Lippen aufeinandertrafen, und im selben Augenblick war der Spuk vorbei, die Schatten geschwunden, Schritte entfernten sich eilig, und ich war wieder allein.

Doch ich erhielt kaum Zeit, darüber nachzudenken, was für einer befremdlichen Aufführung ich gerade Zeuge geworden war, da zeichnete sich bereits das nächste Drama am Horizont ab.

Das anschwellende Geräusch, das sich nun in den Gängen zu verbreiten begann, klang nach einer wilden Verfolgungsjagd und wirkte in der sonst so majestätischen Ruhe der Bildersäle mit den stumm vor sich hin tanzenden Staubkörnchen wie ein gemeiner Überfall der Gegenwart auf alle übrige Zeit. Das Gekreische der Stimmen, die zu den über das Parkett schlitternden und trampelnden Schuhen gehörten, war mir allerdings nur allzu vertraut.

Ich hörte vor allem Georg Klotz heraus, der in lästerlichem Sing-Sang immer wieder ein und denselben Satz brüllte: »Bitte nicht nach Hause schicken, bitte nicht nach Hause schicken!«

Darüber wiederum konnten sich die *dauerkaugummikauenden Tunichtgut-Girls* gar nicht mehr richtig einkriegen. »Mega!« Ihr schrilles Kieksen wurde nur noch durch Gilbert übertönt, der hinterherhechelte und in seinem breiten Dialekt angsterfüllt schrie: »Hey, Mensch, beeilt euch, der Typ ist besser zu Fuß als ihr denkt.«

Ganz dicht hinter ihm hörte man den Pförtner selbst, dessen wutentbranntes Schnaufen kaum noch menschliche Züge trug und eher nach der überzogenen Sprechblase eines Cartoons klang, der sich kurz zuvor ereignet hatte: Wie sich vor einem aus offenem Mund schnarchenden Wachmann mit aus der Stirn geschobener Mütze ein paar grinsende Haldodris einer nach dem anderen geduckt am Eingang ins Museum stehlen, wobei der Letzte es einfach nicht lassen kann, sich auf Zehenspitzen hinter die Scheibe lehnt und ihm einen eigens dafür mitgebrachten Käfer in den Mund fallen lässt. Der rasende Wutanfall folgte den Flüchtenden mit hochrotem Gesicht, wegfliegender Mütze und geballten Fäusten, während über ihm Totenköpfe, Blitze und Sterne neben ausgekreuzten Augen explodierten.

Aus dem Versteck sah ich all das leider nicht, sondern nur schemenhaft das Vorüberhuschen seiner Beine, während ein Kauderwelsch konsonantischer Empörung dazu erklang: »MRKRPXZKRMTFRZ!«

Als auch seine Geräuschwolke aus dem Bild meiner Vorstellungswelt jenseits der Abseite entschwunden war, fühlte ich mich sicher genug, meinen Unterschlupf zu verlassen. Ich rutschte auf Knien aus der Dunkelheit zurück ins Licht, das so hell und blendend war, dass ich beim Versuch, mich mit einer eleganten Drehung zu den Alten Meistern zurückzubewegen, fast mit dem Kopf an der Absperrungskordel hängen geblieben wäre.

Als Erstes ordnete ich mein Haar, als käme ich gerade von einem wüsten Techtelmechtel, und lief in entgegengesetzter Richtung zurück zum Eingang, um auf keinen Fall Georgs Clique begegnen zu müssen. Der Boden im Vorraum war unschön mit neonfarbenen Zetteln übersät, die Gilbert entweder aus Versehen auf der Flucht verloren oder die Gruppe als Teil ihres *Pranks* als Spur hinterlassen hatte. Weil ich ein ordnungsliebender Mensch war, kümmerte ich mich auch da penibel um die Wiederherstellung einer ursprünglich aufgeräumten Umgebung, wo andere Angst davor hätten, es zu wagen. Also klaubte ich die paar Dutzend quadratischen

Zettel im CD-Format auf und las mir in Ruhe durch, was da adrett in der Futura gesetzt stand:

»Lebe über deine Verhältnisse. Gib alles, was du leihst, zurück. Hör auf, anderen die Schuld zu geben. Gib zu, wenn Du Fehler machst. Bring Kleider, die Du nicht mehr trägst, zur Wohlfahrt. Tu Gutes und versuche, dabei nicht erwischt zu werden. Lerne, weniger zu reden und mehr zuzuhören. Mach jeden Tag einen halbstündigen Spaziergang. Strebe nicht nach Perfektion, sondern nach Exzellenz. Sei pünktlich. Erfinde keine Entschuldigungen. Streite nicht. Fang an, dein Leben zu organisieren. Sei nett zu Menschen, auch zu denen, die nicht nett sind. Lass jemand in der Schlange vor. Nimm dir Zeit zum Alleinsein. Gewöhn dir Manieren an. Sei bescheiden. Erkenne und akzeptiere, dass das Leben nicht gerecht ist. Lerne, wann es besser ist, den Mund zu halten. Verbringe einen ganzen Tag, ohne jemand zu kritisieren. Lern aus der Vergangenheit. Lebe in der Gegenwart. Reg dich nicht über Kleinigkeiten auf. Es sind alles nur Kleinigkeiten.«

Entweder war Georg Klotz jetzt völlig übergeschnappt, oder die Aktion mit ihrem an das weitaus banalere *Holstee-Manifesto* angelehnten Stil und dessen Waschtisch-Philosophie, wie sie auch die neuerdings so populären esoterischen Lebensberater predigten, war eine Art Persiflage auf die pastellfarbenen Plakate, mit denen die gerade erst gewählte neue Museumskuratorin ihre *Einladung zum Sehen* begonnen hatte, um »für die zweifelsohne historisch einzigartige Sammlung auch in einer Epoche ökonomischer Herausforderung eine solide Perspektive für die Zukunft zu eröffnen«. Das *aktualisierte Besucherprofil*, von dem sie sprach, bestand jedoch weitgehend aus dem erwartbaren Schielen nach kolossaler Verjüngung des Durchschnittspublikums. Die Umsetzung des Plans sollte mit einer Image-Kampagne bewerkstelligt werden, die vor allem das sogenannte *Wir-Gefühl* betonte, mit dem der *Entfremdungsprozess zwischen den Einwohnern und ihren schlummernden Schätzen* allein überwunden werden konnte, das *Interesse am Museum überhaupt* wieder wecken, die *fehlende Offenheit der Kunst gegenüber*. Andersherum bedeutete das für sie, *das Museum und seine Kunst für die Menschen zu öffnen*, es *für sie interessant zu machen*.

Wie das aussehen sollte, zeigten zunächst die Plakate an allen Ecken der Stadt, die schon durch die Pastellfarben, in denen sie gedruckt waren, als Teil ihres marktschreierischen Werbe-Aktionismus zu erkennen waren. Auf den besseren unter ihnen waren die altbekannten Klassiker wie »Jeder ist ein Künstler« zu lesen, und unter den Urhebern der Zitate dann leider auch ihr eigener Slogan: *Kunst = K + uns + T*. Wobei nie erklärt wurde, für was in dieser Rechnung, die alles andere als aufging, die Variablen K und T stehen sollten. Können und Talent? Konsum und Terror? Kapital und Theorie?

Die Spekulationen, ob sie selbst oder die von ihr beauftragte drittklassige Agentur irgendwann mit der genialen Erkenntnis gekommen war, dass in dem Wort *Kunst* das beziehungsreiche Wort *uns* versteckt ist, rissen nicht ab. Aber die sogenannte *key message* der Kampagne war geboren: *Kunst gehört zu uns* oder eben auch andersherum: *Uns gehört die Kunst*.

Ein Glück, dass es bis jetzt so aussah, als ob das Museum von all dem absolut unverändert und unbeeindruckt blieb. Der Eingang war genauso verwaist wie bei meiner Ankunft, die Tür zur Pförtnerloge sperrangelweit geöffnet, und eine Turmuhr in der Nähe läutete die Mittagsstunde ein. Da sah ich die schmalen Umrisse einer vertrauten Gestalt um die Ecke biegen und die Treppenstufen erklimmen.

»Je nun, da bist du doch tatsächlich schneller gewesen als ich, aber, wie ich sehe, ebenso erfolglos.«

Ich hatte es mir fast gedacht, dass wir sie nicht finden würden ohne einen einzigen konkreten Hinweis von ihr, wo wir unsere Suche überhaupt beginnen sollten. *Park oder Museum*, das war nichts als meine spontane Idee, wie wir uns aus der beklemmenden Situation vor dem Direktor retten konnten, ohne jede Dringlichkeit, die ja immer besteht, wie Carl zu sagen pflegte, obwohl wir Kirsten da noch sicher im *Kunstversteck* wähnten. *Park oder Museum*, jetzt klang es für mich nur schal nach dem Motto für eine plakative Stadtwerbung, eine müßig in den Raum gestellte Frage zur Nachmittagstherapie akuter oder längst chronischer Langeweile. *Park oder Museum*, nun waren es drei leere Worte hinter einem bisher gescheiterten Plan: Kirsten tatsächlich wiederzufinden.

»Machst du dir eigentlich Sorgen um sie?«

Carl drehte mir sein entsetztes Gesicht zu, stockte mitten im Schritt und gefror theatralisch auf der obersten Stufe zu einer Statue. »Ist jetzt nicht dein Ernst, oder? Für wen hältst du mich eigentlich, glaubst du vielleicht, ich habe einen kalten Stein hier in der Brust? Natürlich mache ich mir Sorgen, aber nicht so sehr, dass ich sie für jeden sichtbar ausführen müsste wie einen moribunden Hund, den alle automatisch bemitleiden müssen, die mir begegnen, weil sein Anblick allein ihnen schon das Herz zusammenschnürt.«

So aufgebracht hatte ich Carl noch nie erlebt, und ich war dermaßen erschrocken darüber, dass ich fast meinen Ellenbogen in Erwartung eines Schlags aus seiner Hand vor mein Gesicht gezogen hätte, aber so blieb es bei dem Zucken, das Carls ernste Miene, als er es bemerkte, unmittelbar erhellte. »Aber, aber. Alles, was ich sagen wollte, ist: Ich bin zwar etwas erstaunt über ihr meines Erachtens unnötiges Verschwinden, aber ziemlich sicher, dass wir sie früher oder später finden werden oder, andersherum, sie uns.«

Und wenn er mich dabei nicht so stoisch und nunmehr betont ausdruckslos angesehen hätte, was für meine Begriffe eine klare Reaktion auf seinen am Ende sogar ihm selbst unangenehmen Gefühlsausbruch sein musste, hätte ich zum wiederholten Mal an diesem sonderbaren Tag begonnen, an meinen sieben Sinnen zu zweifeln. Fast hätte ich darüber sogar die sensationellen Neuigkeiten vergessen, von denen ich Carl erzählen wollte.

»Und du wirst es kaum glauben, ich habe zwar keine Kirsten im Museum gefunden, aber dafür etwas, das dich vom Sockel hauen wird!«

Carl fasste mich am Arm, schon wieder so eine Geste, die mich irritierte, weil sie so gar nicht zu dem Bild passen wollte, das nicht nur ich persönlich von ihm hatte, sondern er nach außen hin allen gegenüber aufrechterhielt. »Sag an!«

Ich löste jeden seiner Finger mit einem ironischen Blick nacheinander von meinem Ärmel und bemerkte im selben Moment, dass ich ihn noch nie zuvor berührt hatte, was sich seltsam vertraut anfühlte, aber nicht in sinnlicher, sondern vollends brüderlicher Weise, als Ausdruck von unbedingter Verbundenheit und fraglos konspirativem Einverständnis, das keiner Worte mehr zu bedürfen schien.

»Ich führe dich hin, es ist eine Überraschung, und sie hat auch etwas mit dem Verschwinden zu tun, aber viel abstrakter als du denkst. Es ist etwas, dessen Anblick dir, wie ich denke, große Freude bereiten wird!«

Er schüttelte den Kopf, als würde er mir nicht ganz trauen, aber als ich auf den Eingang deutete, ging er ungeduldig mehrere Schritte voraus, als ahnte er schon, um was für eine Sensation es sich handelte, oder eher, dass es sich so, wie ich es gesagt hatte, nur um eine Sensation handeln konnte. Der

Pförtner war zum Glück noch nicht von seiner Jagd auf die Kunstkrakeeler zurückgekehrt, ich konnte Carl also unverzüglich zu meiner großen Entdeckung führen.

Nachdem wir die Alten Meister passiert hatten, tat ich so, als würde ich die Abseite gar nicht bemerken, aber zu meinem Entsetzen hing die Kordelschnur zwar noch da, die Tür jedoch war nun geschlossen. Mein ganzer Plan, seine Aufmerksamkeit und Beobachtungsgabe zu testen, zerfiel augenblicklich in seine Bestandteile, aber nicht ganz.

»Was ist denn das hier für eine nutzlose Absperrung?« Er deutete auf die bordeauxrote Banderole.

Natürlich hatte er das Detail entdeckt, in dem sich das gefälschte Bild des Museums vom Original unterschied. Sein meisterlicher Blick war eben unbestechlich.

»Genau, aber das war es nicht, was ich dir zeigen wollte.« Ich drückte vorsichtig an die Tür, und zu meiner Erleichterung gab sie nach und öffnete sich wie zuvor in den dunklen Gang.

»Ach was!« Carl duckte sich unter der Kordel durch und stand genauso da wie ich vor nicht allzu geraumer Zeit, was mir allerdings trotzdem vorkam, als sei es inzwischen ewig lange her. Weil ich damit rechnen musste, dass der Pförtner jeden Augenblick zurückkommen konnte, kniete ich mich vorsichtig unter der Kordel durch, als würde jede Berührung den gefürchteten Alarm auslösen, was mir aber im selben Moment als absoluter Unsinn erschien, weil sie nach Carls Eintritt deutlich sichtbar nachgeschwungen hatte. Er tastete sich vorwärts in die Finsternis hinein.

»Ein Gang, das ist ja interessant!«

Ich wollte nichts verraten, warnte ihn aber trotzdem zur Sicherheit vor und flüsterte, obwohl er weiter so laut antwortete, als wären wir völlig außer Gefahr: »Pass auf deinen Kopf auf, da kommt was auf dich zu rechts und links.«

Er musste nun ungefähr an der Stelle vor dem Spitzweg sein.

»Warte mal kurz genau da.«

Er hielt sofort an. »Ja, und jetzt?«

Ich atmete feierlich ein. »Wendest du deinen Blick bitte nach links.«

Carl drehte sich, was ich lediglich am Geräusch seiner Kleiderfalten hörte, weil ihn die Dunkelheit verschluckt hatte. »Ich sehe nichts, es ist komplett dunkel, und vor dem wenigen Licht, das noch hierher dringt, stehst du.«

Mir kam eine Idee. »Dann taste doch mal auf Augenhöhe, was da an der Wand ist.«

Seine Hände wischten deutlich vernehmbar über einen glatten Untergrund, bevor sie ins Stocken gerieten. »Was ist denn das, ein Rahmen? Hängen hier Bilder?«

Ich lächelte still vor mich hin. »Und was für welche. Berühr doch mal, vielleicht kannst du es sogar ertasten!«

Ich hörte Tasten und Klopfen.

»Der Rahmen ist ja gar nicht gesichert. Glaubst du das? Hahaha, ich würde sagen, eine glatte Aufforderung zum Diebstahl. Hast du was zum Einpacken dabei? Was für ein Bild ist es denn?«

Wischen, hin und her, immer wieder, über eine glatte Oberfläche. »Aber was ist das?«

Ich räusperte mich, um ihm die frohe Botschaft betont feierlich zu vermitteln. »Ta-da! Vor dir hängt ein Spitzweg!«

Finger, die fast unhörbar an einen Widerstand stoßen, an ihm entlangfahren, dann anhalten. Stille. Carl atmete tief ein, dann wieder aus. Eine gedehnte, unerträgliche Pause. »Du meinst, da *hing* ein Spitzweg. Dieser Rahmen ist jedenfalls leer.«

22

Raubkopie

Was geschieht in Räumen, wenn wir sie verlassen? Nehmen sie wahr, was in der Dunkelheit um sie herum passiert, nachdem wir ihre Türen hinter uns verschlossen haben? Wie sieht es aus, was sie dann vor sich sehen? Sind es die grünlich schattenhaften Schemen, wie sie der Flimmerfilm des Nachtsichtapparates zeigt? Oder legt sich das Geschehen vielmehr teilnahmslos und zeitlich unberührt in Lagen übereinander, als hätte eine ausgediente Kamera das Bild versehentlich zu oft belichtet? In welcher Dimension ist dann zu sehen, wie Ereignisse in Form von Energie die Räume unentwegt durchströmen, und was davon wird in uns bislang fremder Wesensform gespeichert, ob chemisch, kybernetisch oder strikt molekular? Entsteht so eine nie gekannte Spielart der Erinnerung, und können wir dieselbe überhaupt noch irgendwie entschlüsseln?

Wie gerne hätte ich in diesem Augenblick die Räume kurz befragt: Wo ist das Bild jetzt hin, und wer war, bitte, gerade hier? Hat jemand diese Tür wieder verschlossen, oder ist sie einfach nur von sich aus zugefallen? Halten Räume doch am Ende dicht und behalten ihr Geheimnis strikt für sich, damit wir nie erfahren, was wir nicht erfahren sollen, weil niemand von uns da gewesen ist und wir deswegen nicht erfahren dürfen, was in unserer Abwesenheit und ohne unser Zutun dort geschehen ist?

Ich rang um Worte für den Fall, dass Carl nun dachte, was ich selbst begann zu denken: Was, wenn ich es war, der sich geirrt hat, und all das meiner Fantasie entsprungen ist? Nur der verlässliche Beobachter kann sagen, dass sich etwas so und so ereignet hat, und alle glauben ihm aufs Wort. Ob ich für Carl tatsächlich schon ein solcher war, das schien, obwohl ich es mir wünschte, nicht besonders klar.

Das Geräusch, das an mein Ohr drang, war so leise, dass ich es wahrscheinlich gar nicht gehört hätte, wenn ich durch das Warten auf Carls Fragen nicht so angespannt gewesen wäre. Es klang wie das hohe Singen, das Gleise von sich geben, wenn ein Zug sich nähert, dann folgte ein kurzes Sausen, ein Sog aus dem Nichts, und es gab einen entsetzlich lauten Knall, den ich instinktiv als Schuss wahrnahm, wobei ich augenblicklich zusammensank.

Die totale Finsternis, die mit dem Donnerschlag einherging, jagte mir allerdings schon keine Angst mehr ein. So wusste ich wenigstens, dass es der Schreck allein war, der mich in die Knie gezwungen hatte.

»Respekt, mein Lieber.« Sein Ton war erstaunlich gefasst, nahezu kühl. »Wenn ich das hier gerade richtig verstehe, sind wir zwei Eindringlinge, die im Dunkeln direkt vor einem verschwundenen Gemälde gefangen sind.«

Ich schluckte. »Warte, ich schau mal, was es mit der Tür auf sich hat.«

Aber vorsichtiges Rütteln am Griff bestätigte meine Befürchtung: Sie war völlig fest ins Schloss gefallen.

Carl seufzte auf. »Bitte beruhige mich einfach und sag mir, dass das Bild a) nie da war oder b) da war und c) du es warst, der es entfernt hat, und d) es auch ganz schnell wieder genau da anbringen kannst, wo es vorher hing. Ein Wunder, dass das alles hier an keinerlei Alarm zu hängen scheint.«

Ich tastete mich an der Wand entlang zu ihm hin, damit

er mich besser verstehen konnte. Auch wenn es dafür keinen dringenden Grund gab, begann ich wieder zu flüstern, es schien einfach der verschwörerischen Lage angemessen zu sein, in der wir uns befanden. »Wenigstens hat uns anscheinend keiner bemerkt.«

Er lachte auf. »Bis jetzt! Aber darauf können wir uns nicht verlassen. Nun antworte doch erst mal: Hast du das Bild?«

Ich schüttelte den Kopf, als könnte er mich sehen. »Natürlich nicht.«

Carl zuckte spürbar zusammen. »Das habe ich befürchtet: also nicht nur Schülerstreich mit etwas Hausfriedensbruch dazu, sondern auch noch veritabler Kunstraub. Wir müssen dringend hier weg. Hast du vorhin irgendwen gesehen?«

Ich nickte, obwohl er mich nicht sehen konnte. »Ich würde sagen, gehört.«

Er wurde ungeduldig. »Können wir mal ganz kurz Klartext reden? Du sprichst in Rätseln, was ich normalerweise begrüße, aber die Zeit arbeitet gerade gegen uns.« Ich sah die tickende Uhr im Dunkel förmlich vor mir. Es war ein kleines, geradezu handliches Modell für die Küche mit altmodischem Ziffernblatt, das wegen der Form und der schwarzen Bakelithülle aussah wie eine düstere Babuschka. Der Wecker war lediglich halbrund als eine Art Pegel im sich verjüngenden Oberteil zu sehen, mit einem hektisch vorwärts rückenden roten Sekundenzeiger, der mich schon vor dem ersten Ertönen der schrillen Alarmklingel in nervöses Zittern versetzte. Das Schlimmste aber waren die Worte über den Uhrzeigern in der Mitte: MEASURED TIME. Die gemessene Zeit.

So sieht es also aus, wenn sie unerbittlich vergeht, dachte ich, das ist es, das Einzige, was wirklich passiert von der Geburt bis zum Tod, der gnadenlose Ablauf von GEMES-

SENER ZEIT, das Zergliedern in Sekunden und Minuten und Stunden, immer wieder von Neuem. Es half auch gar nichts mehr, dass es links oben einen Schalter gab, der mit seinen zwei Optionen ON und OFF verhieß, es gäbe ein Entkommen, man müsse einfach nur die Richtung ändern, in die der kleine runde Knopf mit dem Zylinderstab stets zeigte, den wohl am Anfang wer zu ON hin umgelegt haben musste, womit die ganze Sache überhaupt erst in Schwung gekommen war.

»Hallo, ist da wer? Ich sagte Klartext! Schweigen kannst du dir für später sparen. Wer war hier, hatte ich gefragt?«

Mir war nicht einmal bewusst gewesen, dass Carl auf meine Antwort länger hatte warten müssen. Durch irgendetwas war dieses Bild der Küchenuhr aus meiner Kindheit wie ein Schlaglicht aufgeblitzt und dann so schnell verschwunden wie erschienen.

»Georg Klotz mit Gilbert und Konsorten, die sind vorhin, als ich das Bild gerade gefunden hatte, durch die Gänge gerannt, so eine Kunstaktion, ich hab das Flugblatt extra für dich aufgehoben, hat aber nichts hiermit zu tun.«

Ich hörte Carl nun etwas schwerer atmen. »Wo immer diese Typen auftauchen, haben sie mit *allem* zu tun, so viel sollte uns inzwischen klar geworden sein. Ich weiß zwar noch nicht was, aber darüber kann ich mir jetzt wirklich nicht den Kopf zerbrechen. Lass uns lieber überlegen, wie wir hier schnellstmöglich rauskommen.«

Es stand außer Zweifel, dass Carl für Georg Klotz und all das, was er repräsentierte, nichts als Verachtung übrig hatte, aber der Ton, den er gerade angeschlagen hatte, verriet eine überraschende Verletzlichkeit, die nur aus der Vorahnung erwachsen konnte, dass es etwas gab, das seiner Unberührbarkeit ausgesprochen gefährlich zu werden schien.

»Wenn ich meinen Sinnen trauen kann, gab es vorhin

einen kleinen, aber folgenschweren Luftzug, der unsere Tür so dramatisch hat zufallen lassen. Und der kann eigentlich nur von der anderen Seite gekommen sein.«

Wenn ich mir Carl in einer Rolle gut vorstellen konnte, dann war es die des Detektivs. Aber keiner von diesen zurzeit so populären gebrochenen Charakteren, die eigentlich selbst einen Detektiv bräuchten, um ihren persönlichen Fall zu lösen, sondern einer aus den Büchern, die ich als Junge gelesen hatte. Einer mit Notizbuch als Waffe, das nicht nur alle wichtigen Informationen der kriminellen Welt enthielt wie Morsecodes, Unterweltkontakte und Spurensicherungstricks et cetera, sondern auch einen physiognomischen Mini-Setzkasten, aus dem sich im Handumdrehen perfekte Phantombilder erstellen ließen. Ein Detektiv, dessen Gadget-Jackett so viele versteckte Taschen und geheime Funktionen besaß, dass er manchmal während einer Verfolgungsjagd selbst vergaß, wozu sie alle genau zu gebrauchen waren. Und dessen tödlichstes Instrument immer noch sein messerscharfer Verstand war, mit dessen Kombinatorik er zielsicher alle Schurken, die in sein Visier gerieten, zur Strecke brachte. Und das, wohlgemerkt, nicht mit roher Gewalt, sondern der Überlegenheit des Geistes, gepaart mit Stil und dem Charme des wohlerzogenen Zivilisten.

Hatte ich schon erwähnt, dass sein Muster das Karo war und er ausschließlich Frauen um sich duldete, weil er fast alle Männer so verkommen fand? Kurz gefasst: Lässiger Lord und Menschenfreund in einem, der dank moralischer Integrität zum Vorbild taugt und noch dazu befähigt ist, einen Ausweg aus unserem Dilemma zu finden.

Ich hörte, wie er vorsichtig einen Schritt nach dem anderen in den pechschwarzen Gang vor uns setzte. »Welches Bild war es eigentlich, konntest Du es erkennen?«

Auf diese Frage hatte ich schon die ganze Zeit gewartet

und war erstaunt, wie er seine Neugier hatte zurückhalten können. »*Gähnender Wachposten* stand unter dem Gemälde«. Carl hielt inne und drehte sich um, weswegen ich unmittelbar stehen bleiben musste, um nicht gleich in ihn hineinzulaufen. »Bist du sicher? *Die Friedenszeit!* So heißt es nämlich auch, und Spitzweg hat ja viele schlafende, strickende und gähnende Wächter gemalt, die alle brav ihren Pflichten eben *nicht* nachkommen, aber der Wachposten ist eines meines absoluten Lieblingsbilder. Ich hatte gehofft, es endlich im Zuge dieser großen Wanderausstellung zu Romantik und Biedermeier zu sehen, weiß aber gerade gar nicht mehr, wo die zuletzt Station gemacht hat. Das wäre wirklich *die absolute Sensation*, wenn die als Nächstes hier ins Kunstmuseum käme. Hast du noch andere Bilder anschauen können?«

Fast hätte ich es verneint, da fiel mir die Zeichnung gegenüber von Spitzweg wieder ein. »Nur eins. So eine Skizze von drei Leuten, die seltsam vertraut unter einem Baum zusammenstehen und Händchen halten, wobei es so wirkte, als ob sie mich alle direkt anstarrten.«

Carl verschluckte sich beinahe. »Wir drei. Ich glaube es nicht.«

Jetzt hatte er wohl vollends den Verstand verloren. »Was? Wen meinst du? Wer denn noch außer uns? Kirsten?«

Er boxte mich genau in die Seite, als könnte er sehen, wo er mich zu treffen hatte. »Iwo, es ist der Runge, die erhaltene Skizze zum verbrannten Original. Das *muss* die Ausstellung sein. Nicht zu fassen, sie kommt tatsächlich in unsere Stadt!«

Ich bekam Angst, weil ich immer noch nicht verstand, von welchem verbrannten Original er redete.

»*Wir Drei*! Philipp Otto Runge mit dem Bruder und seiner Verlobten, deren beider Namen ich vergessen habe. Die ganze Schwärmerei der Romantik, das Verschwörerische, die Poesie, ein Bildprogramm wie eine blaue Blume, das *Wir* in trauter Dreisamkeit, in konspirativem Einverständnis. Ich habe es nie verschmerzt, dass dieses Bild im Glaspalast von München 1931 mit all den anderen in Flammen aufgegangen ist, mit Caspar Davids Friedrichs *Winter*, denk nur, was für ein Verlust!«

So, wie Carl es beschrieb, klang es wie eine traurige Moll-Version der »Ode an die Freude«. Ein feuertrunkenes Elysium der Kunst, ein verlorenes Heiligtum. Ich dachte schon, ich würde zu halluzinieren beginnen in der völligen Dunkelheit, weil mir so war, als könnte ich die kalte Asche förmlich riechen, die von den versengten Leinwänden als letzte Reste ihrer Bedeutung aufzusteigen begann, um meine Nase zu kitzeln. Dann merkte ich an seinem Atem in meiner unmittelbaren Nähe, dass Carl selbst es sein musste, von dem dieser strenge Duft nach Karbon ausging. Vorher war mir nicht aufgefallen, dass er überhaupt nach etwas roch. Vielleicht war ich ihm auch einfach näher denn je in diesem Augenblick, und das Kohlearoma gehörte schon immer zu seinen Eigenheiten. Seltsamerweise hatte ich ihn mir neutral als geruchsfreien Menschen vorgestellt, der ausschließlich Seife verwendet, wenn überhaupt. Im Waschbecken des Kunstverstecks hatte bei unserer Rückkehr aus der Schule diesmal ein durchsichtiges Stück *Pears* gelegen, das noch unberührt war, weswegen ich es fast nicht benutzt hätte, und dessen Schaum, als ich den Widerwillen, das perfekt in einem Amberton glänzende Oval einzuweihen, überwinden konnte, wie ein wandelnder Wildgarten aus Thymian, Zeder und Rosmarin geduftet hatte.

Carl tastete sich weiter vorwärts, und ich folgte ihm, wenngleich mit etwas Abstand, weil ich das Gefühl nicht loswerden konnte, dass ich mit der Wahrnehmung des sonderbaren Odeurs und der damit verbundenen Nähe eine Grenze zu ihm überschritten hatte, was ich besser hätte sein lassen sollen. Aber es ging mir mit meiner Nase wie dem Auge mit Dingen, denen man nur einmal mehr Aufmerksamkeit als sonst widmen musste, und schon war es geschehen: Sie sind plötzlich überall, an jeder Ecke, und es ist kaum zu glauben, wie man sie vorher hatte übersehen können. So wie mit dem *Peacoat* des Mädchens, in das ich eine Weile leicht verliebt war, und den ich auf einmal enttäuscht auf dem Schulhof in vielfacher Ausführung wiedersah, ging es mir nun mit dem Geruch von Carl, den ich nicht mehr loswurde, vielleicht auch weil es hier im Finsteren nichts gab, an das man sich sonst halten konnte.

Die Schachtsituation, in der wir uns befanden, erinnerte mich außerdem bald daran, woher mir das herbe Aroma von Grafitstaub noch bekannt vorkam: aus den Tunneln der städtischen U-Bahn, in denen es an manchen Tagen roch wie reiner Kohlenstoff.

»Riechst du das auch, diese seltsam elektrisch aufgeladene Luft? Als ob es hier irgendwo einen Kurzschluss gegeben hätte, was meinst du?«

Ich begann, die Mauer direkt neben mir abzutasten, um zu sehen, ob es vielleicht einen seitlichen Ausgang gab, durch dessen Ritzen so ein Gekokel kriechen konnte, griff aber nur in das leere Glühbirnengewinde einer Art Wandleuchter, vor dem ich instinktiv zurückzuckte aus Angst vor einem Schlag. Im selben Moment hörte ich ein dumpfes Geräusch in einiger Entfernung und erschrak.

»Carl, alles okay?«

Seine Stimme kam vom Boden her und klang etwas belegt, aber heiter. »Ich wollte eben sprichwörtlich mit dem Kopf durch die Wand und habe dabei zufällig die zweite Tür entdeckt. Außerdem ist mir eingefallen, wo genau im Museum wir gerade sein müssten. Wir haben uns sozusagen nichts ahnend mit Sichtweite null am gesamten 19. Jahrhundert entlanggetastet und sind so direkt von den Alten Meistern in die Moderne gelangt. Es gibt diesen Notausgang gleich zu Beginn des 20. Jahrhunderts, die Tür geht also zu uns hin auf, wir müssen daher nur ziehen statt drücken, wie ich gerade mit meiner Stirn, dann sind wir direkt neben Franz Marc!«

Ich hörte, wie er sich aufrichtete und den Rahmen abklopfte, dann sah ich, wie ein Spalt Licht sich langsam vergrößerte und überstrahlende Helligkeit den Flur flutete.

23

Übergegenwart

Weil die Tür in meine Richtung aufgegangen war, begann sich alles nur ganz langsam vor mir aus der Blendung zu materialisieren, und Carl musste mich an der Hand nehmen, damit ich nicht über die Schwelle nach draußen fiel. Er herrschte mich im Flüsterton an: »Schneller, beeil dich, ich höre Schritte.«

Er zog mich zur Seite, schloss behutsam die Tür hinter uns, schob mich vor das nächste Gemälde und tat so, als seien wir gerade in ein Gespräch vertieft. Leise genug, damit es höflich wirkte, aber ausreichend laut, um von der Person, die sich allem Anschein nach aus der Gegenwart näherte, dem letzten Saal vor dem Ausgang, noch gehört zu werden.

»Das Grandiose an Franz Marc ist für mich die unvergleichliche Aufladung mit Bedeutung.«

Carl legte den Kopf zur Seite und deutete auf die Pferde.

»Nicht nur, dass es drei Pferde sind, wie der Titel verrät, es war *Die heilige Drei*. Als ob es die Konstellation nur mit einem Kind gäbe, wie bei Jesus, das *Mysterium der Familie*. Ich habe mich immer gefragt, ob es auch als andere Zahl aufginge, aber er hat es uns nie gezeigt.«

Wann immer Carl anfing, über Kunst zu reden, hatte ich den Eindruck, dass jedes gelungene Gemälde im Grunde das hehrste Ziel der Menschheit verkörperte: eine überzeugende Lösung dafür zu finden, was wir unter Wahrheit zu verstehen haben. Und dass es nur ein Bild ist, das uns in dieser Hinsicht helfen kann.

So war es auch diesmal bei den *Drei Pferden*. Jedes Mal, wenn ich das Wort *Familie* hörte, schnürte sich mein Herz zusammen. Aber nicht, weil es eine besonders tragische Geschichte war, die sich vor mir abrollte, wenn ich an meine Familie dachte. Ganz im Gegenteil, meine Eltern waren an sich ganz normale Menschen wie alle anderen auch, aber genau das war das Tragische daran, die Normalität. Ich hatte mir immer, wie wahrscheinlich jeder, eine andere Familie gewünscht. Eine, die ich, wie Franz Marc, als *Mysterium* verstehen konnte, oder halt am liebsten überhaupt nicht verstehen konnte, weil etwas verstehen hieße ja, es zu durchschauen, und das wollte ich gerade nicht. Ich wollte jeden Tag aufs Neue den Kopf schütteln über etwas, das nicht mehr von dieser Welt war, über sie hinausging oder mir etwas über deren Geheimnis verriet, das sie im Innersten zusammenhielt. Woraus man etwas lernen konnte, auch wenn es einen befremdete oder vor den Kopf stieß wie das Drama des Verschwindens von Kirstens Vater. Oder unauflösbar ein Rätsel blieb wie Carls abwesende Mutter, die Krankenschwester aus dem Bilderbuch.

Ich litt unter der schmerzlichen Abwesenheit des Besonderen. Nur in der Kunst schien alles besonders, Carl konnte es sehen und erklären.

»Der *Turm der blauen Pferde* ist leider verschollen, wenn es die Postkarte von ihm an Else Lasker-Schüler mit dem Motiv auf der Rückseite nicht gäbe, wüsste man kaum noch, wie wunderbar es wohl aussah im Original, so bleibt es, fast noch moderner, für immer Kunstpostkarte. Und doch sieht man auch da: reine Komposition, geschichtet als monumentales Übereinander, wie sonst nur Max Beckmanns *Rugbyspieler*. Und stell dir vor, du bist ein Bild, und die letzte Ausstellung, auf der du zu sehen bist, heißt *Entartete Kunst.* Was für ein schreckliches Los. Und dann die Farben. Obwohl er behauptete, es gäbe in der Kunst gar keine *Gegenstände* oder *Farben*, lediglich den *Ausdruck*. Für mich klingt das nach einer subtil getarnten Reaktion darauf, was Kritiker und Sammler ihm alles so zu sagen hatten. Dabei bleibt das Erste, was uns bei ihm ins Auge fällt, die Farbe. Alle Farben, was auch immer sie für ihn bedeuteten. Gelb war das *weibliche Prinzip*. In diesem Fall *sanft* vermittelnd zwischen der irdenschweren *Materie* in Rot und dem *männlichen Prinzip* in Blau, das hier fast bescheiden als See, *herb*, wie die Natur nun mal ist, also ganz *geistig*, in den Hintergrund tritt, während …«

Es war natürlich der Pförtner, der gegen den Uhrzeigersinn das Museum durchlief, auf uns zutrat und Carl unfreundlich mitten im Satz unterbrach.

»Wo kommen Sie bitte her, wir haben längst Mittagspause, das Museum ist geschlossen. Ihre Karten erst mal.«

Carl drehte sich pikiert zu ihm um. »Darf ich erst mal kurz festhalten, dass selbst, falls ich diesem Museum das Glück bescheren hätte wollen, ein einmaliger zahlender Gast zu sein, mir dazu keinerlei Chance geblieben wäre? Und zwar, weil *Sie* Ihren Posten unter Verletzung der Aufsichtspflicht verlassen haben.«

Der Pförtner sah ihm ungläubig ins Gesicht, schob seine Mütze hoch und kratzte sich verdutzt am Hinterkopf. Aber er besann sich schnell, zog wütend seine Augenbrauen zusammen, und als er gerade tief Luft holte, um seiner Antwort das nötige theatralische Gewicht zu verleihen, legte Carl unerwartet nach und zog aus der Westentasche ein zerknittertes in Folie eingeschweißtes Stück Papier.

»Hier meine Dauerkarte, Eintritt plus eins. Letzte Woche gekauft, schon unansehnlich abgewetzt. Von Henry *Royce*, der mit dem *Rolls* davor, ist folgender Satz überliefert: *Qualität besteht, wenn der Preis längst vergessen ist.* Ich denke, das reicht.«

Der Pförtner streckte seine fleischige Hand nach der Karte aus, aber Carl zog sie in letzter Sekunde zurück, sodass er ins Leere griff.

»Na, na, na! Sie wollten sie sehen, das haben Sie getan, und damit genug. Wir gehen, und zwar sofort. Komm, mein Lieber, der Mann hier braucht offensichtlich dringend mehr als nur Erholung in seiner Pause.«

Doch bevor Carl mich am Ärmel ziehen und an ihm vorbeibugsieren konnte, baute sich der Pförtner ungeschickt vor ihm auf, wobei er wegen der Drehung, die er dafür vollziehen musste, beinahe aus dem Gleichgewicht geraten und hintübergefallen wäre. Nachdem er sich gefangen hatte, stand er betont amtlich mit verschränkten Armen vor uns.

»Sie gehen jetzt erst mal nirgendwohin. Und Ihre Eintrittskarte ist hiermit offiziell konfisziert. Weil mir scheint, Sie haben das mit dem Eintritt offensichtlich etwas großzügig interpretiert. Schauen Sie mich nicht so blöd an, Sie wissen ganz genau, was ich meine. Mitkommen!«

Während er sich umdrehte Richtung Gegenwart, schaute ich vorsichtig zu Carl, der die Augenbrauen hochzog und den Kopf schüttelte. Zum Glück hatte ich mir ein paar Buchstaben seiner Geheimsprache gemerkt.

»*Watte Ewig Irre Sonne Sonne/Ewig Raben/Watte Aesop Sonne?*« Der Pförtner drehte sich im Gehen um und schüttelte den Kopf, als wir in den großen fensterlosen Saal der Gegenwart kamen, und murmelte vor sich hin. »Spinner!«

Carl grinste über beide Ohren. »*Watte Onsen Helium Ewig Raben/Sonne Chatwin Helium Onsen Nabokov?*«

In dem Saal war an der Wand die Videoinstallation einer jungen Künstlerin zu sehen, über die ich ein paar Tage zuvor in der Zeitung gelesen hatte. Es klang im Artikel etwas abstrus, aber schon die Überschrift *Wunderwald* hatte meine Aufmerksamkeit erregt. Die Endlosschleife lief genau eine Minute lang und zeigte eine Art Geisterbeschwörung oder Séance, der wohl ein philosophisches Konzept zugrunde lag.

Am Anfang, so stand da, und ich sah es gleichzeitig, während ich mich daran erinnerte, irrte das Auge der Kamera gehetzt durch dunklen Hochwald, bis es endlich an eine Lichtung gelangte, auf der die spiritistische Sitzung bereits in vollem Gange war. Ein Wesen mit langen Haaren stand rückwärts gebeugt mit angewinkelten Beinen in der Mitte und wurde von zwei anderen in der Schwebe gehalten. Ein Junge hatte die Arme erfasst und ein Mädchen hielt den Hinterkopf des Mediums so vorsichtig in ihren Händen, als sei es eine Porzellanschale. Langsam gaben die beiden nach, sodass es immer weiter nach hinten zu Boden sank, auf dem ein Kreis leerer weißer Blätter ausgelegt war.

»Herr Pförtner, kann ich mir das hier kurz zu Ende anschauen, ist ohnehin gleich vorbei?«

Er schaute böse in Richtung Leinwand, als sei das, was er da sah, noch ärgerlicher für ihn als die Störenfriede in seiner Obhut, brummelte unverständlich etwas in den Schnurrbart und blieb aufseufzend stehen. Carl nickte mir zu und zog eine Schnute des Erstaunens.

Jetzt sah man, wie die beiden losließen und das Medium erst kurz, ja, in der Luft stand und dann gleitend mit herabhängenden Haaren nach oben abhob. Die Helfer, die grobe Atelierkittel aus Sackleinen mit Klecksen trugen, sahen mit offenem Mund und verklärtem Blick zu ihrem Medium im schwarzen kragenlosen Nachtanzug auf, das ephebisch feminine Züge mit maskuliner Statur verband. Nun ließen sich der Junge und das Mädchen selbst fallen, indem sie ihre Körper andächtig zur Seite wegdrehten, sodass die Kamera, indem sie beiden folgte, selbst in ein Kreisen geriet, aus dem die Linse den drei Auffahrenden erst von unten hinterherflog, sich dann einmal um die eigene Achse drehte, um schließlich aus großer Höhe zurück in den Wald zu stürzen, wo das Video von Neuem begann.

»Na ja, und so weiter und so fort, jetzt also weiter!« Der Pförtner sprach, Carl nickte anerkennend.

»Gut zusammengefasst, mehr fällt mir dazu auch nicht ein. Ich würde sagen, Sie kennen sich aus in der Gegenwart!«

Die philosophische Idee hinter der Performance, die dem Film ganz abgesehen von der ästhetischen Anmut seiner Inszenierung eine moralische Schönheit verlieh, traute ich mich kaum noch zu erwähnen. Es war vielleicht auch besser so, denn obwohl sie mir beim Lesen des Artikels unmittelbar eingeleuchtet hatte, bekam ich sie selbst für mich nicht mehr ganz zusammen. Es hatte auf jeden Fall mit dem Wald als märchenhaftem Urort der Romantik zu tun und dem Kinderwunsch, an der Hand durch ihn hindurchgeführt zu werden. Und was das Aufwachsen mit dem Loslassen zu tun hatte, das erst in dem Moment, da man seine tiefste Furcht, die vor dem Fallen, überwindet, zur Befreiung führt. Irgendwo war auch noch eine Metapher von der Kunst in der Sequenz versteckt, dass man auch das Werk loslassen muss, weil es erst zu Kunst wird, indem es aus dem Unterbewussten zur Wahrheit, zum Licht aufsteigt und nur so unsere Seele am Ende gerettet werden kann im Kreislauf des Lebens.

Wir waren, ohne dass ich es beim Nachdenken bemerkt hatte, aus der Gegenwart zum Anfang des Rundgangs gelangt, und der Pförtner führte uns zu einem Hinterraum, dessen Stahltür er mit einem verrosteten Exemplar aus seinem antiquierten Riesenschlüsselbund öffnete.

»So, jetzt bin ich mal gespannt, was Sie zu sagen haben.«

24

Zetteltraum

Er blieb vor der Tür stehen und winkte uns in das kleine Zimmer, das belebter war als zunächst angenommen. Die ganze Rückwand war mit flimmernden Bildschirmen bedeckt, die anscheinend mit Kameras jeden einzelnen Saal des Museums überwachen sollten. Davor war eine Art Mischpult mit Reglern, Schiebeknöpfen und bunt blinkenden Lichtern aufgestellt, das in der Mitte eine Aussparung mit Telefon, Notizblöcken und einem Stempelrondell besaß und dem Pförtner offenbar als Schreibtisch diente.

Erst, als wir im Zimmer selbst standen, sahen wir links vom Pult eine schlecht gelaunte Ansammlung allzu vertrauter Gesichter: Georg, Gilbert und die *dauerkaugummikauenden Tunichtgut-Girls*.

»Ich will sofort meinen Anwalt sprechen, ich wiederhole, das ist Freiheitsberaubung, wir haben nichts getan!«

Klotz war wie zu erwarten in Hochform. »Sie lassen uns jetzt hier raus, aber schnell, Sie Triebtäter!«

Das entlockte sogar Carl ein Grinsen.

»Was ist denn das hier für ein komisches Klassentreffen? Haben Sie das extra für uns arrangiert?«

Der Pförtner, ich bemerkte erst jetzt, dass er ein Namensschild aus dunkelbraunem Hartplastik an der Brusttasche trug, auf dem in Versalien BUSCH stand, haute mit der Faust auf seinen Tisch und begann zu schreien:

»Jetzt ist RUHE im Karton, es reicht. Ab JETZT rede nur noch ICH. RAND HALTEN, und zwar ALLE!«

Nie zuvor hatte die Anwesenheit der meistverhassten Mitschüler eine derart beruhigende Wirkung auf mich ausgeübt, weshalb ich die Brüllattacke von Herrn Busch absolut gelassen hinnahm. Er war hochrot angelaufen und schaute sich schnaufend um, ob seine Worte Wirkung zeigten.

»Geht doch. Also, jetzt alle mal mucksmäuschenstill und zuhören. Das lernen Sie wohl in der Schule nicht mehr, wie das geht: zuhören. Dafür anscheinend andere Dinge umso besser: vorlaut sein, Maul aufreißen, Schabernack treiben.«

Eines von den *Tunichtgut-Girls*, ich konnte sie nie auseinanderhalten, wollte es offenbar wissen und flüsterte Gilbert ins Ohr, einen Tick zu laut: »Alter Falter, der *ranted* ja stabil wie im Fülm.«

Busch drehte sich zu ihr und schnaubte nur noch leise, wie eine erschöpfte Lokomotive: »Si-len-tium.«

Sichtlich resigniert sank er auf einen hölzernen Drehstuhl hin, der federnd nachgab und dabei ein heulendes Geräusch von sich gab, das umgehend für Erheiterung sorgte und seine Autorität zusätzlich untergrub.

»Bringen wir einfach, so schnell es geht, die Sache hinter uns. Dann können die meisten hier drin wahrscheinlich bald gehen. Das Ratespiel heißt *Wer bin ich?*, und wir werden es, da bin ich mir sicher, gemeinsam lösen. Ich spiele Ihnen ein paar kleine Filme vor, und *Sie* verraten mir, *wer* darauf *wobei genau* zu sehen ist. Verstanden?«

Ich schluckte. Es ging wohl doch um mehr als nur Papierschnipsel auf dem Boden und fehlende Abreißkarten. Instinktiv griff ich in meine Jackentasche, weil ich mich an den Angler und sein Briefchen für den Notfall erinnerte, aber mein Kramen entging Herrn Buschs Argusaugen nicht.

»Was auch immer Sie da machen, lassen Sie das. Wir

brauchen jetzt auch *Ihre* ungeteilte Aufmerksamkeit, also bitte!«

Ich zog blitzschnell meine Hand aus der Tasche, als wäre ich bei etwas Verbotenem ertappt worden, und begann zu allem Überfluss auch noch zu stottern. »T-tut mir leid, Herr Busch. Sch-schon erledigt.«

Erleichtert sah ich zu, wie er sich wieder seiner Schaltzentrale widmete. Um jeden Preis musste ich verhindern, dass in dieser Runde meine Flugblattsammlung vom Museumsfußboden entdeckt werden würde. Herr Busch legte einen Schalter um, und es britzelte über die Bildschirme. Nun war auf allen Monitoren das Gleiche zu sehen.

»Film eins ist ganz einfach. Hier passiert noch nicht so viel.«

Es war die Kamera vom Eingang, die Zeit war 11.39.23. Die Qualität war miserabel, das bewegte Bild von regelmäßigen Wellen durchlaufen und extrem körnig. Weil die Kamera anscheinend innen über der Tür hing, konnte man Besucher, wenn sie sich nicht wider Erwarten umdrehten, was nur in Kriminalfilmen passierte, ausschließlich von hinten sehen, was natürlich nutzlos war, wenn man wirklich jemand erkennen wollte. Deswegen bemerkte ich auch gar nicht gleich, dass wirklich ich auf diesem Bild zu sehen war.

Erst als ich an die Scheibe klopfte, erkannte ich mich, und die anderen wohl ebenfalls. Eine Mädchenstimme: »Den seh ich auch lieber von hinten, hahaha!« Ein Junge: »Bleibt dir auch nichts anderes übrig, weil er immer in der ersten Reihe sitzt, haha!«

Ich schaute gar nicht erst hin, weil es eigentlich auch egal war, von wem es kam. Ich fand sie alle gleich furchtbar.

»Aber am besten ist die Schnarchnase im Hintergrund. Die kommt mir sogar noch bekannter vor, ha!«

Herr Busch drehte sich zu Georg und herrschte ihn an:

»Schnau-ze!« Und dann zu mir: »Das sind also Sie, da sind sich anscheinend alle einig. Dann merken wir uns das mal und ordnen diese Figur Ihnen zu, einverstanden?«

Ich nickte gesenkten Hauptes. Das nächste Bild erschien wie ein verdrucktes Memory-Spiel auf den unzähligen grauen Quadraten. Um 11.44.23 ging eine dunkle Figur eiligen Schrittes an dem erneut eingeschlafenen Pförtner vorbei in das Foyer.

»Ich habe Sie sofort erkannt, Herr Busch, es sind schon wieder Sie, hahaha!«

Er drückte auf einen Knopf. »So, das sehen wir uns jetzt noch mal in Ruhe ganz genau an.«

Er legte einen Schalter um, und die Figur kam von rechts aus dem Foyer zurück und ging rückwärts hinaus.

»Rückwärts ist das neue Vorwärts, das habe ich schon lange prophezeit, hahaha!« Georg kam anscheinend gerade erst richtig in Fahrt.

Wer auch immer lief nun erneut, aber in *Zeitlupe* Richtung Foyer, und ich fragte mich wegen des Mantels, ob es am Ende Kirsten war. Ich sah zu Carl und versuchte, zu flüstern: *»Kanon Irre Raben Sonne Tand Ewig Nabokov?«*

Er zog seine Augenbraue.

»Bildungsbürgertum go home, haha!« Klotz konnte es nicht lassen.

Herr Busch war kurz davor, wieder seine Fassung zu verlieren. »KON-ZEN-TRA-TION! Sonst sind wir hier noch ewig zugange.« Er sah mich prüfend an: »Wenn ich nicht wüsste, dass Sie da schon seit fünf Minuten im Museum sind, würde ich behaupten, dass Sie es schon wieder sind. Der Mantel, der Gang.«

Erst in diesem Augenblick fiel mir auf, dass Kirsten und ich nicht nur heute, sondern eigentlich immer fast genau gleich gekleidet waren, bis zur Hosenfarbe, aber solche

Details konnte man auf diesen Monitoren ohnehin nicht erkennen.

Busch hielt das Bild an, kurz bevor der dunkle Schatten im Foyer verschwand.

»*Nabokov Aesop Chatwin Helium/Raben Ewig Chatwin Helium Tand Sonne!*«

Carl hatte es gesehen. Wer auch immer ging in Richtung Gegenwart, nicht nach links in die Antike. Ich bekam Gänsehaut.

»Das nächste Filmchen habe ich heute Morgen vor Dienstbeginn gemacht, da drehe ich immer meine Runde und gehe auf Nummer sicher, dass alles so, wie ich es vorfinde, seine Ordnung hat. Sie sehen jetzt etwas, was Sie eigentlich noch gar nicht gesehen haben können. Aber auch nur eigentlich. Dazu nachher mehr.«

Die Bilder waren jetzt noch verwackelter, dafür in Farbe. Ich erkannte die Türschwelle, die aus den Alten Meistern in den nächsten Saal führte, und sah die vertraute Absperrkordel mit der geschlossenen Abseite. Der Film machte einen Ruck, weil Herr Busch wohl die Kamera in die andere Hand genommen hatte, um die Tür zu öffnen, dann ging Deckenlicht an, und ich sah zum ersten Mal den schmalen Flur in seiner enormen Dimension. Zu Beginn der endlos langen Reihe aus gerahmten Gemälden hielt der Blick der Linse direkt auf meinem Spitzweg als Standbild an.

»Wer kann sagen, was das ist? Keine Fangfrage, ich will nur, dass Sie es sich merken.«

Carl meldete sich wie in der Schule, begann dann aber, anders als in der Schule, zu reden, ohne vorher drangenommen worden zu sein. »Ein Meisterwerk.«

Herr Busch nickte. »Genau.«

Klotz sprach aus, was wahrscheinlich alle dachten.

»Und weil es so ein Meisterwerk ist, wundere ich mich,

wie es sein kann, dass es mich so fatal an jemand hier erinnert, der sonst so gar nichts Meisterliches an sich hat.«

Die *dauerkaugummikauenden Tunichtgut-Girls* fingen wieder an zu kieksen und zu prusten, und Herr Busch wurde puterrot im Gesicht. »ES LANGT.«

Carl schnipste noch mal mit dem Finger in die Luft, als wollte er einen Streber mimen.

»Darf ich etwas zu diesem Bild sagen. Ich habe mich nämlich wirklich ausgiebig mit ihm befasst.«

Herr Busch schaute ihn ungläubig an.

»Wenn Sie wollen, vielleicht hilft es uns ja später weiter.«

»Es geht schon mit dem Titel los. Hat er sich nicht entscheiden können? Oder den Betrachtern einfach nicht zugetraut, dass sie sich schon ihren Reim darauf machen würden, was hier Sache ist? Dabei ist alles so deutlich zu erkennen. Gut, der Mann ist Soldat, das zeigt seine farbenfrohe Uniform: der blaue Rock, die rote Hose, das gelbe Wams, aber vor allem: der Federhut! Allein die Seitenansicht seiner tadellosen Haltung verrät uns nicht sofort, warum er den Mund so weit aufgerissen hat. Schreit hier einer gerade Kommandos in die landschaftliche Leere? Müssen wir, da er auf einer Art Festung steht, vermuten, dass das Bataillon, das er befehligt, tief unter ihm, vor der (so einer jener Titel) *Bastei* steht und auf einen Marschbefehl wartet, gar das Signal zum Angriff? Ein Krummsäbel ist immerhin als Schatten an der linken Seite angedeutet. Aber wer genau hinsieht und seinen ausgestreckten Armen folgt, die das zum Himmel gerichtete Bajonett vor ihm in gebührendem Abstand halten wie die Fahnenstange seines ruhmreichen Vaterlandes, erkennt plötzlich, dass alles ganz anders ist: Das Bajonett hält den Soldaten, nicht umgekehrt, die Hände sind zwar eng verschränkt zu Fäusten, aber nicht zum Kampf geballt, sie dienen nur als Stütze, aber gegen etwas anderes. Der Soldat schreit nicht, er kann den Mund nicht halten, viel eher nicht geschlossen halten, weil ein natürlicher Reflex ihn übermannt: kolossale Müdigkeit. Er ist, wie erst der zweite Titel ihn ganz treffend, wenngleich etwas zu deskriptiv beschreibt, ein *Gähnender Wachposten*. Was er da angähnt, ist allerdings mehr als nur die mit wenigen Details ausgestaltete Metapher der Situation, in der er sich befindet. Es ist eine Landschaft, die subtil mit allen Ingredienzen einer romantischen Szenerie spielt. Da steht die Festungsruine *Auf der Bastei* im Mittelpunkt, über deren einst wehrhaft ausgebauten Zinnen nun üppig Kletterpflanzen wuchern. Oder ist die Bastei, von der er spricht, am Ende jenes berühmte Felsensemble in der Sächsischen Schweiz, deren Formation ja auch etwas von einer Feste hat, wenn man auf deren Höhe steht und die Aussicht genießt? Die genauso gut der Wachposten genießen könnte, wenn er eben nicht schon zu lange in die Weite gestarrt hätte, wobei allem Augenschein nach nichts passiert ist. Doch halt: Passiert hier wirklich nichts? Weit gefehlt. Und ich rede nicht von dem auffliegenden Vogelschwarm rechts, der sowohl die Höhe des Aussichtspostens betont als auch die Verbindung zum Mittelgrund bildet: einer Waldlandschaft, die durch den Dunstschleier, der sie umgibt, in einige Entfernung gerückt wird, bevor noch blasser im Hintergrund ein blaues Mittelgebirge durch Hügel angedeutet liegt. Im Zentrum des angegähnten Geschehens bewegt sich das, wovor die Vögel vielleicht Reißaus genommen haben: weiße Stofffetzen, die im Wind flattern. Mit Schnüren aufgehängt, befestigt an einem hoch aufragenden Stock, der im selben Winkel zum Himmel geneigt ist wie auch das Bajonett des erschöpften Wachpostens, nur von der anderen Seite her. Wer mit etwas Fantasie begabt ist, könnte sich jetzt ein Dreieck vorstellen, dessen Spitze aus dem Bild hinausragt. Und einen imaginären Punkt bezeichnet, unter dem, was sicherlich kein Zufall ist, genau das entscheidende Objekt des Bildes steht: die Kanone. Wer ihre Mündung sieht, denkt klar: Was da im Winde weht, sind die geschwenkten weißen Flaggen des Feindes als Zeichen seiner Kapitulation. Aber auch hier: Täuschung des Auges, alles Mumpitz, Fehlalarm. Wir sehen höchstwahrscheinlich Wäscheleinen, gebleichte Laken aus dem Lazarett, oder ist das hier doch nur die Trockenstelle der Pension, wo jener Wachmann nachts sein Haupt auf frisch gestärktes Leinen bettet? Aber wie lang die letzte Kriegshandlung wirklich her ist, kann man an der Mündung der Kanone sehen, auf der ein Vogel sitzt und unter ihm sein Tageswerk. Die Zweige, die da aus dem dunklen Rohr herauslugen, zwitschern: Hört her, hier beginnt ein neues Leben, der Todesschlund ist längst zum Nest umfunktioniert, und lediglich ein Mast im Hintergrund als Kreuz erzählt noch davon, dass es auch vor dieser *Friedenszeit*, so der dritte Titel des Gemäldes, etwas ganz anderes gab, eine Zeit, in der die Zweckentfremdung dieser müden Gegenwart die Mittel heiligte: Jeder Schuss ein Russ' (Kanone), jeder Stoß ein Franzos' (Bajonett). Denn das, was die Romantik eigentlich in dem Fragment, der Unvollkommenheit, diesem schaurig schön vom Zahn der Zeit zernagten Relikt verschollener Antike als Ideal gefeiert, das hat in Wahrheit nur der Krieg zerstört. Darum geht es eigentlich in diesem Bild, die Friedenstaube ist der Spatz, sein Palmzweig das Gestrüpp, mit dem er sich sein Nest gebaut. Ist das schon die Entwarnung? Es wäre nicht das hochsubtile Meisterwerk, ganz fraglos Spitzweg, wenn diesem konzentrierten Zeitidyll die Vorahnung von etwas Ungewissem fehlen würde, auch wenn es nur Geraune bleibt.

Wenn ich nun sogar das am Schluss verraten würde? Dem Bild selbst nimmt es nichts. Warnung hat, wie alles Schöne, Frau Kassandra, in der Luft zu stehen. Wo lasen sie noch gleich im alten Rom Orakel aus? Im Himmel und am Vogelflug. Auch so gesehen ist die Szene zweigeteilt: in Schatten und in Licht. Hell und Dunkel. *Chiaroscuro*. Das Unheil droht ganz klar von rechts, der angegähnten Richtung. Und spiegelt so am Ende im Aufziehen der Wolkenschatten schwarzen Mund, den offenen Schlund als Sühne für den Hochmut seiner müßig laxen Selbstvergessenheit. Denn diese *Friedenszeit* ist, so die versteckte Botschaft des Gemäldes, allenfalls Schönwetterlaune, angesichts des bewusst gewählten Motivs ein ›Burgfrieden‹ in jeder Hinsicht. Wie weit es das drohende Unheil bereits geschafft hat, verraten die Ranken des kletternden Weinlaubs. An ihrem unteren Rand lassen sie den herankriechenden Schatten schon fast bis zum Wachmann wandern; schlangengleich unterläuft so die Pflanze als Vehikel der bevorstehenden Verfinsterung seine demonstrativ zur Schau gestellte bräsige Rammdösigkeit. Sie wird ihm, so bedeuten es die vielleicht furchtvoll vor dem Unwetter auffliegenden Vögel, zum Verhängnis werden. Und wenn es nur der Blitz ist, der den in großer Höhe ungeschützt Stehenden unvermittelt aus dem nicht mehr ganz so heiteren Himmel treffen könnte, wenn sich die Wetterküche weiter so zusammenbraut, wie zu sehen ist. Es reicht zudem ein Moment, um das Auge unscharf zu stellen, damit aus dem Felsvorsprung mit dem aus ihm herausragenden Soldaten selbst eine riesige Naturkanone wird, die, anders als das zum Nestbau zweckentfremdete Geschütz, von dem nur die Mündung sichtbar ist, direkt nach rechts auf das kommende Dunkel gerichtet steht. Aber halt, das führt vielleicht zu weit, da der Wachmann in dieser Deutung zum personifizierten Stopfer degradiert würde, was er dann doch nicht verdient hat. Denn er ist ja, schon im Titel angedeutet, ein Held. Einer, der es perfektioniert hat, überall einschlafen zu können, sogar auf der Arbeit, wenn nötig. Wie es im Volksmund heißt, ›Wer die Arbeit kennt und sich nicht drückt, der ist verrückt‹. Wo seine Müdigkeit herkommt, daran lässt Spitzweg keine Zweifel. Die noch offen herabhängende Tasche am hinteren Wams enthält wahrscheinlich die gerade verzehrte Jause. Aber das ist eben die große Kunst der Genremalerei, dass sie von den grundverschiedensten Dingen des Lebens zur gleichen Zeit erzählen kann, ohne sich zu verbiegen oder Wesentliches zu vernachlässigen.«

Herr Busch schnarchte lautstark, er war, wie ich es beobachtet hatte, spätestens bei dem Wort RAMMDÖSIGKEIT in Tiefschlaf gefallen. Georg Klotz und Konsorten schauten betreten, weil Überlegenheit immer entweder zu Missgunst, Minderwertigkeitskomplexen oder Apathie führt, und bei ihnen sah es so aus, als mischten sich alle drei zu kollektivem Verstummen. Denn das konnte Carl wie keiner sonst: diesen Ton treffen, der ein Kunstwerk immer erst einmal gegen seine vermeintlichen Gegner, die Betrachter, zu verteidigen versucht, als stünde es vor Gericht. Aber dann die Bildbeschreibung wie ein Plädoyer verlautbaren, das eine angewidert dreinblickende Bank von Geschmacksgeschworenen von der zweifelsfreien Unschuld des grundlos angeklagten Mandanten zu überzeugen vermag.

Was beim ersten Hinhören trotzdem klang wie eine für Auktionshäuser verfasste Expertise, endete mit der überraschendsten aller Pointen: dem in jeder Hinsicht tieferen Sinn der Genremalerei. Die nur auf den ersten Blick plakativ Plattitüden an den Mann zu bringen versuchte, aber in Wirklichkeit mit bewusst inszenierter Oberfläche spielte, um die einfachen Seelen mit der Freude des Wiedererkennens von Vertrautem überhaupt erst in die Bildidee hineinzulocken und sie so lange gut zu unterhalten, bis der eigentliche Zauber zu wirken begann, weil er sich entfalten konnte, um seine zuvor versteckten gedanklichen Fallstricke langsam zum Einsatz zu bringen, die einen beim Betreten am Bein in die Luft rissen, sodass man kopfüber hängend die Wahrheit hinter dem Bild zu sehen begann.

Carl klatschte neben Herr Buschs Ohren in die Hände, der entsetzt hochschreckte und sich erbost umsah.

»Schluss jetzt. Ich kürze ab. Nach meinem Gang habe ich die eben geöffnete Tür bei den Alten Meistern naturgemäß wieder geschlossen. Aber als ich IHNEN ALLEN dann mit Ihren blöden Flugbättern nachgelaufen bin, fiel mir trotz der Hektik auf, dass diese Tür auf einmal offen stand, und als ich Sie dann endlich DINGFEST gemacht und hierhergebracht hatte, bin ich sofort wieder zurück und habe hinter der offenen Tür Folgendes gefunden. Schauen Sie genau hin.«

Diesmal sah man den Gang zunächst so dunkel, wie ich ihn entdeckt hatte. Die Neonröhre an der Decke ging auch nur verzögert und nach einem flackernden Moment des Britzelns an, als wollte sie sich widerwillig und mit einem Gefühl der Scham dagegen sperren, was durch sie nun, wie ich bereits ahnte, ans Licht gelangen würde.

Man konnte der unsichtbaren Hand, welche die Kamera hielt, das Entsetzen des Filmenden unmittelbar anmerken, als sei das zitternde Auf und Ab, so minimal die Bewegungen auch waren, ein genaues Abbild dessen, was in seinem Inneren vorging: die wie mithilfe eines Seismografen sichtbar gemachten Gefühle, die immer stärker ausschlugen, leise hochkriechende Schuld und ohnmächtige Verzweiflung, weil das Unfassbare ausgerechnet unter seiner Aufsicht passiert war, am helllichten Tag, ohne unmittelbaren Täter zur Hand. Und alles nur, weil er vergessen hatte, die Tür auf seinem morgendlichen Rundgang wie üblich wieder abzuschließen, aber was hieß schon wie üblich, die Ausstellung war ja gerade erst einen Tag vorher im Museum angekommen, also entschuldigte er sich selbst sofort empört, es sei ja auch generell viel zu viel und weitaus mehr, als man von ihm überhaupt erwarten könne, Wach- und Schließdienst, Kassenwart, Concierge, Hausmeister und Putzkolonne in einem: Das käme eben dabei heraus, wenn die Stadt wie immer am falschen Ende sparte, nur weil sich keiner mehr für Kunst interessierte, und warum auch, wozu waren sie schon von Nutzen, diese Wanddekorationsobjekte von angeblich unschätzbarem Wert? Aber das, was seine Kamera filmte, war offensichtlich mehr als nur Gelegenheitsdiebstahl, es war heimtückisch geplanter Raub mit Bekennerschreiben am Tatort, das nicht wie sonst in Worte gefasst war, sondern als fremde Signatur im leeren Rahmen prangte, hinterlassen wie ein Menetekel: eine schmale, düstere Figur mit Zylinder auf dem Kopf.

Ich hielt den Atem an und griff wie automatisch in meine Jackentasche. Carl nebenan murmelte »*Onsen Milch Gras.*«

Herr Busch drehte sich zu uns um. »Wie bitte?«

Er drückte erneut den Knopf, und ich war fast erleichtert, den Hagestolz nicht mehr vervielfältigt wie eine dunkle Armee der zweckentfremdeten Eleganz anstarren zu müssen. Doch wie ein wahlverwandter Doppelgänger erschien das Wesen mit dem Wollmantel erneut auf allen Monitoren, ein schleierhaft verwischtes Standbild seiner selbst. In meiner Hand ertastete ich das gefaltete Format des Anglerbriefchens und zog es vorsichtig aus der Tasche.

»Hat jemand was zu sagen, ich frage noch einmal: Kennt jemand von Ihnen diese Person?«

Ich entfaltete den Zettel, in der Mitte stand *Bitte wenden*. Als ich das Stück Papier umdrehte, stand da ebenfalls *Bitte wenden*. Erst dachte ich, mir wäre ein Fehler unterlaufen und ich hätte den Zettel gar nicht gewendet, also drehte ich ihn nochmals um, aber es war genau dasselbe.

Mit einem Mal geriet ich in ein erstaunliches Straucheln, rein geistig, die prekäre Lage, in der ich mich befand, kam mir völlig abstrahiert vor, wie eine vorkonservierte Erinnerung, ein Bild, das gegenwärtig im Entstehen war und doch fixiert, mit Klarlack überzogen, sicher aufbewahrt und dennoch ständig in Bewegung, ein Malstrom, der einem wie Treibsand jeden noch so weichen Boden automatisch unter den Füßen wegzog. Was sollte es nur heißen, was bedeuten? *Bitte wenden*? Was war hier zu wenden in der Situation? Die Einstellung zum verschwundenen Gemälde? Das Blatt, auf dem der Name unserer offensichtlich alles andere als unbekannten Täterin geschrieben stand? Oder war das Ganze einfach noch nicht der Notfall, den der Angler meinte, und ich hatte seine Note ohne Dringlichkeit verwendet? Oder war alles mit dem Zettel nur die Ausgeburt der Scharlatanerie gewesen?

Zettel überhaupt, manchmal hatte ich den Eindruck, dass mein ganzes Leben am Ende nicht mehr war als eine einzige Ansammlung von unzähligen Papierschnipseln. Manche gingen, manche blieben, manche waren voller Bedeutung und verschwanden trotzdem irgendwann auf unerklärliche Weise, manche enthielten einfach nur hingekritzelten Unsinn und hielten mir die Treue, auch wenn ich mich ihrer zu entledigen versuchte. Eine innere Stimme sagt uns, was noch nicht weggeworfen werden darf. Und doch, so wurde mir anhand des Angler-Zettels klar wie nie, wir unterschätzen manchmal das, was uns am meisten unterstützt.

Der Zettel, den mein Vater mir im Zoo als Kind klammheimlich zugesteckt hatte. Wozu brauchte man das Besondere, wenn das vermeintlich Nicht-Besondere so klang? *»Der Elefant ist der Größte unter den Säugetieren und hat keine Feinde in der Tierwelt, oder? Seine dicke Haut macht ihn fast unverwundbar. Auch vergisst er keine Missetat, die* *andere gegen ihn verübten, und rächt sich furchtbar nach unwirklich langer Zeit an seinen Feinden und Widersachern. Er ist aber kein Einzelgänger und zieht mit seiner großen Familie durch die Welt. Lang lebe der Elefant!«*

Herr Busch rief mich aus meiner Träumerei zurück. »Das Museum ist seit kurz nach zwölf von mir höchstpersönlich abgesperrt, auf allen Kameras ist niemand zu sehen, der in der Zwischenzeit das Museum verlassen hat. Wenn diese Person nicht unter Ihnen ist, muss sie sich irgendwo versteckt haben. UND SIE!«

Alle sahen Busch verstört an, er drehte sich zu Carl und mir.

»JA, speziell SIE wissen meiner Meinung nach ganz genau, wo. Sie haben nämlich etwas zu verheimlichen. Weil Sie GENAU in diesem Flur gewesen sind. Meinen Sie, ich wüsste nicht, wo meine Notausgänge liegen? Wer im 20. Jahrhundert wie aus dem NICHTS auftaucht, kann ja nur den Ausgang als Eingang zweckentfremdet haben. Keine Widerrede! WIR DREI gehen jetzt mal an den Tatort zurück und sehen uns gemeinsam an, was da los ist. Wenn das Bild wieder auftaucht, bin ich gewillt, das Ganze als Schülerstreich zu betrachten und so tief wie möglich zu hängen, aber Sie müssen kooperieren!«

Klotz meldete sich nach langer Zeit mal wieder zu Wort. »Na dann haben Sie ja Ihre Übeltäter schon, Herr …« Er machte eine rhetorische Pause und kniff angestrengt mit den Augen in Richtung des Namensschildes. »… Busch, genau, Herr Busch. Ich weiß also nicht, mit welcher Begründung Sie uns überhaupt noch hier festhalten, den Eintritt haben wir Ihnen ja schon vorhin direkt nach unserer, ä-hem, FESTNAHME, hüstel, nachgezahlt. Daher sage ich einfach mal: Wir würden dann jetzt, mit Ihrer freundlichen Erlaubnis, Ihr hübsches Dr. Seltsam-Kämmerlein wieder verlassen und unserer Wege gehen. Nach Hause. Wir sind der Meinung, das wäre …?«

Er drehte sich zu seiner Bande um und nickte ihnen mit aufmunterndem Blick zu. Dann schrien alle wie einstudiert aus einem Mund: »SPITZE!«

Herr Busch schüttelte den Kopf und trat einen Schritt zurück, als Klotz und Konsorten erhobenen Hauptes an uns vorbeispazierten. »Spinner!«

»Na, dann weiterhin viel Glück bei der Suche. Vielleicht findet Ihr das fulminante Bild ja eher als eure Kirsten, bei der wart Ihr ja anscheinend nicht so erfolgreich. In diesem Sinne: Ciao, und viel Spaß noch mit eurem neuen besten Freund!«

Busch bedeutete uns mit einem Kopfnicken, ihm zu folgen, schloss kurz für Georgs Bande die Pforte des Museums auf, dann wieder zu und ging uns durch das Foyer nach rechts voraus. Wir nahmen allem Anschein nach die Abkürzung durch die Gegenwart. Carl sah mich fragend von der Seite an. »*Undine Nabokov Dandy*?«

Mir war kaum nach Antworten zumute, trotzdem wollte ich ihn nicht enttäuschen und murmelte: »*Aesop Chatwin Helium*.«

In dem großen Raum der Gegenwart hing kaum ein Bild an der Wand, es gab lediglich Installationen, Skulpturen und Ready-Mades. Beim ersten Besuch hatte ich mich nicht besonders lange dort aufgehalten, weil spontan nur wenig mein Interesse geweckt hatte.

Nun schaute ich mich beim Durchschreiten aus einer fatalistischen Laune heraus etwas genauer um. Das monumentale Flugzeug aus Blei, Glas, Stahl und Asche in der Mitte stand, wie ich fand, immer etwas im Weg, aber sein Titel gefiel mir: *Melancholia*. Den *Wunderwald* hatte ich ja schon gesehen, dann fiel mir kurz vor unserer Rückkehr ins 20. Jahrhundert an der Seite eine Skulptur auf.

Ich wunderte mich zunächst, wie man auf die Idee kommen konnte, eine der rückenlosen Sitzbänke, wie sie im gesamten Museum standen, zum Teil eines Kunstwerks zu machen, aber in der Gegenwart war ja bekanntlich alles möglich. Auf der Sitzbank war eine Figur drapiert, die auf die leere Ausstellungswand vor ihr blickte. Obwohl ich sie nur von hinten sah, wirkte sie täuschend lebensecht wie ein hypnotisch versunkener Kunstbetrachter. Sie sollte wohl darauf aufmerksam machen, dass man im musealen Rahmen den Besuchern einfach alles vorsetzen konnte, und es wurde sofort begeistert als Kunst wahrgenommen, sogar eine leere Wand. Ich überlegte, was für einen Titel dieses tatsächlich ganz originelle Werk wohl haben würde, und deklinierte im Kopf ein paar Möglichkeiten durch, während ich Carl vorsichtig an die Seite tippte, um ihn auf meine Entdeckung hinzuweisen: *Karaohne, Irrlicht, Rififi, So ganz versunken sein in die Nacht, Testbild, Emptea, Nirgender* …«

Carl schaute mich an. »Was denn?«

Ich zeigte auf das Werk, und ich sah zum ersten Mal, wie seine Gesichtszüge gefroren, während er leise stammelte: »*Onsen…Milch…Gras.*«

Aber er sammelte sich gleich wieder und herrschte mich an, weiterzugehen. Seine Stimme klang erstaunlich gelangweilt und völlig kontrolliert.

»Abgeschmackt. Wie eine Kopie von Millais.«

Das Wort allein genügte, und ich war im Bilde. Das Herzklopfen, das sich im Bruchteil einer Sekunde in mir ausbreitete, war so gewaltig, dass ich mich zusammennehmen musste, um nicht sofort einen Freudenschrei auszustoßen. Mein Gott, Kirsten. Wie konnte ich sie nicht erkannt haben? Sie war einfach noch fantastischer, als ich es je zu träumen gewagt hatte. Es war mir nicht mehr möglich, mein inneres Grinsen zu verbergen und ich ging nun so aufrecht und stolz neben Carl dem Pförtner hinterher, als wäre ich selbst auf die geniale Versteckidee gekommen.

Als wir an der Abseite ankamen, hatte ich völlig verdrängt, dass hier ja noch ein viel größeres Problem auf uns wartete.

»So, jetzt wollen wir doch mal sehen, was die zwei Herren mir so alles zu sagen haben.«

Er schaltete das Licht an und ging voraus. Das Nächste, was ich hörte, klang eher nach Carls Gestammel aus der Gegenwart als dem Befehlston unseres Zerberus.

»Was ist das? – Was – ist das …? Was, zum Teufel, das gibt's doch gar nicht, dass das hier, also, gute Güte, bin ich denn jetzt von allen guten Geistern – also, SIE!«

Er trat zur Seite, drehte sich zu uns um und jetzt sahen wir es auch. Das Bild hing völlig friedlich in seinem Rahmen. Carl zog die rechte Augenbraue hoch.

»Na, werter Herr, das ist ja nun wirklich eine Überraschung. Sind Sie sich sicher, dass Ihre etwas altertümliche Elektrotechnik Ihnen da nicht einen ganz üblen Streich gespielt hat? Ich habe es ja immer gesagt: AUFZEICHNUNG ist total überschätzt, zurück zur ZEICHNUNG!«

Ich konnte meine Augen nicht von dem Bild in seinem üppigen überbordenden Goldrahmen lassen.

»Und apropos Zeichnung: Hier ist eine besonders gelungen, wie ich finde! Und was für ein grandioser Titel, *Wir drei*, romantisch und gegenwärtig zugleich!« Carl deutete auf den Runge. Im Hintergrund hörte ich rennende Schritte und einen keuchenden Atem.

»Da ist jemand, endlich!«

Kirsten stand völlig erschöpft vor uns und hielt sich am Türrahmen fest.

»Ich habe mich verlaufen, und dann war auf einmal keiner mehr da. Was macht ihr denn hier?«

Der Pförtner sah zwischen uns und Kirsten hin und her. »Sie kennen sich?«

Kirsten nickte, während sie immer noch nach Luft rang, als hätte sie sich völlig verausgabt. Carl hielt sein Kinn konzentriert mit zwei Fingern, als wollte er eine Expertise beginnen.

»Ach, wir bekommen eine private Führung durch die neue Ausstellung und wollten uns gerade dem Spitzweg widmen, den du doch bestimmt auch ganz gut kennst.«

Er räusperte sich so leise, dass nur ich es hören konnte, weil ich direkt neben ihm stand.

Kirsten schaute an ihm vorbei zu dem Gemälde. »Ja, kommt mir im Handumdrehen bekannt vor. Ein Meisterwerk, das man von allen Seiten betrachten kann, und es verliert nichts. Vielleicht sogar von hinten, wer weiß. Nur der Rahmen könnte mal gewechselt werden, der würde ja für zwei Bilder reichen, schauen Sie mal, wie weit der von der Wand absteht, der lenkt nicht nur unnötig von dem kleinen Bild ab, sondern man kann sich auch leicht verletzen, wenn man nicht aufpasst.«

Bei dem Wort *Handumdrehen* stutzte ich und sah auf ihre Hände. Am Zeigefinger hatte sie eine kleine Wunde, und als sie sah, dass ich sah, was sie sah, legte sie erst den blutigen Zeigefinger an ihre Lippe und machte dann mit den Händen eine Geste, als würde sie etwas schnell umdrehen. Der Pförtner schüttelte den Kopf.

»Das ist hier keine Privatführung, es reicht. Sie haben mir schon genug von meiner Zeit gestohlen. Damit alles seine Ordnung hat, zeigt mir jetzt die junge Dame noch schnell ihre Eintrittskarte, und dann verlassen Sie alle das Kunstmuseum, aber ganz schnell, sonst vergesse ich mich, VERSTANDEN?«

Ich verstand den Ernst der Lage, begann sofort, in meiner

Tasche nach der Abreißkarte zu suchen und zog sie hervor, wobei mir ungeschickt der Zettel des Anglers mitsamt der Karte auf den Boden fiel. Carl bemerkte es sofort und hob, als wäre es nur eine Geste der Höflichkeit, den altrosa Schnipsel hoch und reichte ihn Kirsten: »Hier, die muss wohl gerade in der Hektik heruntergefallen sein.«

Ich klaubte unauffällig den Anglerzettel auf und las ihn noch mal. Es musste ein Zeichen sein, dass er ausgerechnet jetzt erneut meine Aufmerksamkeit erregte, vor dem auf wundersame Weise wieder aufgetauchten Bild. Der Pförtner nahm sich die Abreißkarte und inspizierte sie: »Ah, von heute. Also gut. Dann wäre ja alles erledigt.«

Da er sich umdrehen musste, um sie Kirsten in die Hand zu drücken, nutzte ich die Gelegenheit und hob den seltsam nach vorne und hinten gleichermaßen ausufernden Rahmen des Spitzweg vorsichtig ein wenig von der Wand ab, um zu sehen, was sich dahinter verbarg. In der Mitte der ansonsten leeren Rückseite prangte die Silhouette des Hagestolzes wie ein stummer Diener unseres Geheimnisses. Sofort ließ ich den Rahmen los und trat einen Schritt vorwärts.

»So, dann wollen wir mal, habt ihr auch so einen Durst, ich bin für Limonade im Parkcafé!«

Während wir kurze Zeit später im goldenen Sonnenlicht über den grünen Rasen liefen, Carl etwas abseits hinter Kirsten und mir, wurde ich gewahr, dass wir drei gerade auf dem besten Weg waren, das zerschnittene Bild nachzustellen, das von da an mein Lieblingsgemälde blieb.

Sie hielt kurz inne und sah auf.

»Ich habe dieses Zitat im Kopf, und mir fällt nicht ein, von wem es ist, vielleicht kannst du mir weiterhelfen, es geht so: »Ist das ein Trost? Also zu wissen, dass wir nur die nächste Generation einer Spezies sind? Und gar nicht so sehr Individuen, die bedeutsame Spuren hinterlassen? Oder ist es nicht vielmehr ein Triumph, dass wir uns große Gedanken darüber machen können, was unsere Existenz in diesem riesigen, dunklen, rätselhaften und Furcht einflößenden Universum bedeutet.«

Ich schüttelte den Kopf.

»Keine Ahnung. Aber von wem auch immer es ist, er oder sie hat absolut recht. *Genau so.*«

Zitatnachweise

S. 23 Gustav Mahler, Kindertotenlieder, *Oft denk' ich, sie sind nur ausgegangen*. Text von Friedrich Rückert

S. 40 Friedrich Nietzsche, *Also sprach Zarathustra*

S. 41 Robert Burns, *Sweet Afton*

S. 52 E. T. A. Hoffmann, *Des Vetters Eckfenster*

S. 68 Erik Satie in *Les Feuilles libres*, IVème année, n°27, juin-juillet 1922

S. 75 Anne Clark, *True Love Tales*

S. 77 Ludwig Tieck, *Des Lebens Überfluß*

S. 83 Ophelia-Zitat aus *Drei Lieder der Ophelia*, komponiert von Richard Strauss. Übersetzung: Karl Joseph Simrock

S. 83, 84 William Shakespeare, *Hamlet*. Übersetzung: August Wilhelm Schlegel/Ludwig Tieck

S. 123 Revue von Friedrich Hollaender, *Ich tanze um die Welt mit Dir*. Text: Marcellus Schiffer

S. 124 Helmut Ballot *Das Haus der Krokodile*, Kosmos Verlag 2011

S. 137 Johann Wolfgang Goethe, *Von deutscher Baukunst*

S. 138 *The Giant* von The The, Text von Matt Johnson, 1983 auf »Soul Mining«. Übersetzung: Eckhart Nickel

S. 156 Film *Moonrise Kingdom*, Drehbuch von Wes Anderson und Roman Coppola

S. 157 Ludwig Wittgenstein, *Über Gewißheit*
S. 162 Rainald Goetz, *Irre*, Suhrkamp Verlag 1986
S. 166 Franz Kafka, *Vor dem Gesetz*
S. 167 Johann Wolfgang Goethe, *Faust I*
S. 168 Thomas Mann, *Buddenbrooks*, S. Fischer Verlag 1916
S. 168 Liedzeile aus *(I'm) The End of the Family Line*, Songwriter: Mark Edward Cascian Nevin/Steven Morrissey, © BMG Rights Management, Universal Music Publishing Group, Warner Chappell Music, Inc.